经济史与经济思想史论丛

孙洪升　主编

群言出版社
QUNYAN PRESS
·北 京·

图书在版编目（CIP）数据

经济史与经济思想史论丛 / 孙洪升主编 . -- 北京：群言出版社，2017.7
ISBN 978-7-5193-0294-8

Ⅰ . ①经… Ⅱ . ①孙… Ⅲ . ①经济史－文集②经济思想史－文集 Ⅳ . ① F1-53 ② F09-53

中国版本图书馆 CIP 数据核字（2017）第 163495 号

责任编辑： 李　群
封面设计： 冯建华

出版发行： 群言出版社
地　　址： 北京市东城区东厂胡同北巷 1 号（100006）
网　　址： www.qypublish.com（官网书城）
电子信箱： qunyancbs@126.com
联系电话： 010-65267783　65263836
经　　销： 全国新华书店

印　　刷： 北京柏力行彩印有限公司
版　　次： 2017 年 10 月第 1 版　2017 年 10 月第 1 次印刷
开　　本： 710mm × 1000mm　1/16
印　　张： 14
字　　数： 280 千字
书　　号： ISBN 978-7-5193-0294-8
定　　价： 68.00 元

序 言

当历史学遇上经济学

人类社会自诞生以来，离不开一定的物质条件，以满足人类生存与发展的需要。任何社会都需要起码的衣食住行等物质基础，才能延续下去。而食物对于人类来说，更是须臾不可缺少的物品。这是因为，人有一些基本的物理需求，每天至少需要从食物中得到约2000千卡的能量才能正常运作。如果每天摄入的能量少于2000千卡，身体功能就会逐渐萎缩——力量、视力、听觉等，直到死亡。[①]但在漫长的人类历史中，有相当一部分人每天摄入的能量达不到2000千卡。根据英国1787—1796年的调查数据，英国的穷人平均每天消费1508千卡的热量。英国民众人均消费的热量则是2322千卡，与1812年的比利时的平均消费水平接近。[②]而人作为一种有机体，就其本身来说，并不是一种高效的生存机制。人们消费100卡路里食物，只能获得20卡路里的机械能量。饱餐一顿可以产生大约1马力·小时的功，并且人们必须以此补充疲惫的身体。用补充身体之后剩余的能量，人们可以自由地建立某种文明社会。[③]

回顾人类漫长的历史，人类获取食物的方式也在不断演变。在栽培植物和驯化动物之前，全人类都通过采集野生植物、狩猎和捕鱼的某种形式的配合来养活自己。[④]早期的人类，即智人的祖先，很可能是杂食类动物，主要食物为块茎、浆果和坚果，副食为昆虫、鱼、软体动物、小动物的肉，可能还有腐肉。而此后最重要的

---

① 伊恩·莫里斯著，钱峰译．西方将主宰多久[M]．北京：中信出版社，2011.

② 格里高利·克拉克著，李淑萍译．应该读点经济史[M]．北京：中信出版社，2009.

③ 罗伯特·海尔布罗纳、威廉·米尔博格著，李陈华、徐敏兰译．经济社会的起源[M]．上海：格致出版社，2010.

④ 威廉·哈维兰著，瞿铁鹏 张钰译．文化人类学[M]．上海：上海社会科学院出版社，2006.

转折点是农业的出现和动物的驯养。到公元前6000年，部落定居后的农业已在一片广袤的区域完好地建立了起来，从伊朗西部到地中海，从安纳多利亚高原到爱琴海的两岸，人们开始种植小麦、大麦，并饲养绵羊、山羊、猪，甚至牛。从这片地始发，农业慢慢地传播到埃及、印度、中国、西欧和东半球的其他地方。农业革命出现后，人类的食物经济便得到了重新调整，基于采集渔猎的游牧生活转变为基于农耕和土地的定居生活。学者们对农业的出现给予了高度关注，并进行了深入的研究。美国学者大卫·克里斯蒂安指出，随着农业的出现，人类社会开始获得人口和技术上的动力，从而推动了最近数千年来的历史变迁。① 而《文明的口味》一书则指出，农业出现后，务农成了极普遍的生活方式，绝大多数人类都以此为生。凡是发生这种转变的地方，在社会上和政治上也都出现全面的改变。② 经济的发展为社会文化的发展奠定了基础，正如中国古代的政治家管仲所说："仓廪实而知礼节，衣食足而知荣辱。"这些发展对人类历史的影响是里程碑式的。人类第一次可以相对永久地定居了，再加上人类进一步提高的生产率，使人们可以储存更多的物质产品或财富，同时有更多的时间投入到与生存无关的活动中去，如艺术和宗教。随着食物供应的愈来愈稳定，人际关系和社会关系在物质上和心理上也无疑趋向稳定。生存的整个基础彻底改变了，其影响之远一直延续到21世纪，成为我们生活的一部分。③

农业的演变与发展对于人类社会的进步具有非凡的作用，这主要得益于农业的发展为人类选择定居生活方式提供了条件。美国学者贾雷德·戴蒙德指出，人类社会在漫长的加速发展的历史中，有两次意义特别重大的飞跃，第一次飞跃发生在10万年到5万年前，其所以能够发生，大概是由于我们身体的遗传变化，即人体的现代解剖学进化使现代语言或现代大脑功能或两者都成为可能。而第二次飞跃来自我们选定的定居生活方式。就大多数情况而言，选定定居生活方式是同我们采纳粮食生产联系在一起的，因为粮食生产要求我们留在我们的作物、果园和剩余粮食储备的近旁。定居生活对技术史具有决定性的意义，因为这种生活使人们能够积累不便携带的财产。而粮食生产使定居生活成为可能，进而也使财产积累成为可能。它在人类进化中第一次使发展经济专业化社会成为可能，这种社会是由从事粮食生产的农民养活的不从事粮食生产的专门人员组成的。在所有其他条件相同的情况下，技

---

① 大卫·克里斯蒂安著，晏可佳等译．时间地图．大历史导论 [M]. 上海：上海社会科学院出版社，2007.

② 菲利普·费尔南多、阿梅斯托著，韩良忆译．文明的口味 [M]. 广州：新世纪出版社，2013.

③ 龙多·卡梅伦、拉里·尼尔著，潘宁等译．世界经济简史 [M]. 上海：上海译文出版社，2009.

术发展最快的是那些人口众多、有许多潜在的发明家和许多相互竞争的社会的广大而富有成果的地区。农业的发展也促进了复杂社会的出现，集约化的粮食生产和社会的复杂程度通过自我催化而相互促进。人口的增长使社会变得复杂起来，而社会的复杂则又导致集约化的粮食生产，从而导致了人口的增长。只有复杂的中央集权社会才能组织公共工程、远距离贸易和各种经济专门团体的活动，这些活动又促进了集约化的粮食生产，从而促进了整个历史上的人口增长。粮食生产至少在3个方面帮助复杂的社会形成了鲜明的特点。首先，它随季节变化定期地投入劳动力。收成储藏好之后，中央集权的行政机构可以利用农民的劳动力来兴建公共工程，或从事扩大政治实体的征服战争。其次，组织粮食生产以产生余粮储备，从而使经济专门化或社会层次化成为可能。剩余粮食可以用来养活复杂社会的各个阶层的人：酋长、官员和上层阶级的其他成员；抄写员、手艺人和其他非粮食生产的专门人员；以及被征去修建公共工程时的农民本身。最后，粮食生产促使人们或要求人们采取定居的生活方式，这种生活方式是积累足够的财产、发展复杂技术和精巧手艺以及兴建公共工程的一个先决条件。① 由此可见，高效率的农业生产是人类文明的经济基础。但在传统社会中，人类的经济发展长期缓慢，农业生产受自然条件的影响很大，自然灾害和饥荒导致了人们不得不面临严峻的生存困境，社会很容易陷入马尔萨斯陷阱。而根据恩格尔定律，一个家庭越是贫穷，它花在食品支出上的份额就越大。对于最贫穷的社会，食品支出占总支出的比重可能超过80%。在马尔萨斯时代的传统农业社会，收入只能维持在较低水平，因此食品支出在人们的总支出中占了绝大份额。如果工业革命前世界80%的收入都用于食品消费，那么80%的世界人口都会从事农业、渔业或狩猎业。由于农业生产要求人们的居住地靠近农地，这样在工业革命前的社会农村人口占了绝大部分，而城市人口相对较少。只要马尔萨斯陷阱占统治地位，所有社会都会优先考虑食品生产。当人们的收入绝大部分都用于购买食品时，就没有多少钱用于建筑、服装、娱乐以及旅游等文化产业。1800年前后，西北欧和北美各国开始走出马尔萨斯陷阱，结束了漫长的马尔萨斯时代。1800年前后的英国似乎突然摆脱了马尔萨斯陷阱。在绝大多数马尔萨斯经济社会中，70%甚至80%的人口都是农业人口，但到1861年的英国，这一比例已降到了21%。进入工业化社会以后，随着人均收入的增加，农产品在消费品中所占的份额开始下降，而农业人口在所有生产者中所占的比重也逐渐下降。在工业革命前，各国农民占总人口

① 贾雷德·戴蒙德著，谢延光译．枪炮、病菌与钢铁[M]．上海：上海译文出版社，2000.

的50%～80%，如今，在食品市场较自由的情况下，2%的农业人口就可以养活整个国家的人民。例如，美国的农业人口占总人口的比重仅为2.1%。在工业化社会，随着收入的增加，人口和生产都从农业转移到了工业领域。[①]加拿大经济学家保罗·谢弗指出，从1776年开始，人类社会进入了经济时代："经济学和一般经济体，特别是经济的增长与发展，已经被视为增加社会物质和货币财富、改善社会条件的首要手段，因而造就了一个经济时代，这个时代在很大程度地依赖信息、科学、技术、资讯、资本主义和物质主义的同时，又将这些和其他因素编织到它庞大的运行体系中。"在经济时代，社会中的支配力量是：专业化、产品、生产、资本积累、谋利动机、竞争、技术、集中化、城市化、机械化、消费、消费者至上主义、市场、全球化、贸易，以及货币化。过去两个世纪以来，经济时代的大部分力量是与生产、生产率，以及生产能力等取得的巨大进步联系在一起的。生产不仅在世界所有地区得到了充分提高，而且这一提高还出现在生活的各个领域。无论是农业、工业、企业、政府、教育、社会事务、艺术、科学、宗教、政治还是技术，一切生产都得到了前所未有的提高。[②]

从文明史的视角看，经济在人类社会中发挥着重要作用。法国年鉴学派大师费尔南·布罗代尔指出，每个社会，每种文明，都依赖于经济、技术、生态、人口等方面的环境。物质和生态条件总是在决定文明的命运上起到一定的作用。人口的增加或减少、健康与疾病、经济或技术的增长或衰落——所有这一切都深刻地影响了文化，也深刻地影响了社会结构。最广义的政治经济学就是研究所有这些重大问题的。其实，最广义的政治经济学的研究对象，也就是经济史的研究内容。按照侯家驹先生的定义，经济史是叙述人类为满足其欲望所奋斗的故事。人类在自然环境与制度环境的架构中，使用技术逐渐增加其生产与财富。所谓制度，有若干是经济或社会成长的自然成果，有若干是政治单位审慎立法的结果。[③]

经济史是一门交叉边缘学科，它既是历史学的分支，又是经济学的分支。首先，了解人类历史上某个国家某个地区在某个特定历史时期的经济发展状况，分析其背后的原因，对于我们全面而深入地了解历史有很大帮助。传统的史学多关注政治史与文化史，往往忽略了经济史，这是需要改变的。但即使是研究政治史，也需要对

---

① 格里高利·克拉克著，李淑萍译．应该读点经济史[M]．北京：中信出版社，2009.

② 保罗·谢弗著，高广卿，陈炜译．经济革命还是文化复兴[M]．北京：社会科学文献出版社，2006.

③ 侯家驹．中国经济史[M]．北京：新星出版社，2008.

经济问题进行研究。这是因为，包括军事方面在内的政治一定得有一个经济基础，否则就会完蛋。人们在参与政治和参加战斗前都必须要有食物、衣着和住宅。不管财产占有和使用的准则如何，专制的国家，或是民主的国家都必须为本身获得一个足够的经济基础来支持自己，否则它会像过去的许多国家和帝国一样，因而消亡掉。①

有西方学者认为，迄今为止，经济学是对历史学唯一做出最大贡献的社会科学。因为经济事实随时随地都同历史学家息息相关。任何历史学家，无论其特定的意识形态立场如何，都知道经济事实在人类历史中的重要性。不仅如此，他们还知道，如果他们想要认识人类的经济发展，就必须掌握必要的理论工具和统计手段。在经济变革分析中，历史和经济理论的关系比历史学研究的任何其他领域都更为密切。自从亚当·斯密、李嘉图和马克思时代以来，历史学家已经充分认识到了经济因素在历史变革的形成过程中的重要性。而经济学研究也得益于对历史的洞察和把握，重视长期经济增长的趋势和动力，就不可避免地需要把重点放在历史因素上。②

关于经济史与经济学之间的关系，西方学者有独到的见解，认为经济史和经济学相互需要："(经济)史需要(经济)理论与计量经济学，俾可运用所有数据，而可协助其想法正确。而历史经验则可为理论家们的思维，提供新的活动线索。没有理论，历史将会没有基准，没有组织，其史料只凭怪想而组成，或者纯粹是言辞的修饰。没有历史，理论将在人类活动的实际历程中，丧失所有基础。从相互需要看，经济学像是经济史学家的双眼，凭此，可以发掘与组织史料，甚或还可以用来匡正史料的谬误；否则，只是盲目的横冲直撞，写成的经济史，亦将是杂乱无章。经济史，似经济学家的双脚，据此立论，其内容才有其现实基础；否则，就成为空中楼阁，纸上谈兵，使理论有空盒之讥。尤有进者，对于经济史的研究，甚至可以在经济理论上有所建树。(见诺斯 1993 年接受诺贝尔奖时的讲词)"③

经济史与经济思想史的关系也十分密切。经济思想史是阐述各个历史时期具有代表性的或居支配地位的经济观点、经济思想、经济学说的发生、发展及其相互联系的历史，是关于经济思想和理论的历史性学科。经济思想以其特有的形式反映人们对当时社会经济关系、经济发展状况及存在问题的认识。人们在经济生活中不断接触各方面的经济问题，逐渐形成了对经济问题及经济关系的认识，这些认识就表

---

① 田如康，金重远．现代西方史学流派文选 [M]. 上海：上海人民出版社，1982.

② 杰弗里·巴勒克拉夫著，杨豫译．当代史学主要趋势 [M]. 上海：上海译文出版社，1987.

③ 侯家驹．中国经济史 [M]. 北京：新星出版社，2008.

现为特定的经济观念、原理，这些经济观念和原理构成了各个历史时期经济思想的基本要素或基本材料。各个时期经济观念、原理本身及其之间相互联系的状况，反映着不同时期、不同国家的经济思想发展水平。经济思想能反映特定的社会和经济条件或者一个时代特有的精神，思想领域的许多进步是以乘数形式实现的。[①]在人类历史的发展过程中，经济思想也会成为改变历史发展的一个因素。而经济史则为我们提供了经济思想史产生的背景条件。

从事经济史与经济思想史的研究，具有重要的学术价值和现实意义。首先，要深刻认知我们当代的中国与世界经济发展现状，有必要了解经济史与经济思想史。布罗代尔说，对现代世界做出解释是件自命不凡的事。我们可以借助各种不同的手段更好地理解它。其中之一是现在可以借助刚刚逝去的过去来加以理解。然而，仅靠昨日事件本身并不能完全说明今日的世界。而现在在不同程度上是其他更古老的经历的产物。因而，刚刚过去的过去和多多少少遥远的过去在一起构成了现在的多重性。新近的历史与遥远的历史是理解现在的两把钥匙。因为，现今的世界是演化中的世界。[②]其次，在发展经济的过程中，我们可以借鉴经济史上的经验和教训。再次，研究经济史可以为经济学的发展提供新的视角。美国著名经济学家熊彼特指出，学习经济学需要有历史、统计和理论的基础，在上述基本学科中，“经济史——是它造成了当前的事实，它也包括当前的事实——乃是最重要的。我愿立即指出，如果我重新开始研究经济学，而在这三门学科中只许任选一种，那么我就选择经济史。我有三条理由：首先，经济学的内容，实质上是历史长河中的一个独特的过程。如果一个人不掌握历史事实，不具备适当的历史感或所谓历史经验，他就不可能指望理解任何时代（包括当前）的经济现象。其次，历史的叙述不可能是纯经济的，它必然要反映那些不属于纯经济的制度方面的事实，因此历史提供了最好的方法让我们了解经济与非经济的事实是怎样联系在一起的，以及各种社会科学应该怎么联系在一起。第三，我相信目前经济分析中所犯的根本性错误，大部分是由于缺乏历史的经验，而经济学家在其他方面的欠缺倒是次要的”。[③]

当前，我国正处于现代化的进程之中，处于急剧转型的变革时期。建设市场经济，既需要了解自己国家历史上经济变迁的轨迹，又需要深刻认识西方发达国家在

---

① 亨利·威廉·斯皮格尔著，晏智杰等译．经济思想的成长 [M]. 上海：中国社会科学出版社，1999.

② 费尔南·布罗代尔著，肖昶等译．文明史纲 [M]. 桂林：广西师范大学出版社，2003.

③ 约瑟夫·熊彼特．经济分析史（第一卷）[M]. 北京：商务印书馆，1991.

实现现代化的过程中所走过的曲折历程，唯有如此才能保持清醒头脑，认识自己的不足，借鉴发达国家的经验教训。在这个喧嚣的时代，从事无名无利的经济史和经济思想史的研究，殊为不易。可喜的是，中央财经大学经济学院和兄弟学院的同人们，在繁忙的教学工作中和生活重压下，依然以苦为乐，钟情于经济史和经济思想史的研究。呈现在读者面前的这本论文集，便是诸位同仁辛勤耕耘的产物。因时间仓促，或有不当之处，欢迎读者不吝赐教。

孙洪升

2017 年 4 月 19 日

目 录

中国历史上的基本经济区及其变迁

郝秉键（中央财经大学财经研究院教授，历史学博士）

摘要： 自秦汉至明清，中国的基本经济区在政治分合中变动不居，其基本变迁趋势是从黄河流域逐渐向长江流域、珠江流域转移，南方逐渐取代北方成为中国的经济重心。究其转移原因，既与北方战乱频发和南方相对安宁的政治因素有关，又与南北自然环境的优劣变化有关，还与农业生产技术的提高有关。基本经济区的南移，既带动了中国古代文化重心的南移，又使中国古代后期各王朝的经济重心与政治重心分离，对中国历史发展影响深远。

关键词： 基本经济区；经济重心；变迁

一、中国历史上的基本经济区

（一）基本经济区的含义

基本经济区（key economic areas）这一概念是由冀朝鼎先生提出。1936年，其博士学位论文《中国历史上的基本经济区与水利事业的发展》在英国出版，被著名科技史家李约瑟誉为“也许是迄今为止任何西文书籍中有关中国历史发展方面的最卓越的著作”。

在这本书里，冀朝鼎提出了“基本经济区”的概念。其含义是，中国疆域广袤，各地自然与地理环境存在着不少差异，从而形成许多大小不一、各具特色的经济区域。由于历史和现实的种种原因，这些不同的经济区域发展水平不平衡，其中必有某个经济区和其他经济区相比，人烟稠密，经济发达，构成所谓经济重心。这个经济重心的“农业生产条件与运输设施，对于提供贡纳谷物来说，比其他地区要优越得多，以致不管是哪一集团，只要控制了这一地区，它就有可能征服与统一全中国。这样的一种地区，就是我们所要说的‘基本经济区’”。冀朝鼎认为，中国历史上每一个时期，总有一些地区扮演“基本经济区”角色，而为了保证基本经济区的安定发展，历代政府甚至不惜牺牲其他地区的利益；同时，基本经济区也不是一成不变的，它会随着经济形势和政治力量对比格局的变化而发生转移，历代水利工程的兴建中心大致是与经济发达地区由北向南渐次移动的趋势同步变化，掌握与发展基本经济区是历代政府奉行的一个根本方针。依据这一概念，他将公元前 255 年到公元 1842 年的中国经济史划分为五个时期：1. 秦汉时期，以泾水、渭水、汾水和黄河下游为基本经济区；2. 三国两晋南北朝时期，四川、长江下游逐渐得到开发，并成为能与前一时期的基本经济区相抗衡的重要农业生产区；3. 隋唐时期，长江流域取得基本经济区的地位，并通过大运河将国都与基本经济区连接起来；4. 五代、宋、辽、金时期，长江流域作为最显著的基本经济区得到进一步发展；5. 元、明、清时期，因国都与长江流域基本经济区相距太远，试图将海河流域发展为基本经济区。

“基本经济区”理念不但是解读中国历史上水利事业发展规律的一把锁钥，而且是分析中国历史治乱循环的重要路径，对于研究中国历史特别是中国经济史有着十分重要的意义。当年冀朝鼎就曾非常自信地指出：“如果基本经济区的概念，证明有助于解决中国历史中基本问题之一的话，那它就不会不对中国历史发展过程的理解与阐释产生影响。”“一种概念就像一盏灯——一经点燃，就不会只照亮房间的一角，基本经济区的概念也必然会将其光辉投射到中国历史的每一个基本问题上”。[①] 意大利史学家克罗齐说：“一切真历史都是当代史。”基本经济区理念虽然基于历史研究而提出，但无疑对分析当前中国经济也有借鉴意义。

（二）中国历史上的基本经济区

中国疆域广袤，因各地自然与地理环境存在差异，故而形成若干各具特色的经济区域。姑置先秦不论，自秦汉至明清，中国政治形态经历了三次一元体制和二次多元体制，因种种形势所致，主要形成如下基本经济区。

1. 秦汉时期

秦汉为中国第一次一元体制时期，为时长达 410 年（前 221—189 年）。此所谓“一元体制”，主要有三重涵义：以政治言之，权力中心只有一个，即皇帝；以经济言之，由竞争走向垄断，政府强行干预民众对产业的选择；以社会言之，民众的思想、言论、集会、迁徙等行为备受政府管制。这一时期，全国主要有三大经济区，即关中经济区、关东经济区和江淮经济区，其中前二者为基本经济区。

① 冀朝鼎．中国历史上的基本经济区与水利事业的发展 [M]. 北京：中国社会科学出版社，1981.

关中经济区由关中平原、巴蜀地区和西北地区组成，而关中平原为其核心。关中为四塞之地，土地肥沃，物产丰富，易守难攻，秦汉皆立都于此。为了保证国都的稳固，秦汉实行“实关中”政策，一则向关中迁徙人口，如秦初曾“徙天下豪富于咸阳十二万户”，汉初曾“徙齐楚大族昭氏、屈氏、景氏、怀氏、田氏五姓关中，兴利田宅”；二则大兴水利建设，如修缮、兴建郑国渠、白渠、六辅渠等灌区；三则推广先进的农耕技术，如代田法、区种法等。因此，关中不仅是全国政治中心，亦且为全国最为富庶之地。司马迁曾这样评价关中的经济地位：“关中之地，于天下三分之一，而人众不过什三，然量其富，什居其六。”巴蜀地区是指以成都平原为中心的四川盆地，其地虽属于长江流域，但自秦惠王吞并巴蜀后，便成为关中经济区的附庸，“田肥美，民殷富，战车万乘，奋击百万，沃野千里，蓄积饶多，地势形便”，号称“天府”。西北地区主要指河西走廊和河套地区，前者在汉代置金城、武威、张掖、酒泉等郡，农业发达，是著名的“谷籴常贱”的丰产区；后者在汉代置朔方、五原郡，募民开发，五谷丰登，六畜兴旺，物阜民丰，被誉为“新秦中”。

关东经济区是指函谷关、潼关以东地区，其中包括三晋、齐鲁、燕代之地。经西汉末年战乱，关中衰落，其政治、经济地位在东汉被关东取代。洛阳为关东的中心，有河山拱戴之险、平地沃土之饶，东汉立都于此。关东集中了全国60%的人口，其农业发展水平虽弱于关中，但工商业发达，如河东地区“西贾秦翟，北贾种代”，民得以贸易获利；燕代“有鱼盐枣栗之饶，北邻乌桓、夫余，东绾秽貉、朝鲜、真番之利”；齐地“膏壤沃野千里，宜桑麻，人民多文采布帛鱼盐”。齐、鲁、梁、宋一带丝织业闻名全国，特别是齐地“织作冰纨绮绣纯丽之物，号为冠带衣履天下”。西汉时，全国有46个“铁官”，其中32个在关东；有6大著名都市，除长安、成都外，洛阳、邯郸、临淄、宛皆在关东。

江淮经济地区地处“三楚”区域，人口稀少，不甚发达，其地“饭稻羹鱼，或火耕而水耨，果隋蠃蛤，不待贾而足，地势饶食，无饥馑之患……是故江淮以南，无冻饿之人，亦无千金之家。”西汉末年，中原战乱频发，灾荒相随，民人大量涌入江淮地区，至东汉时期，其地才逐渐有所发展。

由上可见，秦汉时期，关中和关东经济最为发达，居基本经济区地位，而江淮经济地区发展缓慢，经济实力远低于北方二区。与此相对应，中国的政治中心处于以长安为中心的关中地区和以洛阳为中心的关东地区。

2. 汉末至南北朝时期

这是中国第一次多元体制时期，为时长达400年（190—589年）。所谓“多元体制”，其意有三：就政治言之，权力中心不止一个，从汉末至南北朝，除西晋的短暂统一外，先后经历了地方割据、三国鼎立、东晋与五胡十六国、南朝与北朝等对峙格局；就经济言之，由于战乱，各地人民结众自卫，形成以坞、堡、壁、垒、屯等类似庄园形式的生产生活组织，彼此隔离，自给自足，呈多元化经济形态；就社会言之，因“五胡”入据中原，汉族南迁，出现华夷杂处之局，生活习惯亦趋于多样化。这一时期，因政治格局的多元化，基本经济区亦呈现多元格局。

三国时期，以魏、蜀、吴为单元，形成三大经济区。曹魏居北方，其经济基础为前朝基本经济区，即关中和关东经济区。这两个区域虽然比较发达，但因汉末战乱，人口锐减，田土荒芜，元气大伤，其势远不如从前。蜀、吴分处西南和东南，分别以成都平原和长江中下游流域为基本经济区，二者虽属后进之区，但经两国政府锐意经营，疆土日辟，居民日增，经济发展较快。三国相较，实力相差不甚悬殊，故一时成就鼎立之局。其后中国历史经西晋的短暂统一后，步入南北对峙阶段。北方仍以关中和关东为基本经济区，南方则以长江流域为基本经济区。北方在北魏以迄北齐、北周时期，经济实力逐渐恢复，南方经东晋、宋、齐、梁、陈数代经营也得到进一步发展，在中国经济格局中开始崭露头角。但以实力相较，北方仍强于南方，故隋得以最终平复南方，统一中国。

3. 隋唐时期

此为中国历史上第二次一元体制时期，为时 166 年（590—755 年）。与第一次一元体制相比，这一时期在政治趋于开明专制，经济趋于放宽统制，社会趋于松弛管制，其基本经济区在北方黄河流域和南方的长江流域。

黄河流域的经济区即关中、关东经济区，从北魏开始，这一区域的经济逐步恢复，到唐代中期达到鼎盛。关中是唐朝的政治中心，唐政府竭力经营此地，倘能连年丰收，可以停止漕运，以本地粮食供应京师庞大的消费，足见其富庶程度。关东在盛唐时期也保持着农业生产领先地位，唐前期的漕粮主要来自关东。天宝初年，各道正仓储备超过 100 万石者只有河南、河北、河东、关内四道，其中河南道最多，达 580 石；义仓储备超过千石者仅河北、河南两道。[①] 关东的纺织业也非常发达，当时国家的庸调绢帛多产自河北，“江淮绮，巴蜀锦绣，后宫玩好而已”。

长江流域基本经济区可划分为上游的巴蜀、中游的荆湖、江西以及下游的太湖平原。巴蜀土地肥美，富产稻米、橘柚、竹木、茶叶、甘蔗等作物，纺织、盐铁、

① 郑学稼 . 唐五代太湖地区经济试探 [J]. 学术月刊，1983，（2）.

造纸等手工业也闻名遐迩，史称其“有江水沃野，山林竹木，蔬食之饶，郊野之富，号为近蜀丹青文采，家有盐泉之井，户有橘柚之园，纸维十色，竹有九种。”荆湖、江西地区开发较晚，但至中唐时期也成为著名粮食产区，“所出常倍他州”，丝织品、瓷器制作精美，经常流通异地。太湖平原在唐代发展最为迅速，其中粮食产量位居全国前列，每年有大量粮食运往北方，故时有“天下大计，仰于东南”之说。苏州、杭州、扬州、越州是著名的工商业城市，越州所出丝织品种类繁多，“妙称江左”；扬州商旅云集，“富庶甲天下，时人称扬一益二”。

4. 中唐五代两宋时期

此为中国历史上第二次二元体制时期，为时 524 年（756—1279 年）。就政治形态而言，这一时期可以分为三段：一为中晚唐的藩镇割据，二为五代十国，三为两宋时期由宋辽夏的共处转为宋、金及其与蒙古的对峙。就经济形态而言，这一时期，因受政治环境影响，经济亦现多元状态。中晚唐因藩镇割据，唐室实际控制区只有全国六分之一，其基本经济区限于东南一隅，即浙江东西、宣歙、淮南、江西、鄂岳、福建、湖南 8 道 49 州。① 其地虽小，但比较富庶，故能支撑唐王朝度过最后的岁月。五代十国承唐残局，仍处于分裂割据状态。五代均在黄河流域，其基本经济区在关中和关东，但其势已衰，关中地区自唐亡后再无割据势力存在，足见其经济疲弱不堪；十国除北汉外皆布列南方，多能致力于经济建设，故亦可“自立为国”，一时维持对峙之局。两宋时期，南方以绝对优势超越北方，成为基本经济区。北宋神宗时，全国两税收入三分之二来自南方，茶盐专卖收入南方更十居其八。至于南宋，虽偏安于淮河、大散关以南，但其税收竟然高于北宋。

5. 元明清时期

此为中国历史上第三次一元体制时期，为时 632 年（1280—1911 年）。这一时期的政经措施并未承袭第二次一元体制的松弛精神，而是发展了第一次一元体制的严苛精神，政治益趋专制，经济益趋统制，社会益趋管制，其基本经济区在南方。南方最重要的经济区如下：

一是以太湖平原为中心的江南经济区。其主要特色是，农业集约化程度比较高，高投入高产出；农副产品加工业，特别是丝、棉纺织业比较发达；市场发育起步较早，以农副产品加工、集散为主的市镇密布；城镇人口和非农业人口比例较高，其都市化程度远远走在全国前列。如苏州的盛泽、震泽和湖州的双林、南浔等镇都是

---

① 钱穆 . 国史大纲 [M]. 北京：商务印书馆，1991.

丝织品名镇，松江的乌泥、枫泾、洙泾和苏州的南翔、新泾等镇皆为远近闻名的棉布、棉花生产中心；而湖州的善琏镇则以生产“湖笔”而闻名，桐乡的炉头镇以冶铁而著称。

二是以珠三角为核心的包括两广、福建在内的华南经济区，其经济特色在于经济作物的种植规模大和农村“墟市”的数量多。如福建、广东地区因广泛种植烟草、甘蔗、茶叶、荔枝、龙眼、桑麻、花卉等作物，导致粮食供应紧张，不得不从广西和华中贩运粮食。广东、福建农村“墟市”发展迅速，据雍正《广东通志》记载，番禺县自康熙二十五年至乾隆三十九年，“墟市”数量增加五倍有余；乾隆年间，福建龙溪、长汀等 36 州县共有墟市 400 多个，平均每个州县 12 个。①

三是以汉口为中心的包括湖南、湖北、江西、安徽在内的华中经济区，其经济发展水平虽然低于江南和华南，但经济作物与粮食作物并行发展，产量也颇为可观，故有“湖广熟，天下足”之谚；其工商业以制瓷、织绢和转运初级农产品为主，江西景德镇以陶瓷生产闻名全国，汉口为长江中游最大的商品集散中心。

四是以成都平原为中心的四川经济区，其地因明末清初战乱一度凋敝，但到了清朝中期，人口不断增加，耕地基本得到垦辟，生产也已接近传统技术水平的顶点，工商业得到长足发展，步入所谓“高发展经济”序列，② 其中稻米生产和桑麻、菸草、甘蔗、蔬果等经济作物的种植在国内占据优势地位。到了 19 世纪，四川人口已达到数千万，成为全国第一人口大省，每年都有不下上千万石粮食运往长江下游地区，对清代中国跨区域的经济交流起到重大作用。③ 这一时期，尽管黄河流域的经济也有所发展，但与长江流域、珠江流域相比已不可相提并论了。

由上可见，自秦汉至明清，中国的基本经济区在政治分合中变动不居，其基本变迁趋势是从黄河流域逐渐向长江流域、珠江流域转移。

二、中国历史上基本经济区的转移

（一）基本经济区的转移过程

1. 南方开发的加速

秦汉时期，以关中和关东为基本经济区，南方经济总体上发展滞后，但经长期

---

① 陈铿. 明清福建农村市场试探 [J]. 中国社会经济史研究，1986，(4).

② 高王凌. 中国传统经济的发展序列（续）[J]. 史学理论研究，1994，(4).

③ 参阅高王凌《关于清代四川农业的发展》，《平准学刊》第一辑，中国商业出版社，1985.

“休养生息”，也在不断发展。就人口而言，南移之势明显。据《汉书·地理志》和《后汉书·郡国志》记载，西汉平帝元始二年（2年），全国人口约计5959万；东汉顺帝永和五年（62年），全国人口约计4915万。东汉人口虽比西汉少1000余万人，但南方人口的绝对数字却超过西汉。西汉岭南南海、苍梧、合浦、九真、日南五郡人口仅55万，而在东汉则增至111万。西汉广陵郡、南郡、江夏郡人口分别约计14万、71万和21万，而在东汉则分别增至41万、74万和26万。另据统计，西汉江南会稽、丹阳、豫章、长沙、武陵、零陵、桂阳七郡国人口仅250余万，而到东汉则增至620余万。

然而，南方开发历史上首次加速发展则始于魏晋南北朝时期。这一时期，北方几经变乱，南方在政治经济上逐渐崭露头角，至隋平陈时南方所占郡数已高于北方。三国时，曹魏疆域最大，辖12州68郡；东吴次之，辖43郡；蜀汉版图最小，辖22郡。东吴、蜀汉合计管辖65郡。西晋时，全国总计21州，其中南方占9州。其后中国历史进入南北对峙时期，南方辖地虽然时有盈缩，但始终控制荆扬二州，大体包括今天两湖、江浙地区，其地非常富庶，“户口半天下”，南朝之所以能维持长久的偏安之局，实赖于此。隋统一南北后，全国计设190郡，若略以淮、汉、秦、岷为界，南北面积略均，北方90郡，南方100郡，在行政区域上，南方已与北方分庭抗礼，且有过之。

与辖区的扩大同步，这一时期南方经济日渐繁盛。《宋书》记其盛况曰：“自晋代迁流，迄于太元之世，百许年中，无风尘之警，区域之内晏如也……地广野丰，民勤本业，一岁或稔，则忘数郡之饥。会土带海傍潮，良畴亦数十万顷，膏腴上地，亩值千金。雩杜之间，不能比也。荆城跨南楚之富，扬郡有全吴之沃，鱼盐杞梓之利，充仞八方，丝绵布帛之饶，覆衣天下。”南方的商业中心多崛起于这一时期，其中以建业（南京）、京口（镇江）、成都、广州最具代表性。史载：建业贸易繁荣，“市廛列肆，埒于二京”；京口“东通吴会，南接江湖，西连都邑”，“前后居之者，皆致巨富”；成都“市廛所会，万商之渊，列隧百重，罗肆巨千，货贿山积，纤丽星繁”，“远方商人，多至蜀土，货资或有值数百万者”；广州“包带山海，珍异所出，一箧之宝，可资数世”，致有“广州刺史但经城门一过，便得三千万”之说法。

2. 南方成为经济重心

魏晋南北朝时期，南方虽然取得长足发展，但就整体经济实力而论，依然弱于北方，到了唐宋时期中国“经济重心是确定地落在南方”[①]。

① 侯家驹．中国经济史[M]. 台湾：联经出版事业股份有限公司，2005.

首先，就户口分布而言，南方超过北方。在隋代，全国有190郡，1255县，约890万户。若按古代九州划分，扬州虽然只占九分之一[①]，但拥有44郡、312县，约93万户。如是而论，扬州一州即占全国总郡数的23.16%，总县数的24.86%，总户数的10.45%。可见隋代的扬州虽在户数比例上不占优势，但在郡县比例上已大为提高。到了唐代，南方户数、县数分别占总户数和总县数的43.2%和54.9%，[②]远高于隋代。另据统计，贞观十三年（639年），润、常、苏、湖、杭、越六州民户为128998户，而开元二十九年（741年）此六州民户增加至535001户。也就说，其地人口在102年间增加314.74%，平均年增率为3.3%，这一比率为当时全国人口年增率1%的三倍多。中唐以后，南方人口继续稳步上升。据《元和国计簿》记载，当时全国方镇48道，申报户口244万余，其中江南八道[③]虽然只占府州总数的六分之一，但有户144万，约占总户数的59%。

到了北宋时期，南方人口继续上升，南多北少的人口分布形势成为定局。从户口数量看，如果以秦岭、淮河为界，南方15路在端拱年间（988—989年），户数为4163703户，占总户数63.8%；北方9路户数为236055户，占总户数36.2%。降至元丰初年（1078—1080年），南方总户数为11208448户，占总户数的67.3%；北方总户数为5444146户，占总户数的33.7%。从人丁数量看，元丰三年（1080年），北方一府五路[④]合计丁口5328900，辽朝丁口1107300，南方十三路[⑤]合计丁口12646834。如是而论，北方地方总计有丁口6436200，比南方地区少6210634口，南方人丁数已占全国总丁数的66%以上。[⑥]从人口密度看，崇宁元年（1102年），北宋户口密度在每平方公里25户以上的10个州府中，有5个在川西平原，4个在杭嘉湖平原，而广大的北方只有一个，即京畿路。

其次，就税收而言，中唐以后，政府的最主要税区在东南。史载："东南财赋之渊薮也，惟吴越最为殷富。……唐财赋皆仰给于东南，其他诸郡无有。"语虽嫌夸张，但亦道出东南财税贡献率比重极大。时人韩愈即曰："当今赋出于天下，江南居十九。"在唐政府所收财赋中，除两税外，盐税为大宗，而盐税亦以南方为主。刘宴

---

① 此所谓扬州，是指从江淮到岭南的南方。

② 胡道修．开皇天宝之间人口的分布与变迁 [J]. 中国史研究，1985，（4）.

③ 江南八道是指浙江东道、浙江西道、宣歙道、淮南道、江西道、鄂岳道、福建道和湖南道。

④ 北方一府五路是指开封府、京东路、京西路、河北路、陕府路、河东路。

⑤ 南方十三路是指淮南路、两浙路、江南东路、江南西路、荆湖南路、荆湖北路、福建路、成都府路、梓州路、利州路、夔州路、广南东路、广南西路。

⑥ 宁志新．中国古代经济重心南移问题浅论 [J]. 河北师院学报（社会科学版），1994.（3）.

为盐铁使时，“吴越扬楚盐廪至数千，积盐二万余石，有涟水、湖州、越州、杭州四场，嘉兴、海陵、盐城、新亭、临平、兰亭、永嘉、太昌、侯官、富都十监，岁得钱百万余缗，以当百余州之赋。……宴之始至也，盐利岁才四十万缗，至大历（766—779 年）末，六百余万缗。天下之赋，盐利居半。”茶税亦为唐朝一个重要税种，税率初为 10%，后加至 50%，而作为茶叶主产区的南方，其对茶税的贡献率可想而知。

到了宋代，南方在国家税收中的优势地位更形稳固。据毕仲衍《中书备对》载，北宋元丰三年（1080 年），全国两税总计 46363242 贯、石、疋、斤，其中来自南方诸路者为 23709197 贯，约占三分之二强。故时人陈靖曰：“国家御戎西北，而仰食东南，东南不足，则误国大计。”在茶盐税上，南方亦占绝对优势。《建炎以来朝野杂记》曰：“祖宗盛时，两浙岁入钱三百三十余万缗，而茶盐酒税，十居其八。”就茶税而言，南方茶不仅质量上乘，所纳利税也很高，政和初年（1111 年）达 400 余万缗，约当哲宗元祐以后政府税收总额的十分之一。就盐税而言，东南濒海，产盐最多，“盐利视天下最厚”，在北宋“大约岁入二千万余缗”的盐税中南方占有大半。

南宋的控制区虽然只有东南和西南，但其税收却高于北宋。《建炎以来朝野杂记》曰：“国朝宋混之初，天下岁入缗钱千六百余万，太宗皇帝以为极盛，两倍唐室矣。天禧之末，所入又增至二千六百五十余万缗。嘉祐间，又增至三千六百八十余万缗。其后月增岁广，至熙、丰间，合苗、役、易、税等钱，所入乃至六千余万。……渡江之初，东南岁入不满千万，逮淳熙末，遂增至六千五百三十余万焉。”如是而论，北宋时税收最高为 6000 余万缗，而南宋时仅以半壁江山所征得之税竟高达 6530 余万缗。这固然与重税因素有关，但不可否认南方经济有异乎寻常的税负能力。

再次，从农工商业发展状况看，南方也占据优势地位。就农业而言，垦田面积和粮食产量是衡量农业发展水平的重要指标。据统计，北宋时，北方一府五路及辽朝垦田数合计大约 1710820.6 顷，南方十三路有田 3184801.63 顷，南方约占总垦田数的 65% 强。[①] 元封初年，东南九路垦田为 295.3546 万顷，而全国不过 465.9500 万顷，南方约占三分之二。南方不仅田亩多，且因气候温湿，可一岁多熟，粮食产量也比较高。史载：“吴中地沃而物夥……其稼则乂麦种禾，一岁再熟，稻有早晚。”北宋人贺铸所写《题皖山北濒江田舍》诗曰：“一溪春水百家利，二顷夏苗千石收”，亩产量为五石。此说虽嫌夸张，但南方亩产量超过北方凉系事实。[②] 北宋时有“吴越闽

① 宁志新．中国古代经济重心南移问题浅论 [J]. 河北师院学报（社会科学版），1994.（3）.
② 侯家驹．中国经济史 [M]. 台湾：联经出版事业股份有限公司，2005.

蜀，其一亩所出，视他州辄数倍”的说法。两浙地区是北宋农业产量最发达的地区，一般亩产量在 2～3 石之间，最高者可达 5～6 石。福建、四川的亩产量与两浙不相上下，荆湖、江西地区亩产量比两浙为低，大约在米 1 石、谷 2 石的水平。广大北方最好的土地，最高年成也能到 2～3 石，但一般亩产为 1 石，远不及南方。[①] 因此，北宋时南粮北运的数量很大。太平兴国六年（981 年）政府规定每年运到开封的粮食为 550 万石，其中由江南、淮南、两浙、荆湖等南方各路运到的米为 300 万石，粟为 100 万石，占总数的 72.7%。大中祥符初（1008—1010 年），南方运粮增至 700 万石。其时，黄河流域各路运输往开封的粮食定额远少于南方，故包拯曰：“京师众大之都，屯兵数十万，财用储廪，皆仰给于东南。”

就工业而言，传统社会主要以铸钱、采矿、染织、造纸、陶瓷、造船等为主干。唐代南方的铸钱业已占优势，至北宋元丰三年（1080 年），全国铸钱 5949224 贯，其中南方铸钱 3933234 贯，约占总额的三分之二。南方铸钱业之所以兴盛，是因其矿冶业发达。北宋矿产主要为金银铜铁铅锡，《宋史·食货志》记载，金矿主要分布在 5 州军，其中南方占有其 4。《文献通考》记载：宋代银矿主要分布在 26 州军中，南方占其 22；铜矿主要分布于 11 州军中，南方占 9 处；铁区 33 处，17 处在南，16 处在北；铅区 12 处，锡区 8 处，皆在南方。核计各处矿区，大抵十之七八在东南。至于南方的染织业，更非北方所能比拟。北宋时，大抵四川出锦、绮、绫、罗、透背、鹿胎、花纱；两浙出纱、绸、绢、绫、罗、絁；湖南永、全、衡州出平絁，其余地方亦无染织。当时全国上供绮、罗、绫、绢等丝织品总计 3552808 疋，其中东南和四川合计 2574560 疋，约占其总数的 73%。造纸业也以西南的四川和东南的两浙最为发达。蜀中名纸，如“经屑”“贡余”“表光”“布头笺”等皆名冠天下。两浙名纸，如“剡藤”“剡硾”“玉片纸”等亦享誉一时。南方的制瓷业更胜于北方，史载当时船舶出口货物中以陶瓷为大宗，陶瓷产区主要有处州的秘色窑、哥窑、龙泉窑、章龙泉窑、丽州窑，杭州的余杭窑，吉安的碎器窑，江东的景德窑，建州的建窑，建安的乌泥窑，其中景德窑最为有名。景德是宋真宗的年号，史称：“宋景德年间烧造……真宗命进御器底书‘景德年制’四字，其器尤光致茂美，当时则效著行海内，于是天下咸称景德镇瓷器。”[②] 宋代的造船业也以南方为盛。当时北方造船仅汴京、相州、天雄景等数处，南方如扬州、苏州、镇江、明州、杭州、福州、泉州、雷州等地，都设有造船场。其中海船制造集中于南方，不仅质量好，数量也多，“以福建船

① 田昌五，漆侠主编．中国封建社会经济史第 3 卷 [M]. 济南：齐鲁书社，1996.

② 蓝浦:《景德镇陶录》卷五。

为上，广东、西船次之，温、明州船又次”[1]。

就商业而言，中唐以后及五代，长安和洛阳迭为京师，自然为商业中心，但单就贸易而言，晚唐时期以扬州与成都为甚。《资治通鉴》云：“先是扬州富庶甲天下，时人称扬一益二。”李吉甫《元和郡县志》亦云：“扬州与成都，号为天下繁侈，故称扬、益。”唐末兵灾，扬州衰落，其附近的苏州却应运而生。北宋人朱长云曰：“自朝家承一，总一海内，闽粤之贾，乘风航海，不以为险，故珍货远物，毕集于吴之市”。[2] 至于对外贸易，“中唐较盛唐尤甚”，外贸港口主要是广州，外商云集其中，以致唐末黄巢攻陷广州时，外商死难者达 12 万人。9 世纪中叶阿拉伯地理学者伊本所著《道程及郡国志》中述及阿拉伯商人常达之中国贸易港口有四，这四个港口是交州、广州、泉州和扬州。安史之乱后，日本遣唐使来华之港口主要为苏州和扬州、明州（宁波）、楚州（淮安）。五代时，日商来华贸易主要是在吴越。宋承五代之敝，为增加收入，前后在广州、杭州、明州、杭州、秀州、密州设市舶司，其中三处属两浙，而京东、福建、广东各有其一。外贸获利丰厚，史称“东南之利，舶商居其一”；“市舶之利最厚，若措置合宜，所得辄以百万。”因此，关税收入成为宋政府岁入的主要渠道，据载“海舶岁入……皇祐中五十三万有余，治平中增十万，中兴岁入二百万缗”[3]。按南宋初，东南岁入不满千万，而关税收入竟达 20% 强，足见其对国库的贡献程度。据统计，北宋熙宁十年（1077 年），全国商税总收入为 8525711 贯，其中东南东西路、两浙和福建路多达 1730827 贯，占总数的 20.3%；加上南方其他地区，占总数一半以上。

3. 南方经济重心地位的巩固

元明清时期，南方承唐宋以来发展之势而继续发展，其经济地位更加稳固，在全国占据绝对优势。兹以税收为例，以见其大概。

就田赋而言，各朝政府皆倚重南方。元代每年税粮总计 12014708 石，其中腹里 2271449 石，行省 9843258 石。行省中，仅江南三省（江浙、江西、湖广）所纳田赋即达 6496018 石，超过全国半数，其中江浙省纳粮又占全国三分之一强，几占行省纳粮总额的一半。[4] 元代漕粮改为海运，故江南为漕粮重地。史称：“元都于燕，去江南极远，而百司庶府之繁，术士编民之众，无不仰给于江南……江南之粟分为春夏二

---

① 吕颐浩：《忠穆集》卷二。

② 朱长文：《吴郡图经续记》卷上。

③ 王应麟：《玉海》卷一百八十六。

④ 柯劭忞：《新元史》卷七十。

运，盖至于京师者，岁多至三百余万石。”[①] 元代江南不仅纳粮，而且纳钞。天历元年（1328 年），江南三省总计缴纳中统钞 149000 余锭，其中江浙省 57000 余锭，江西行省 52000 余锭，湖广省 19000 余锭，江浙亦居首位。

明代仍以江南三省为财赋重地。洪武十六年（1383 年），各布政司及直隶府州实征夏税秋粮米麦 29432350 石，钱钞 45530 锭，绢 288546 疋；其中属于南方的浙江、江西、湖广、福建、四川、广东、广西、云南及直隶府州所纳米麦、钱和绢分别占总额的 63.77%、99.81 和 74.31%，江西、湖广、浙江和京师直隶州府共计所纳米麦 14517444 石、钱钞 32825 锭，绢 21554 疋，分别占其总额的 49.35%、72.10% 和 74.7%。《日知录》云：“韩愈谓赋出于天下而江南居十九。以今观之，浙东西又居江南十九,二苏松常嘉湖五府又居两浙十九也。……今国家都燕，岁漕江南米四百余万石，以实京师，二此五府者，几及江西、湖广、南直隶之半。……以苏州一府计之，以准其余。苏州一府七县，其垦田九万六千五百余顷，居天下八百四十九万六千顷田数之中，而出二百八十万九千石税粮于天下二千九百四十余万石岁额之内。”[②] 如是而论，苏州府垦田虽然只占全国垦田总数只有 1.1% 左右，但其所纳之粮缺占全国总粮额的 9.6%。故清初人叶梦珠曰：“吾乡赋税甲于天下，苏州一府赢于浙江全省，松属地方抵苏十分之三，而赋额乃半于苏，则是江南之赋税莫重于苏松，而松为尤甚矣。”[③]

到了清代，南方赋税比例又有提高。清承明制，漕运额每年亦为 400 万石。南北比例初定南四北一，然据《大清会典》《户部则例》核计，乾隆年间南北比例有时为南八北一，有时为南十北一。康熙二十四年，全国田赋银约 24449724 两，税粮约 4331131 石，其中江苏、安徽、浙江、江西、湖北、湖南六省总计缴纳田赋银约 10323560 两、税粮约 3006746 石，分别占总额的 42.22% 和 69.4%。光绪二十五年（1899 年），北方六省（直隶、山东、山西、河南、陕西、甘肃）岁入总额为银 26491000 两，南方八省（江苏、安徽、江西、湖北、湖南、浙江、福建、广东）岁入总额为 57714000 两，后者大约是前者的 2.18 倍。

就商税而言，南方也居大半。如元天历年间（1328—1330 年），行省商税总额约 636156 锭，其中江浙、江西和湖广三省合计约 400403 锭，几占 9 个行省总额的三分之二。明代有“市肆门摊税”，共设税局 33 处，其中南方 24 处，北方只有 9 处。明

---

① 陈邦瞻：《元史纪事本末》卷十二。

② 顾炎武：《日知录》卷十。

③ 叶梦珠：《阅世编》卷六。

于运河及江淮沿线设立钞关征税，万历时存7大钞关，即河西务、临清、九江、浒墅、淮安、扬州、杭州，其中5关在南方。万历六年（1578年），南直隶各府州县商税课钞数达一千三四百万贯，约占全国总额四分之一，而淮安一府独有二百余万贯，浙江省又三百万贯。[①] 清代商业以长江中下游为盛，故商税也以南方为大宗。据统计，康熙二十五年（1686年），总计征收关税1219782两，其中征自淮安、扬州、凤阳、芜湖、浒墅、北新、湖口、赣闽、太平桥、西新等十关总计1031151两，约占总额的六分之五。到了清末，商税以厘金为大宗。光绪十三年（1887年），全国厘金收入为14049743两，其中安徽、江苏、江西、浙江、湖北、湖南六省合计8655738两，约占总额的62%；若再加上福建、广东、广西三省，则接近总额的91%。[②]

综上所述，中国古代基本经济区经历了由北而南的转移过程。这一过程大约发轫于汉末及魏晋南北朝时期，完成于唐宋，至元明清时期南方的基本经济区地位进一步巩固。

（二）基本经济区南移的原因

中国古代基本经济区既然经历了由北而南的转移过程，那么这一转移过程是由何种因素推动完成的呢？对此学术界的认识不尽相同，或以为北方的战乱造成基本经济区的南移，或以为地理环境的变化导致基本经济区的南移，或以为农业经济本身的发展规律促使基本经济区的南移。笔者以为，基本经济区的南移绝非单一因素造成，而是由多种因素共同作用的结果。举其大者，主要有下几个方面。

1. 北方战乱频发和南方相对安宁

社会安定与否是经济发展的重要条件。反观秦汉以降的中国历史，北方经历了多次长时段的战乱。从汉末桓灵之乱到隋文帝平陈（189—589年），400年间北方先是发生董卓之乱，长安与洛阳化为废墟；继之曹操、袁绍称雄对峙，黄河流域备受涂炭；其后“五胡乱华”，其所建十六国除成汉外，均在北方，彼此攻伐不已，少有宁日。迨北魏统一北方后，北方始得和平发展，然不到百年，因“六镇之乱”和“尔朱荣之乱”，再度陷入战乱状态，先是东魏、西魏相争，后是北齐、北周对峙，直至577年北周攻灭北齐，北方才归于平静。长期的战乱导致田土荒芜，人民流离，社会经济凋敝。为了躲避战乱，北方居民纷纷南迁。《晋书·王导传》曰“洛京倾覆，中州士女避乱江左者十之六七”。《宋书·州郡志》曰：“晋永嘉之乱，幽、冀、

---

① 钱穆. 国史大纲[M]. 北京：商务印书馆，1991.

② 侯家驹. 中国经济史[M]. 台湾：联经出版事业股份有限公司，2005.

青、并、兖州及徐州之淮北流民，相率过淮，亦有过江在晋陵郡界者。”单是从西晋末年永嘉之乱到刘宋之初，侨居东南州郡县之人已不下 90 万，占当时总人口的 1/6，以居住于今日江苏省内者为最多。[①]

因北人南迁者甚多，故从东晋开始在南方“立侨郡县以司牧之”。东晋之世，计先后侨立之郡，可考者为 81，侨置之县，可考者为 236。[②] 据统计，在两晋南朝世族中，取正史有传而位在五品以上者，来自北方的侨姓计 2500 人，而属于南方所谓吴姓者仅 174 人，仅为侨姓的 7%。[③] 持续的南迁使江南人口短期之内出现了大幅度增加。据《汉书·地理志》和《续汉书·郡国志》的户口资料来看，江南地区诸郡国在东汉永和五年（140 年）户数达到 170 余万户，人口数为 7307763 人。相较于西汉元始二年（2 年），户数增长 141%，人口数增长 112%。此为中国历史上第一次人口南移浪潮。与北方相比，南方同期虽然也有战乱，但多属局部性、短期性战役，朝代的更替多取篡代形式，即使是兵戎相见，亦多限于建康（南京）一带，以致南方绝大部分少“风尘之警，区域之内宴如也。”北人大量南迁，自然有助于南方的开发，而南方的安定又利于经济的发展，故一向被视为蛮夷之区的南方出现了“艺文之术，斯为之盛”的局面，“荆域跨南楚之富，扬部有全吴之沃，鱼盐杞梓之利，充牣八分，丝绵布帛之饶，覆衣天下。”

从中唐安史之乱到元灭南宋（755—1279 年），500 多年间北方又经历了多次长时段的战乱。安史之乱历时 8 年之久，主战场河北、河南、河东、关中四道破坏严重。其后，唐朝虽得以“中兴”，但实际控制区仅限于南方八道，而北方已陷入藩镇割据状态，“河北乱，淄青乱，朔方乱，汴宋乱，山南乱，泾原乱，淮西乱，河东乱，泽潞乱”，彼此时有纷争。唐末“黄巢之乱”历时 20 余年，破洛阳，陷长安，关中、关东成为战场。五代历时 53 年，诸政权亦莫不以攻伐相代。两宋时期，北方又陷于辽、西夏、金及蒙古等“边患”的冲击之下，难得安宁度日。战乱一次次将北方推入“人烟断绝”之境，经济衰替自成必然之势。史载安史之乱后北方残破情景曰：“宫室焚烧，十不存一，百曹荒废，曾无尺椽。中间畿内，不满千户，井邑榛荆，豺狼所号。既乏军储，又鲜人力。东至郑、汴，达于徐方，北自覃、怀经于相土，为人烟断绝，千里萧条。”“函、陕凋敝，东周尤甚，过宜阳、熊耳，至武牢、成皋，五百里中，编户千余而已。居无尺椽，人无烟爨，萧条凄惨，兽游野哭。”黄

① 谭其骧．晋永嘉丧乱之民族迁徙 [J]. 燕京学报，1934，(6).

② 侯家驹．中国经济史 [M]. 台湾：联经出版事业股份有限公司，2005.

③ 毛汉光．中国中古史社会史论 [M]. 台湾：联经出版事业股份有限公司，1988.

巢攻陷长安后，“京畿百姓皆潜于山谷，累年废耕耘，贼坐空城。……谷食腾涌，米都三十千，官军皆执山寨百姓，鬻于贼为食，人获数十万”。后晋时，辽兵进犯洛阳，“胡骑四处，以牧马为名，分番剽掠，谓之打草谷。丁壮毙于锋刀，老弱委于沟壑，自东西两畿及郑滑曹濮，数百里间，财富殆尽”。

因同期南方并未出现大规模、长时间的战乱，社会比较安定，故安史之乱后，中国出现了历史上第二次人口南移浪潮。史载：“自至德后，中原多故，襄、邓百姓，两京衣冠，尽投江湘，故荆南井邑，十倍于初。”据统计，安史之乱后，黄河流域在全国人口中的比重由战乱前的60%下降到37%[①]。宋代屡遭辽、西夏、金的侵扰，靖康之乱后，金兵长驱南下，中原乃至江淮以北地区惨遭破坏，“由许昌以趋宋城，几千里无复鸡犬，井皆积尸，莫可饮”。因此，“中原士民”再度大量南迁，先后“不知其几千万人”。北人南下不但给南方带来了先进的工具和技术，而且在南迁的人员中，有许多都是文化素质较高的人士，即所谓“士君子多以家渡江东”。这自然有利于南方的经济文化的发展。

如前所述，中国古代基本经济区的南移发轫于汉末及魏晋南北朝时期，完成于唐宋。这恰与魏晋南北朝和唐宋时期因战乱而出现的两次人口南移浪潮同步。因此似可得出如下结论：南方的加速开发与北人的南移有关，而北人的加速南移又与北方的战乱相关。

2. 自然环境的变化推动基本经济区的南移

农业社会中，气候是决定经济状况好坏的主要因素。气候主要包括气温和干湿状况两大基本要素。据竺可桢研究，中国的历史气候曾经历温暖交替八个时期，即四个温暖期和四个寒冷期，见（表1）。其总体变化趋势是由暖变冷，即温暖期趋短，程度趋弱，寒冷期趋长，程度趋强。

表1：中国近5000年气候冷暖变化表

温暖期	寒冷期
第一次：公元前3000—公元前1100年（仰韶文化时期到殷商时代）	第一次：公元前1000—公元前850年（西周前期）
第二次：约公元前770—公元初（东周至西汉）	第二次：公元1世纪—600年（东汉南北朝时期）
第三次：公元600—1000年（隋唐时期）	第三次：公元1000—1200年（两宋时期）
第四次：公元1200—1300年（宋末元代）	第四次：公元1300—1900年（明清时期）

天文学与气象学研究表明，寒冷期与干旱密切相关，寒冷直接制约着降水量的

① 胡焕庸，张善余. 中国人口地理[M]. 上海：华东师范大学出版社，1985.

大小，而寒冷与干旱相合，则成为影响与制约农业生产的重大危害。张家诚指出：在其他条件不变的情况下，年平均气温每下降1℃，粮食单位产量就会比常年下降10%；同样，年降水量每下降100毫米，单位面积粮食产量也会下降10%。[①]这一规律明显作用于高纬度地区，而对低纬度地区则影响不大[②]。中国古代基本经济区的南移发轫于魏晋南北朝时期，而这一时期正处于寒冷时期。据有关研究，该时期年平均气温较之今天低了近2℃；较之温暖的秦汉时代，要下降2℃～3℃。气候的寒冷与干旱对魏晋南北朝时代农业的最大影响在于它推动北方农牧分界线的南移。有研究表明，在其他因素不变的条件下，某一地区年平均气温降低1℃，就等于把这一地区向高纬度推移200公里到300公里；同样，如果天气干旱，年降水量减少100毫米，北方农业区就会向南推移100公里到500公里，也就是说，年平均气温每下降1℃，我国北方农业区就应当大幅度南移。因此，这一时期的一个重要特点，就是北方游牧民族的不断南下和农耕区的退缩与畜牧区的扩张。史载秦汉时代，我国农耕区直达阴山脚下，但到了魏晋南北朝时代，阴山脚下便化为游牧区，北朝民歌《敕勒川》所描绘的“天苍苍，野茫茫，风吹草低见牛羊”景象，正是这一情况的真实写照。不仅如此，这一时期长城以南的一些老农耕区也逐渐畜牧化，如西晋人束皙曾建议移民冀州一带放牧，“使马牛猪羊吃草于空虚之田”。

隋唐基本处于温暖期，唐朝的兴盛与之有一定的关系。然至两宋时期，气候又再次转冷，以致北方生态环境恶化。内蒙古地区，300年间有13次特大冻灾，有13个奇寒，远比唐宋时期多。13世纪，天山雪线要比现在低200米～300米。与前代相比，这一时期北方旱灾频发。如以公元1000年为界，此前河北、山东、河南、陕西、陕西、甘肃等北方六省共发生旱灾148次，此后则共发生旱灾437次[③]。因此，该时期游牧民族络绎南下，入主中原，建立政权，农牧界限逐步南移。秦汉时期，游牧南界大体在张家口一带，魏晋南北朝南端推到河南息县一带，而隋唐收缩到内蒙古锡盟，两宋复推到河南息县一带。因气候寒冷，这一时期北方粮食减产。唐及五代时，北方小麦的单位面积产量比前代增长了10.3%，宋金寒冷期则比前代减少了8.3%。[④]故有人指出：“北宋末年，终南宋一代，中国气候有一特殊变化，就是这长时间黄河流域雨量锐减……长时间旱灾，金人南下以后，农产量只能如此。”[⑤]与北方情

① 张家诚．气候变化对中国农业生产影响的初探[J]. 地理学报，1982，(2)．

② 王馥堂．世界气候与粮食产量的预测[J]. 气象知识，1984，(1)．

③ 邓云特．中国救荒史[M]. 上海：三联书店，1958.

④ 倪根金．试论气候变迁对我国古代农业经济的影响[J]. 农业考古，1988，(1)．

⑤ 蒙文通．中国历代农产量的扩大和赋役制度及学术思想的演变[J]. 四川大学学报，1959，(2)．

况不同，南方因地处低纬度区，农业生产并未遭受明显影响，故其粮食亩产普遍高于北方。南宋时，以长江为界，南北水稻亩产相差悬殊："大率淮田百亩所收，不及江浙十亩。"气候的变化还影响粮食作物的分布。据有关研究，年平均气温下降2℃，生物的分布区域就要向南移纬度2°～4°，反之亦然。唐及五代北方农业区向周边扩展，水稻分布广泛，关中、伊洛河流域、黄淮平原、幽蓟等地都大面积种植水稻。两宋时北方农业区南退，水稻种植范围明显缩小。尽管北宋和金政府都奖励开发稻田，但始终无法恢复往昔之盛况。[①] 自唐前期至南宋，桑蚕业中心也逐渐从河南、河北移至江南的太湖地区。桑树生长的最适温度是25℃～30℃，南宋年平均温度比唐代低2℃～4℃，要使种桑蚕温度保持与唐代相同水平，蚕桑区必须向南推移。

总之，两宋时期，北方因气候恶化而出现经济衰退，而南方则因其温暖湿润的气候条件而进一步发展。中国古代基本经济区的南移完成于唐宋，正与两宋北方气候的恶化相关联。

3. 农业生产技术的提高促进基本经济区的南移

农业生产技术是农业发展的重要条件。按照土壤属性，长江流域的土壤属于"涂泥"，《尚书·禹贡》将其列为下等田土。这种土壤非常黏重，没有精良的工具，难于开垦，故经济价值不高。汉代及魏晋时期，南方耕作技术比较落后，史载："江南之地，水耕火耨"[②]，"荆扬……伐木而树谷，燔莱而播粟，火耕而水耨"。[③]"东南以水田为业，人无牛犊"。[④]"晋自中原丧乱，元帝寓居江左……江南之俗，火耕水耨"。[⑤] 但到了南北朝时期，南方的耕作技术有所进步。梁武帝曾于淮水修浮山堰，"引东西二冶铁器，大则釜鬵，小则鋘锄，数千万斤，沉于堰所"。[⑥] 这说明南朝已具备较高的冶铁技术，已将铁制"无鋘锄"运用于农业生产。这无疑促进了南方的开发，提高了其土地的经济价值。

南方稻作农业生产的自然、地理环境与北方存在着显著的差异。欲促进这一地区农业生产的发展，简单运用北方旱作生产技术是远远不够的，而必须立足南方自然地理环境和作物特点，构建具有稻作农业特色的技术体系。回溯中国区域农业历

---

① 邹逸麟.历史时期黄河流域水稻生产的地域分布和环境制约[J].复旦学报（社会科学版），1985，(3).

② 《汉书》卷六《武帝纪》。

③ 《后汉书》卷一百六《循吏列传》。

④ 《晋书》卷二十六《食货志》。

⑤ 《隋书》卷二十四《食货志》。

⑥ 《梁书》卷十八《康绚传》。

史的发展进程，到了隋唐时期，经过长期的吸收、融汇和创新，南方已逐渐形成整套的、完全适应自身农业地理环境的技术体系。具体表现为如下几个方面：

（1）曲辕犁代替了直辕犁（耦犁）。东晋南朝时，长江流域使用从北方引进直辕犁。这种犁不仅笨重，而且不便在南方丘陵区作业。唐代中叶，南方出现了一种名为“江东犁”新式犁具，即曲辕犁。与直辕犁相比，这种犁的优点是：第一，设置了曲辕和犁盘，缩短了犁辕，不仅减轻了犁架重量，而且克服了直辕犁“回转相妨”的缺陷，操作更为灵活自如，与“南方水田泥耕，其田高下阔狭不等”的生产环境相适应。第二，安置了专门用以控制耕地深浅的犁评，使入土的深浅、起土的宽窄更加随心所欲。第三，以犁镵替代原来的犁铧，利于开垦南方粘湿润的土壤。

（2）耕作技术进一步发展。魏晋南北朝时期，北方旱作农业技术体系臻于成熟。这套技术传入南方后，经过不断改进而逐渐形成与当地实际相结合的精耕细作生产技术。宋代，南方形成水稻的集约化生产，“长江流域，尤其是长江下游，稻麦复种已经不是偶发的零散的现象，而是具有相当普遍性的一种耕作制度了。”[①] 当时南方的肥料技术也取得进步，秦观曾评其粪肥利用功效曰：“彼闽、蜀、越者，古扬州、梁州之地也。按《禹贡》，扬州之田第九，梁州之田第七，是二州之田在九州之中，等最为下，而乃今沃衍称者，何哉？吴、越、闽、蜀，地狭人众，培粪灌溉之功至也。”[②]

（3）水利事业的勃兴。隋唐以后，南方农田水利建设得到长足发展。首先是陂塘湖堰水利工程的兴建。陂塘塘堰主要是利用南方多山多水的地理特点所开发的一类水利工程，大体分布于淮南及江、浙低山浅丘及高亢平原地区。隋唐时期，除了修治、扩建芍陂、扬州五塘、白水塘、大农陂、永丰陂、德政陂、鉴湖等旧有的陂塘工程外，还兴修了大量的大、中、小型陂湖工程，其中不少的工程质量突出、效益显著。如唐元和三年，江西观察使韦丹在南昌附近“筑堤捍江，长十二里，疏为斗门，以走潦水”，修筑陂塘 598 所，灌溉农田 12000 顷。[③] 其次是太湖塘浦圩田水利系统的基本形成。魏晋南北朝时期，由于北方南迁人口大部分进入了荆、扬两州，而丹阳、晋陵则为侨寓集中地，故太湖西北以塘坝蓄水为主的水利工程得到发展；隋代为全线贯通江南大运河，在湖州及周边地区继续修塘建溇，围田筑圩，太湖水利初具规模；及至唐代，以土塘为主的南北海塘系统已经初步形成，环绕太湖东南

---

① 李根蟠 . 长江下游稻麦复种制的形成和发展 [J] 历史研究，2002.（5）.

② 秦观：《淮海集》卷一五《财用下》。

③ 《新唐书》卷二十四《韦丹传》。

半圈的沿湖长堤也在唐中叶全线贯通，为大规模的塘浦圩田建设奠定了基础。[①]

三、结语

综上所述，中国古代基本经济区的南移大体可归因于南方的天时、地利、人和。南方温暖湿润的气候是其天时和地利，相对稳定的社会环境和生产技术的发展是其人和。

基本经济区的南移，对中国历史发展影响深远。首先，它带动了中国古代文化重心的南移。宋以前，北方在文化上占优势，《唐宰相世系表》中共记宰相369人，十之八九是北方人，进士人数也北多南少。然从宋代开始，南方人逐渐占上风。陆游曾论述这一变化曰："天圣以前，选用人才，多取北人……及绍兴、崇宁间，取南人更多，而北方士大夫复有沉抑之叹。"[②]唐宋八大家中，唐代的韩愈、柳宗元皆为北方人；宋代的"三苏"、欧阳修、王安石、曾巩皆为南方人。《宋史·文苑传》中所载文坛名人（不包括当官的文人）中南方58人，北方29人；《全宋词》中的词作家北方155人，南方617人，其中北宋时南方比北方多1倍，南宋时则多出5倍。

其次，它使中国古代后期各王朝的经济重心与政治重心分离。此前，全国的政治重心与经济重心一向沿着黄河及其支流渭河作东西向移动，政治重心与经济重心基本上是重叠吻合的。基本经济区南移后，中国的政治中心并未随之南移，相反出于防御北疆之需，历代政府多将首都设在北方，由是造成全国政治重心与经济重心的分离，形成南北纵向的结构以及两个重心的两极化局面。隋唐定都长安，为了将政治重心与经济重心联系起来，修建大运河。这条河由江南河、邗沟、汴渠、广济渠、永济渠组成，北起涿郡，南达杭州，西抵长安，既是南北向也是东西向的交通干线。元明清定都北京，为了联系政治重心和经济重心，亦开凿、经营贯通南北的京杭大运河。大运河不仅是交通干线，更是京师的经济命脉。为了保证运河的畅通，历代政府投入大量的人力、财力和物力，甚至不惜牺牲运河沿岸民众的利益，以保证其"万无一失"。

抚古思今，当前我国经济依然延续历史发展的态势，呈现东南强、西北弱的格局。要扭转这一态势，实现区域经济的均衡发展，从中国历史上基本经济区的转移过程看，或可得到如下启示：（1）政治稳定是经济发展的前提和基础，中国历史上

---

① 朱宏斌.汉唐间北方农业技术的南传及在江南地区的本土化发展[J].中国农史1911.（4）.

② 陆游：《论选用西北士大夫札子》，《渭南文集》卷三。

经济重心的南移和南方经济的发展都是在北方战乱而南方相对稳定的条件下完成的；（2）自然环境对经济的发展影响巨大，中国历史上经济重心南移的重要因素是自然环境的变化，因此在振兴西北过程中一定要处理好经济开发与保护生态环境的关系；（3）生产力的进步是经济发展的最重要因素，人才是推动社会经济文化发展的重要力量，中国历史上经济重心的南移与人才和技术的南移同步，因此要实现经济的均衡发展，需以区域间人才和科学技术的均衡发展为前提。

参考文献

[1] 邓云特 . 中国救荒史 [M]. 上海：三联书店，1958.

[2] 侯家驹 . 中国经济史 [M]. 台湾：联经出版事业股份有限公司，2005.

[3] 胡焕庸，张善余 . 中国人口地理 [M]. 上海：华东师范大学出版社，1985.

[4] 冀朝鼎 . 中国历史上的基本经济区与水利事业的发展 [M]. 北京：中国社会科学出版社，1981.

[5] 毛汉光 . 中国中古史社会史论 [M]. 台湾：联经出版事业股份有限公司，1988.

[6] 钱穆 . 国史大纲 [M]. 北京：商务印书馆，1991.

[7] 田昌五，漆侠 . 中国封建社会经济史第 3 卷 [M]. 济南：齐鲁书社，1996.

[8] 郑学檬 . 唐五代太湖地区经济试探 [J]. 学术月刊，1983，（2）.

[9] 胡道修 . 开皇天宝之间人口的分布与变迁 [J]. 中国史研究，1985，（4）.

[10] 宁志新 . 中国古代经济重心南移问题浅论 [J]. 河北师院学报（社会科学版），1994.（3）.

[11] 陈铿 . 明清福建农村市场试探 [J]. 中国社会经济史研究，1986，（4）.

[12] 高王凌 . 中国传统经济的发展序列（续）[J]. 史学理论研究，1994，（4）.

[13] 张家诚 . 气候变化对中国农业生产影响的初探 [J]. 地理学报，1982，（2）.

[14] 王馥堂 . 世界气候与粮食产量的预测 [J]. 气象知识，1984，（1）.

[15] 倪根金 . 试论气候变迁对我国古代农业经济的影响 [J]. 农业考古，1988，（1）.

[16] 蒙文通 . 中国历代农产量的扩大和赋役制度及学术思想的演变 [J]. 四川大学学报，1959，（2）.

[17] 邹逸麟 . 历史时期黄河流域水稻生产的地域分布和环境制约 [J]. 复旦学报（社会科学版），1985，（3）.

[18] 李根蟠 . 长江下游稻麦复种制的形成和发展 [J]. 历史研究，2002，（5）.

[19] 朱宏斌 . 汉唐间北方农业技术的南传及在江南地区的本土化发展 [J]. 中国农史 1911，（4）.

中国古代经济长期增长的分解：基于历史 GDP 核算（980—1840 年）

伏霖（中央财经大学经济学院讲师，经济学博士）

内容摘要：本文基于 Broadberry，Guan and Li（2017）的历史 GDP 数据库，计算了北宋太平天国五年至宣和七年（980—1125 年）、明代（1402—1626 年）和清代（1685—1840 年）三个时期的 TFP 指数和 TFP 增长率，从 TFP 指数来看，每个朝代都经历了一个 TFP 绝对水平上升的过程。进一步综合其他数据的模型和实证表明，人均可耕地面积、人均资本存量下降、TFP 下降和规模报酬递减是古代中国人均 GDP 长期下降四个主要因素。就各要素对古代中国经济增长的贡献而言，北宋的经济增长主要依赖资本和土地的投入；明代各类要素的投入对增长的贡献比较均衡，明代前期劳动和全要素生产率的贡献不大，后期资本对经济增长的贡献不大；清代的经济增长主要依靠劳动力投入和全要素生产率的贡献，资本和土地的贡献不是最大的。

关键词：历史 GDP 核算；TFP 计算；经济增长分解；索洛余值

一、引言

对历史上的整体经济进行定量研究，是经济学一个重要的研究领域。本文侧重于采用计量分析，以北宋太平天国五年至宣和七年（980—1125 年）、明（1402—1626 年）和清（1685—1840 年）的历史 GDP 核算为研究对象，分析古代中国经济发展与效率演变的趋势，探究中国古代社会的经济增长模式与现代经济的差异，更重要的是就古代中国人均 GDP 长期持续下降给出尝试性的解释。

对于中国古代人均 GDP 持续下降的解释，人口的快速增长可能是一个解释。由于资源和积累速度的限制，人口的过快增长会带来两个方面的影响：第一，由此带来人均可耕地面积的下降；第二，会带来人均资本存量的下降。相对于中国，英国人均可耕地的下降幅度大大超过中国，但是英国的人均耕地在圈地运动之前一直都是维持在人均 6 亩的水平之上，而同时期中国的人均耕地面积已经降到了 3 亩左右的水平。如果再考虑到英国农业占比的不断下降和强有力的畜牧业支撑，更容易理解中国的人均可耕地面积下降所带来的消极影响。农业产出增长速度无法跟上人口增长的速度，这种增长速度上的不匹配直接降低了古代中国人均的生活水平。另一方面，基本生存消费的不足使得人们不得不加大对土地及其相关技术的投资，最直接的表现就是置地、拓荒、精耕细作，通过加大劳动力的投入等方法提高农业产出，倒逼人们降低了对物质资本和人力资本的积累水平（即内卷化）。人口增长对于经济增长是如此的重要，正如凯恩斯所说：

"历史上的重大事件常常是由人口增长，或者其他根本性经济因素的长期变动所引起的，但是由于这些变动具有渐进性，所以容易被同时代的人所忽视，而被归罪于统治者的愚蠢或者无神论者的狂热……（俄国革命）更多地应该归因于人口持续扩张这一深层因素，而不是列宁或尼古拉斯。在突破社会习俗的束缚方面，人口增长过快这一破坏性力量可能比思想的力量或者独裁政府的错误起着更重要的作用。"

Clark（2000）的研究中就也提到，古代中国人普遍婚育年龄比较早，女性生育率比较高，代间年龄较西方本来就较短，在能够满足生存消费的情况下，中国人口增长的速度是非常迅速的，图 1 中描绘了三个朝代人口数量和可耕地情况的变化趋势。与英国的情况相比较，我国自古以来可耕地占整个国土的比例就非常低，可耕地的质量也较差，加之人口膨胀速度过快等原因，造成了古代中国可耕地资源的稀缺。

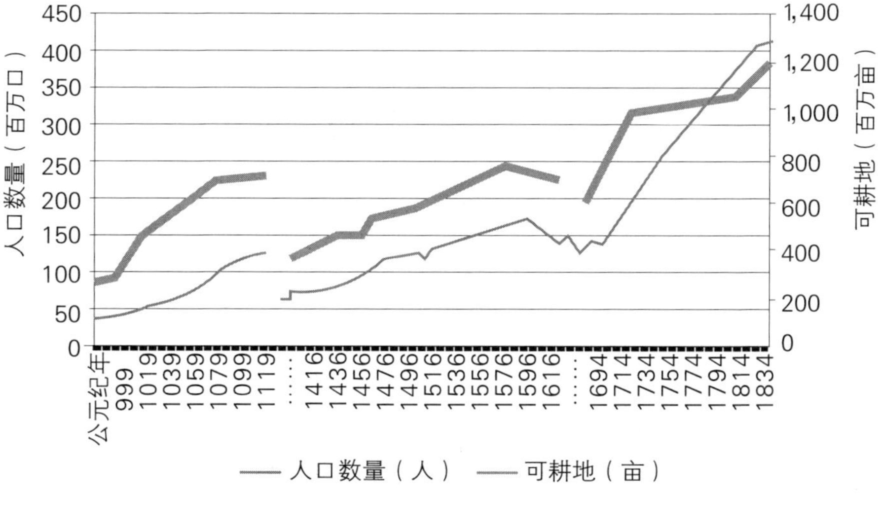

图 1：人口数量与可耕地数的对比

另一个可能的解释就是与TFP有关，TFP的内涵非常丰富，它包括除劳动力、土地和资本之外所有影响产出水平变化的因素，主要包括：技术和科技水平、技术效率、规模效应、市场的发达程度、交通和通信条件、法律和社会环境，甚至还包括诚信等文化因素。相对于工业革命前的英国，古代中国没有便利的大西洋贸易、没有海外殖民地的开拓，美洲作物在明后期才传入中国，直到清康熙雍正年间才大面积推广，古代中国相对滞后的技术水平，相对封闭和分散化的社会管理和市场分割，通讯和交通的不畅，所有这些都会成为TFP没有取得突破性增长的可能解释。

图2显示了古代中国可耕地面积的变化趋势，宋初开始随着疆域的拓宽，可耕地面积不断增大，到1019年左右达到人均9.3亩，之后开始下滑，到北宋末年人均可耕地面积不足6亩，明代从开始到最后，人均可耕地在5亩上下，而到了清代，随着人口增长，到1840年左右，人均可耕地面积不足3亩。按照当时亩产量的数据计算，从平均程度上看，人均3亩土地水平仅仅只能满足一个人的粮食基本消费，生活水平应该是极其贫困的程度。

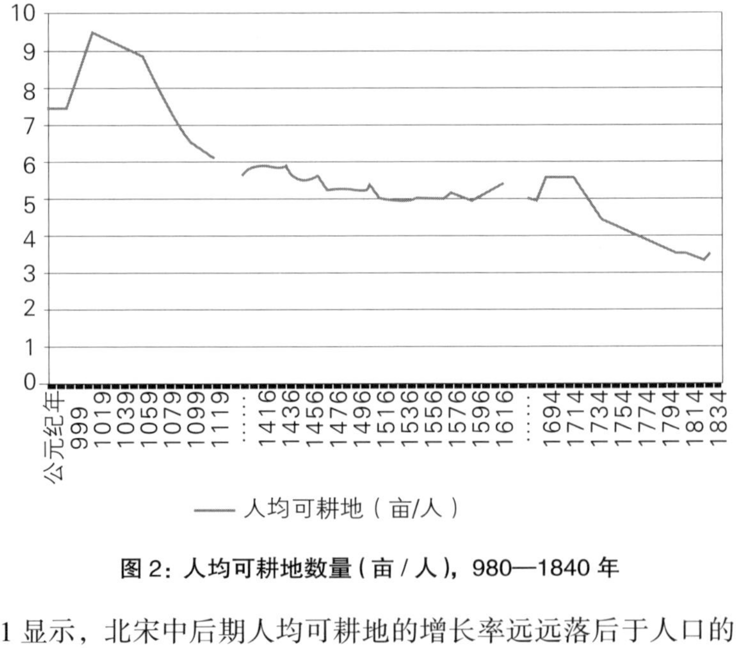

图2：人均可耕地数量（亩/人），980—1840年

下页表1显示，北宋中后期人均可耕地的增长率远远落后于人口的年均增长率，人均GDP下降速度很快，年均下降0.31%，明代前期和中期人均可耕地的增长速度稍稍落后于人口年增长率，人均GDP几乎保持不动，明代后期随着战乱等因素，人口增长率呈现年均0.3%的负增长，人均GDP略有回升，年均0.13%的增速，清代前中期，人均可耕地的增速超过人口增长速度，人均GDP保持了年均0.1%的增速，但是中期以后爆炸性的人口增长吞噬了 GDP 的增长，1736 年至 1795 年间人均 GDP 呈现年下降 0.35% 的态势，1796—1840 年人均 GDP 年均下降 0.05%。

本文第一部分重述了 Broadberry，Guan and Li（2017）历史 GDP 核算项目中人均 GDP 长期持续下降的事实，强调了人口增长与土地资源稀缺两个客观存在，提出了人均可耕地面积下降和人均资本存量的下降是中国古代长期人均产出下降的原假设；第二部分利用索洛模型分别在土地增速为零和有效土地两个不同的假设下，论证了人口快速增长和技术进步趋缓对于古代中国经济增长的影响；第三部分利用柯布道格拉斯生产函数进行了实证分析，在放开规模报酬不变的假定下，计算了劳动、土地和资本的要素产出弹性，计算了各种要素分别对于实际产出增长率和人均产出增长率的贡献，检验了第一部分中提出的两个原假设，最后利用索洛剩余计算了全要素生产率（TFP）的变动情况；第四部分为本文的总结。

表 1：三个朝代不同时期人均 GDP、人均可耕地和人口的变动情况

朝代	时间段	人均 GDP 年均增长率	人均可耕地年均增长率	人口年均增长率
北宋	前期（980—1022 年）	0.86%	1.37%	0.74%
	中期（1023—1085 年）	–0.31%	0.67%	1.11%
	后期（1086—1125 年）	–0.31%	0.02%	0.56%
明	前期（1402–1449 年）	0.06%	0.40%	0.42%
	中期（1450—1581 年）	0.01%	0.40%	0.47%
	后期（1582–1626 年）	0.13%	–0.17%	–0.30%
清	前期（1685—1735 年）	0.10%	0.97%	0.94%
	中期（1736—1795 年）	–0.35%	0.07%	0.73%
	后期（1796—1840 年）	–0.05%	0.32%	0.48%

二、古代长期增长的理论模型

1. 土地增速为零的柯布道格拉斯生产函数

假设古代中国经济生产函数符合柯布道格拉斯生产函数的形式：

$$Y = AK^{\alpha}L^{\beta}N^{\gamma} \qquad (2\text{–}1)$$

其中，Y 为总产出，A 为技术，K 为资本存量，L 为劳动力，N 为土地数量，α，β，γ 分别为资本、劳动力和土地的产出弹性系数。

资本存量的增量等于投资减去资本折旧，如下：

$$\dot{K} = sY - \delta K \qquad (2\text{–}2)$$

技术的增速为 g，劳动力的自然增速为 n，土地的增速为 0：

$$\dot{A}=gA \tag{2-3}$$

$$\dot{L}=nL \tag{2-4}$$

$$\dot{N}=0 \tag{2-5}$$

可以得到：

$$g_K=\frac{\dot{K}}{K}=\frac{sY}{K}-\frac{\delta K}{K}=\frac{sY}{K}-\delta \tag{2-6}$$

$$g_Y=\frac{\dot{Y}}{Y}=g+\alpha\cdot|\frac{\dot{K}}{K}+\beta\cdot|\frac{\dot{L}}{L}=g+\beta n+\alpha\cdot g_K \tag{2-7}$$

其中 g_K、g_Y 分别为资本存量和产出的增长速度。

下面证明收敛性的存在，即证明满足 $\dot{g}_K=0$ 的条件存在：

$$\dot{g}_K=\partial g_K/\partial t \tag{2-8}$$

将公式（2-6）带入公式（2-8）得到

$$\dot{g}_K=s\cdot\left[\frac{\dot{Y}K-\dot{K}Y}{K^2}\right]=s\cdot\left[\frac{\dot{Y}}{K}-\frac{Y}{K}\cdot g_K\right] \tag{2-9}$$

由公式（2-7）有：

$$\dot{Y}=(g+\beta n+\alpha\cdot g_K)\cdot Y \tag{2-10}$$

将公式（2-10）带入公式（2-9）得到：

$$\dot{g}_K=s\cdot\left[\frac{(g+\beta n+\alpha\cdot g_K)\cdot Y}{K}-\frac{Y}{K}\cdot g_K\right] \tag{2-11}$$

进一步：

$$\dot{g}_K=s\cdot\frac{Y}{K}\cdot[g+\beta n+(\alpha-1)\cdot g_K] \tag{2-12}$$

其中：

$$sY/K=g_K+\delta \tag{2-13}$$

将公式（2-13）带入公式（2-12）得到：

$$\dot{g}_K=[g_K+\delta]\cdot[g+\beta n+(\alpha-1)\cdot g_K] \tag{2-14}$$

有公式（2-14）得到，如果增长存在均衡轮径，则一定至少满足两个条件之一：

$$\text{i)}g_K=-\delta \tag{2-15}$$

$$\text{ii)}g_K=(g+\beta n)/(1-\alpha) \tag{2-16}$$

如果第二个条件成立则：

$$g_Y = \frac{\dot{Y}}{Y} = g + \beta n + \alpha \cdot g_K \tag{2-17}$$

将公式（2–16）带入公式（2–17）得到：

$$g_Y = \frac{(1-\alpha)(g+\beta_n) + \alpha g + \alpha\beta n}{1-\alpha} \tag{2-18}$$

$$gK = {(g+\beta n)}\big/{(1-\alpha)} \tag{2-19}$$

人均产出在均衡路径上的增长公式为：

$$\frac{\dot{Y}/L}{Y/L} = \frac{\dot{Y}}{Y} - \frac{\dot{L}}{L} \tag{2-20}$$

将公式（2–18）和公式（2–19）带入公式（2–20）得到：

$$\frac{\dot{Y}/L}{Y/L} = \frac{g+\beta n}{1-\alpha} - n = \frac{g+\beta n - n - n\alpha}{1-\alpha} \tag{2-21}$$

如果技术进步的速度比较慢，即：

$$g \approx 0 \tag{2-22}$$

则：

$$\frac{\dot{Y}/L}{Y/L} = \frac{\beta n - n - n\alpha}{1-\alpha} \tag{2-23}$$

$$\frac{\dot{Y}/L}{Y/L} = \frac{n\left(\beta-\alpha-1\right)}{1-\alpha} \tag{2-24}$$

若要在均衡路径上实现人均产出的持续增加，则必须：

i）在资本的产出弹性小于 1 的情况下：$\beta - \alpha > 1$

ii）在资本产出弹性大于 1 的情况下：$\beta < 1 + \alpha$

2. 有效土地的柯布道格拉斯生产函数

考虑到古代经济增长中，农业是主要的生产部门，在农业生产工具和种植技术没有显著冲击的情况下，技术主要通过与土地相互作用释放生产力，土地的利用技术（复种或者间作等等），因此，这里将土地和技术一起放入生产函数中，现在的生产函数为：

$$Y = K^{\alpha} L^{\beta} (AN)^{\gamma} \tag{2-25}$$

其中资本、技术、劳动和土地的增长率与前面的假设相同：

$$\dot{K} = sY - \delta K \tag{2-26}$$

$$\dot{A}=gA \tag{2-27}$$

$$\dot{L}=nL \tag{2-28}$$

$$\dot{N}=0 \tag{2-29}$$

下面 g_K 、 g_Y 分别为资本存量和产出的增长速度。

$$g_K=\frac{\dot{K}}{K}=\frac{sK}{K}-\frac{\delta K}{K}=\frac{sK}{K}-\delta \tag{2-30}$$

$$g_Y=\frac{\dot{Y}}{K}=\alpha\cdot\frac{\dot{K}}{K}+\beta\cdot\frac{\dot{L}}{L}+\gamma\cdot\frac{\dot{A}N}{AN}=\alpha g_K+\beta n+\gamma g \tag{2-31}$$

下面证明收敛性的存在，即证明满足 $\dot{g}_K=0$ 的条件存在：

$$\dot{g}_K={\partial g_K}/{\partial t} \tag{2-32}$$

$$\dot{g}_K=s\cdot\left[\frac{\dot{Y}K-\dot{K}Y}{K^2}\right]=s\cdot\left[\frac{\dot{Y}}{K}-\frac{Y}{K}\cdot g_K\right] \tag{2-33}$$

$$\dot{Y}=(\alpha g_K+\beta n+\gamma g)\cdot Y \tag{2-34}$$

$$\dot{g}_K=s\cdot\left[\frac{(\alpha g_K+\beta n+\gamma g)\cdot Y}{K}-\frac{Y}{K}\cdot g_K\right] \tag{2-35}$$

$$\dot{g}_K=s\cdot\frac{Y}{K}\cdot[(\alpha-1)g_K+\beta n+\gamma g] \tag{2-36}$$

$${sY}/{K}=g_K+\delta \tag{2-37}$$

$$\dot{g}_K=\left[g_K+\delta\right]\cdot\left[(\alpha-1)g_K+\beta n+\gamma g\right] \tag{2-38}$$

所以如果是平衡路径，

一定至少满足两个条件之一：

$$\text{i)}g_K=-\delta \tag{2-39}$$

$$\text{ii)}g_K={(g+\beta n)}/{(1-\alpha)} \tag{2-40}$$

如果第二个条件成立则：

$$g_Y=\frac{\dot{Y}}{Y}=\alpha g_K+\beta n+\gamma g \tag{2-41}$$

$$g_Y=\frac{\alpha(\beta n+\gamma g)+(1-\alpha)(\beta n+\gamma g)}{1-\alpha} \tag{2-42}$$

$$gK={(\beta n+\gamma g)}/{(1-\alpha)} \tag{2-43}$$

人均产出在均衡路径上的增长公式为：

$$\frac{\dot{Y}/L}{Y/L}=\frac{\dot{Y}}{Y}-\frac{\dot{L}}{L} \tag{2-44}$$

$$\frac{\dot{Y}/L}{Y/L}=\frac{\beta n+\gamma g}{1-\alpha}-n \tag{2-45}$$

如果假设：

$$\alpha+\beta+\gamma=1-\varphi \tag{2-46}$$

将公式（2–46）带入公式（2–44）和公式（2–45）得到：

$$\frac{\dot{Y}/L}{Y/L}=\frac{\beta n+\gamma g-n\beta-n\gamma-n\varphi}{\beta+\gamma+\varphi} \tag{2-47}$$

$$\frac{\dot{Y}/L}{Y/L}=\frac{\gamma g-n(\gamma+\varphi)}{\beta+\gamma+\varphi} \tag{2-48}$$

如果要在平衡路径上实现人均产出的持续增长，则需要满足如下条件：

i）如果 $\varphi<0$，规模报酬递减

$$g>n-\varepsilon \tag{2-49}$$

其中 ε 是一个大于零的非负数

ii）如果 $\varphi>0$，规模报酬递增

$$g>n+\varepsilon \tag{2-50}$$

其中 ε 是一个大于零的非负数

即，在规模报酬递减的情况下，实现均衡路径下人均产出持续增长所需要的技术进步速度要小于在规模报酬递增的情况下。

三、古代长期增长的实证检验

基于前面第二部分的模型分析，本部分进一步利用柯布道格拉斯生产函数和前面章节的数据，建立实证模型计算古代中国资本、劳动力和土地三个要素的产出弹性。我们选取以 1840 年不变价计价的实际 GDP、人口数、耕地总量和上一章估算的以 1840 年不变价计价的实际资本存量作为研究对象，对上面的各个数字分别取对数。考虑到总产出（实际 GDP）、人口数、可耕地数和资本总额对数值的时间序列，具有不平稳的特征，如果在协整关系不明确的情况下，直接进行回归，很有可能导致“伪回归”的问题，因此该部分需要利用协整理论和 EMC 模型（误差修正模型）进行辅助的分析，主要解决五个问题：第一，古代中国经济增长的过程中，劳动力、土地和资本三个最重要的要素产出弹性是多少？相对的重要性如何？第二，古代中国经济增长的过程中是不是存在显著的规模报酬递减或规模报酬递增。第三，从劳

动力、土地和资本三个方面对实际产出和人均产出水平进行增长分解，考察三个要素在总产出和人均产出变动过程冲的相对重要性；第四，通过计算索洛余值，初步考察古代中国全要素生产率（TFP）的变动趋势。

1. 数据说明

本文选取了北宋（980—1125 年）、明代（1402—1626 年）和清代（1685—1840 年）跨度近千年的时间序列数据来进行分析，样本期共 527 个样本点。表 2 中对本部分回归需要的数据进行了数据描述。其中实际 GDP 是以 1840 不变价计价的总产出，这里的单位是亿两白银；劳动力的数据没有精确的数字，考虑到北宋户均平均 5.4 口人，明代户均 5.2 口人，清代户均 5.0 口人，如果用户数乘以每户 2.5 劳动力的数据间接的得到劳动力数据，通过比较通过户数得到的劳动力数据与人口总量的相关性，两列数字的相关性极高，差别不大，人口数量北宋的数字来自于吴松弟（2008）的研究成果，明清的人口数字来自曹树基（2001）、姜涛（1990）等的研究成果，这些数字本身就是以户数为基础计算的，另一方面由于地区差别巨大，全国平均的户均劳动力数字的可靠性不高，而且仅有的几个数据点也难以覆盖到近千年的时间跨度，因此这里我们采用人口总数来作为劳动力数量的替代变量，单位是亿口；耕地总数北宋的数字来自于漆侠（2009）根据《文献通考·田赋考·历代田赋之制》及《宋史·食货志·农田》的原始数据进行修正的成果，明代的数字来自于史志宏（2011）、王业键（2003）的研究成果，清代耕地的数字来自于骆毅（1999）、史志宏（2011）和郭松义（2000）的研究成果，单位是亿亩；资本存量的数字来自上一章中的估算，这里是以 1840 年不变价计价的实际值，单位是亿两白银。

表 2：水平值的数据描述

	实际 GDP	人口数	耕地	资本存量
均值	27.0	1.54	6.95	46.7
中位数	26.9	1.31	6.84	47.6
最大值	50.8	4.12	12.0	74.6
最小值	84.0	37086093	2.67	16.8
标准差	97.1	95984127	2.29	16.2
偏度	0.317598	1.17125	0.261859	0.020974
峰度	2.544304	3.525575	2.265315	1.950815
观察值	527	527	527	527

考虑到模型弹性计算的需要，对上面各个数字取了对数值，详细的数据描述如表 3 所示：

表 3：对数值的数据描述

	Log（实际 GDP）	Log（人口数）	Log（耕地）	Log（资本存量）
均值	21.64628	22.19531	18.66655	20.30063
中位数	21.71149	22.28344	18.69304	20.34299
最大值	22.34908	22.73275	19.83653	20.90311
最小值	20.54904	21.24218	17.42875	19.40457
标准差	0.391507	0.386147	0.610608	0.35291
偏度	−0.566978	−0.553292	−0.00539	−0.47141
峰度	2.996141	2.394928	2.482831	2.810685
观察值	527	527	527	527

2. 回归模型

假设生产函数的形式是典型的柯布道格拉斯函数，如下：

$$Y_t = AF(Labor, Land, Capital) = A_t Labor_t^{\alpha} Land_t^{\beta} Capital_t^{\gamma} \qquad (2\text{–}51)$$

其中，我们假设技术进步是一个常数，对上述公式进行对数线性展开，得到：

$$\ln Y_t = \ln_t A + \alpha \ln Labor_t + \beta \ln Land_t + \gamma \ln Capital_t \qquad (2\text{–}52)$$

以上式为基础构造计量回归的公式如下：

$$\ln Y_t = C + \alpha \ln Labor_t + \beta \ln Land_t + \gamma \ln Capital_t + \varepsilon_t \qquad (2\text{–}53)$$

其中 C 为截距项，ε_t 为残差。

考虑到总产出（Y_t）、人口（$Labor_t$）、可耕地（$Land_t$）和资本（$Capital_t$）对数值可能存在的不平稳性，为了避免“伪回归”问题的存在，需要先检验他们之间是否存在显著的协整关系，因此下面需要对数据进行单位根检验和协整检验，进行辅助的分析。

3. 单位根检验

对变量的平稳性进行检验是第一步。本文采用了常见的 ADF 法对实际产出的对数值（$\ln Y_t$）、劳动力对数值（$\ln Labor_t$）、耕地的对数值（$\ln Land_t$）和资本对数值（$\ln Capital_t$）的水平值和一阶差分进行了单位根检验，检验结果见表 4。

表 4：对数值的单位根检验

变量	水平值	一阶差分值
$\ln Y_t$	0.9893	0.0000
$\ln Labor_t$	0.9923	0.0000
$\ln Land_t$	1.0000	0.0000
$\ln Capital_t$	0.9793	0.0000

注：水平值检验和一阶差分值检验只包含常数项，滞后阶数根据 SIC 准则和最大 3 阶的准则下自动生成。

表4的结果表明，四个变量的水平序列不存在同阶的单位根，即四个变量的水平值是不平稳的。但它们的一阶差分序列显示均可在1%的显著性水平上拒绝原假设，即四个变量的一阶差分序列是平稳的，即I（1），它们之间可能存在协整关系。

4. 协整检验

本文将采用Johansen协整检验的方法来检验变量间长期协整关系，检验结果如表5。

由表5，“不存在协整关系”的原假设都在1%的显著性水平下遭到拒绝，可见四个变量之间可能存在协整关系。

假设：$\ln Y_t$、$\ln Labor_t$、$\ln Land_t$ 和 $\ln Capital_t$ 存在协整关系。

即：$\ln Y_t = C + \alpha \cdot \ln Labor_t + \beta \cdot \ln Land_t + \gamma \cdot \ln Capital_t + RES_t$　　（2-54）

其中 RES_t 是残差。

如果 RES_t 通过了平稳性检验，则说明 $\ln Y_t$、$\ln Labor_t$、$\ln Land_t$ 和 $\ln Capital_t$ 存在长期协整关系。

回归结果和残差的平稳性检验结果如表6所示，公式（2-54）的各项回归系数均在1%水平下显著，残差 RES_t 的水平值也通过了平稳性检验（如表7所示），因此，可以说 $\ln Y_t$、$\ln Labor_t$、$\ln Land_t$ 和 $\ln Capital_t$ 之间存在长期协整关系。

根据表5中协整检验的结果，建立 $\ln Y_t$、$\ln Labor_t$、$\ln Land_t$ 和 $\ln Capital_t$ 四变量间的误差修正模型（EMC model）：

$$ECM_{t-1} = RES_t \qquad (2\text{-}55)$$

$$\Delta \ln Y_t = \varphi_1 ECM_{t-1} + \varphi_2 \Delta \ln Labor_t + \varphi_3 \Delta \ln Land_t + \varphi_4 \Delta \ln \qquad (2\text{-}56)$$

其中 $\Delta \ln Y_t$、$\Delta \ln Labor_t$、$\Delta \ln Land_t$ 和 $\Delta \ln Capital_t$ 分别是 $\ln Y_t$、$\ln Labor_t$、$\ln Land_t$ 和 $\ln Capital_t$ 的一阶差分值，ECM_t 是第 t 期的误差修正项，ε_t 是白噪声。根据公式（2-56）的计算结果如表8。

ECM_{t-1}、$\Delta \ln Labor_t$、$\Delta \ln Land_t$ 和 $\Delta \ln Capital_t$ 的回归系数分别是-0.0159、-0.3153、0.8606、和0.7027，显著性水平在1%，而且 ECM_{t-1} 的回归小于0，符合误差修正模型的原假设。

根据误差修正模型，公式（2-54）代表长期的均衡关系，公式（2-56）中的 φ_1 反映变量之间偏离长期均衡状态时将其调整到均衡状态的调整速度。

表 5：Johansen 协整检验结果

原假设	特征值	迹统计量	5%Critical Value	Prob.
None *	0.072618	68.60788	63.8761	0.019
At most 1	0.027593	29.25454	42.91525	0.5467
At most 2	0.018096	14.64871	25.87211	0.6038
At most3	0.009753	5.11615	12.51798	0.5798
None	0.072618	39.35334	32.11832	0.0055
At most 1	0.027593	14.60584	25.82321	0.6696
At most 2	0.018096	9.532556	19.38704	0.6687
At most 3	0.009753	5.11615	12.51798	0.5798

注：* 表示在 1% 的显著性水平下拒绝原假设。

表 6：公式（2–54）的回归计算结果

Dependent Variable：$\ln Y_t$				
Variable	Coefficient	Std. Error	t–Statistic	Prob.
C	2.6756	0.2750	9.7308	0.0000
$\ln Labor_t$	0.2349	0.0160	14.6577	0.0000
$\ln Land_t$	0.4205	0.0543	7.7513	0.0000
$\ln Capital_t$	0.2725	0.0336	8.1018	0.0000

注：模型的 Adjusted R–squared 为 0.966397，F 统计量的值为 5043.449，显著性水平 1%。

表 7：残值水平值单位根检验结果

变量	统计量	5% 临界值	1% 临界值	P 值
RES_t	–2.956	–1.941	–2.569	0.0031

注：不包含常数项和趋势项，滞后阶数的选择是根据 SIC 准则和最大三阶的原则下自动生成的。

表 8：公式（2–56）的回归计算结果

Dependent Variable：				
Variable	Coefficient	Std. Error	t–Statistic	Prob.
	–0.0159	0.0054	–2.9254	0.0036
$\Delta\ln Labor_t$	–0.3153	0.0580	–5.4394	0.0000
$\Delta\ln Land_t$	0.8606	0.0619	13.8986	0.0000
$\Delta\ln Capital_t$	0.7027	0.0361	19.4904	0.0000

注：模型的 Adjusted R–squared 为 0.5429，最大似然统计量为 48。

5. 回归结果

从公式（2–56）和公式（2–55）可知，两者的回归方程是一致的，根据表 6 的结果，我们可以得到几个基本结果：

第一，劳动力、土地和资本的产出弹性分别是 0.2349、0.4205 和 0.2725，总体来看，对于古代经济三个最重要的要素来说土地对于产出的重要性最高。

第二，三个弹性系数的和为 0.9279，显著小于 1，总体来看，从一定程度上可以说明古代中国经济是一个规模报酬递减的经济，这一研究结论与一些历史学者认为政府行政管理能力较低的观点是非常吻合的，本文的计量分析结论为这一观点提供了佐证，具体的规模报酬率变化趋势和全要素生产率的变动需要在本章的最后和第七章中详细的论述。

在以上基本结果的基础上，接下来，应用回归得到的产出弹性系数和三个朝代产出、劳动力、可耕地、资本、人均产出增长率、人均可耕地增长率和人均资本存量等数据，分别对产出增长率和人均产出增长率进行了分解。具体的结果见下一节中的介绍 。

6. 总产出及人均产出增长率的分解

根据我们假设的生产函数

$$Y = AfLabor, Land, Capital = ALabor\alpha\ Land\beta\ Capital\gamma \tag{2-57}$$

对增长进行分解

$$\frac{\dot{Y}}{Y} = \frac{\dot{A}}{A} + \alpha\frac{Labor}{Labor} + \beta\frac{Land}{Land} + \gamma\frac{Capital}{Capital} \tag{2-58}$$

由公式（2–58）可以得到劳动力、可耕地、资本和全要素生产率对于产出的贡献度。

本章实证部分所重点关注的是人均 GDP 下降的原因，以及人均可耕地和人均资本存量对于人均 GDP 下降的解释度，因此，接下来，我们设人均产出为 y，如下：

$$y = \frac{Y}{Labor} \tag{2-59}$$

则，人均产出增长率的公式可以表示为：

$$\frac{\dot{y}}{y} = \frac{\dot{Y}}{Y} - \frac{Labor}{Labor} = C + \beta\left(\frac{Land}{Land} - \frac{Labor}{Labor}\right) + \gamma\left(\frac{Capital}{Capital} - \frac{Labor}{Labor}\right) \tag{2-60}$$

其中：

$$C = \frac{\dot{A}}{A} + \frac{(\alpha + \beta + \gamma - 1)Labor}{Labor} \tag{2-61}$$

C 为分解之后的余项，如公式（2–61）所示，主要包含了技术进步、规模报酬、人口规模的增长速度等三个因素，这里根据公式（2–60），我们可以计算得到人均可耕地和人均资本存量对于人均产出变动的贡献度。

根据表 9 对北宋、明、清三个朝代实际产出增长率的分解，每个朝代根据特殊的历史阶段人为的分为三段，具体的分段标准参照正文中的介绍。具体地：

第一，北宋前期实际产出增长的过程中，土地和全要素生产率的贡献最大，分别是 36% 和 32%，其次是资本，最后是劳动力；北宋中期实际产出增长的过程中，贡献最大的是资本积累（41%），其次是土地和劳动力，全要素生产率的贡献是负向的；北宋后期实际产出下降的过程中，资本的下降贡献最大，达到 71%，其次是土地，约为 58%，而全要素生产率在北宋后期仍然保持了上升。

第二，明代前期实际产出下降的过程中土地的贡献最大（41%），资本次之（33%），劳动力的贡献是 17%，而全要素生产率贡献不大，只有 8%；中期实际产出增长的过程中，土地的贡献最大为 35%，劳动力、资本和全要素生产率的贡献差不多都在 21%～23% 左右；明代后期实际产出下降的过程中，劳动力、土地和全要素生产率的贡献都不小，在 35%～41% 的水平上，而资本的贡献是负的 24%。

第三，清代前期的经济增长中，贡献最大的是土地的投入，次之的劳动力和资本的投入贡献也很大，但是全要素生产率的贡献确实负的；清代中后期的经济增长中，主要依靠的是劳动力的投入和全要素生产率的提高，尤其是清代后期，在资本贡献为负的情况下，全要要素生产率的贡献超过了劳动力投入的贡献，达到了 64%。

总体来看，北宋的经济增长主要依赖资本和土地的投入；明代各类要素的投入对增长的贡献比较均衡，明代前期劳动和全要素生产率的贡献不大，后期资本对经济增长的贡献不大；清代的经济增长主要依靠劳动力投入和全要素生产率的贡献，资本和土地的贡献不是最大的。

表 9：实际产出增长率分解结果

		经济增长	劳动力贡献	土地贡献	资本贡献	全要素贡献
		$\Delta Y / Y$	$\alpha * \Delta LY / L\Delta Y$	$\beta * \Delta NY / N\Delta Y$	$\gamma * \Delta KY / K\Delta Y$	$\Delta AY / A\Delta Y$
北宋	前期	1.60%	0.11	0.36	0.22	0.32
	中期	0.79%	0.33	0.35	0.41	–0.09
	后期	–0.24%	0.00	0.58	0.71	–0.33
明代	前期	–0.64%	0.17	0.41	0.33	0.08
	中期	0.48%	0.23	0.35	0.23	0.21
	后期	–0.17%	0.41	0.41	–0.24	0.35

（续表 9）

		经济增长	劳动力贡献	土地贡献	资本贡献	全要素贡献
		$\Delta Y/Y$	$\alpha*\Delta LY/L\Delta Y$	$\beta*\Delta NY/N\Delta Y$	$\gamma*\Delta KY/K\Delta Y$	$\Delta AY/A\Delta Y$
清代	前期	0.36%	0.56	0.81	0.42	–0.75
	中期	0.37%	0.46	0.08	0.11	0.35
	后期	0.42%	0.26	0.31	–0.21	0.64

注：表中四个要素的贡献已经标准化，标准化的方法为四个要素的贡献之和为 1。正负号代表是否与经济增长的方向一致，如果为负则代表不一致。

表 10：对人均产出的贡献度

		人均产出增长	人均土地增长贡献	人均资本增长贡献	全要素贡献
北宋	前期	0.86%	30.76%	16.80%	52.44%
	中期	–0.32%	–52.89%	4.59%	–42.52%
	后期	–0.22%	–34.47%	–44.41%	21.12%
明代	前期	–0.15%	–36.79%	–54.02%	–9.20%
	中期	0.01%	–26.67%	–18.53%	54.79%
	后期	0.13%	25.38%	55.72%	–18.91%
清代	前期	–0.47%	–13.22%	–15.47%	–71.31%
	中期	–0.35%	–53.72%	–31.29%	14.99%
	后期	–0.05%	–12.78%	–42.44%	44.78%

注：人均土地增长贡献、人均资本增长贡献和全要素贡献已经标准化，标准化的方法以个要素贡献度的绝对值之和为基础。正负号不代表变化方向，如果与人均产出增长率正负号相同，则表示变化方向一致。

表 10 依靠回归方程（2–53）得到的参数和公式（2–60），计算得到了人均土地增长率、人均资本增长率和全要素增长率对于中国古代人均 GDP 变化趋势的贡献，依然利用表 6.1 的方法，将三个朝代划分为 9 个时期。总体来说，每个朝代前期，全要素的变化趋势与人均 GDP 变化的方向是一致的，朝代末期，全要素与人均 GDP 的变化方向是相反的。北宋中期人均 GDP 的下降可以由人均可耕地面积下降和全要素生产率下将来解释，期间人均资本存量没有表现出明显的作用，北宋后期的人均 GDP 下降完全可以由人均可耕地面积下降和人均资本存量下降来解释；明代前期和中期人均 GDP 的下降也可以完全由人均可耕地面积下降和人均资本存量下降来解释，值得注意的是明代中期快速上涨的全要素生产率在一定程度上弥补了人均可耕地面积下降和人均资本存量下降对人均 GDP 下降的不利影响，明代后期由于人口数量减少，人均可耕地面积和人均资本存量解释了略有上涨的人均 GDP，但是这期间全要

素生产率出现了下降；清代前期的人均 GDP 下降中，除人均可耕地面积下降和人均资本存量下降两个原因外，全要素生产率起到了重要的作用，清代中后期的人口增长迅速，虽然全要素生产率的提升都会弥补部分人均可耕地和人均资本存量变动对人均 GDP 的影响，但不能弥补人均可耕地和人均资本存量下降带来的缺口；综上，人均可耕地下降和人均资本存量的下降是古代中国人均 GDP 下降的主要原因。

具体地，分朝代来看：

北宋前期随着开疆扩土，人均可耕地面积不断增长，对于人均 GDP 的增长贡献大约在 31% 的水平上，同时随着战争的逐步结束和政局的稳定，全要素生产率也增长迅速，这期间贡献达到了 52% 的水平上，人均资本存量对北宋前期人均 GDP 增长的贡献为 17%；北宋中期，随着人口增长，人均可耕地面积下降对于人均 GDP 下降的影响达到 53% 的水平，全要素生产率对于人均 GDP 下降的影响也达到了 42%，人均资本存量的变动对于人均 GDP 下降的影响是负的，但是不大，仅为 5%，无法弥补人均可耕地面积下降和全要素生产率下降对于人均 GDP 的负面影响；北宋后期，人均可耕地和人均资本存量下降对人均 GDP 下降分别贡献了 34% 和 44%。

明代前期经历了一个人均 GDP 下降的过程主要原因是由于随着战乱结束，人口开始重回快速增长的通道，人均可耕地面积和人均资本存量下降明显，人均资本存量对于人均 GDP 下降的贡献达到 54%，人均可耕地面积对于人均 GDP 下降的贡献也达到 37%；明代中期人均 GDP 水平几乎保持了不动，通过表 9 的分解可知主要原因一方面是人口增长带来了人均可耕地面积的减少和人均资本存量的降低，人均可耕地面积下降对于人均 GDP 变化的贡献率达到 27%，人均资本存量降低对于人均 GDP 变化的贡献率达到 19%，另一方面全要素生产率有了一个比较好的增长，在一定程度上弥补了人均可耕地面积下降和人均资本存量减少给人均 GDP 变动带来的负面影响，两方面综合起来是人均 GDP 的水平得以维持；明代后期由于战乱导致人口减少，人均 GDP 经历了一个上升的过程，由于人口减少，人均可耕地面积对于人均 GDP 的贡献为 25%，人均资本存量对人均 GDP 的贡献为 56%，而全要素生产率在明代后期拉低了人均 GDP 的水平。

清代前期的人均 GDP 下降中，除人均可耕地面积下降和人均资本存量下降两个原因外，全要素生产率起到了重要的作用，贡献度超过了前两者 28% 的总和，达到 71%；清代中后期的人口增长迅速，虽然全要素生产率的提升都会弥补部分人均可耕地和人均资本存量变动对人均 GDP 的影响，但不能弥补人均可耕地和人均资本存量下降带来的缺口，清中期人均可耕地下降贡献了人均 GDP 下降的 54%，人均资本存量下降贡献了人均 GDP 下降的 31%，清后期人均可耕地面积下降贡献了人均 GDP 下降的 13%，人均资本存量下降贡献了人均 GDP 下降的 42%。

7. TFP 的计算

本节借鉴张军和施少华（2003 年）的研究，利用回归得到要素产出弹性，并计算了索洛剩余的 TFP。根据公式（2–53）构造的计量回归：

$$\ln Y_t = C + \alpha \ln Labor_t + \beta \ln Land_t + \gamma \ln Capital_t + \varepsilon_t \tag{2–53}$$

其中 C 为截距项，为残差。α 是劳动力的产出弹性，β 是土地的产出弹性，γ 是资本的产出弹性，正规化得到：

$$\alpha^* = \frac{\alpha}{\alpha+\beta+\gamma} \tag{2–62}$$

$$\beta^* = \frac{\alpha}{\alpha+\beta+\gamma} \tag{2–63}$$

$$\gamma^* = \frac{\alpha}{\alpha+\beta+\gamma} \tag{2–64}$$

定义我们这里的全要素生产率为：

$$\mathrm{TFP}_t = \frac{\mathrm{Y}_t}{\mathrm{Labor}_t^{\alpha^*}\,\mathrm{Land}_t^{\beta^*}\,\mathrm{Capital}_t^{\gamma^*}} \tag{2–65}$$

则 TFP 的增长率为：

$$\mathrm{tfp}_t = \frac{\mathrm{TFP}_t}{\mathrm{TFP}_{t-1}} - 1 \tag{2–66}$$

在我们的模型中开始的年份是公元 980 年，所以我们可以分别以 980 年、1402 年和 1685 年的 TFP 指定为 100，可以得到第 t 年的 TFP 指数为：

$$\mathrm{TFP指数} = \frac{\mathrm{TFP}_t}{\mathrm{TFP}_{t0}} \times 100 \tag{2–67}$$

图 3 和图 4 分别根据公式（2–67）和公式（2–66）计算了北宋（980—1125 年）、明代（1402—1626 年）和清代（1685—1840 年）三个时期的 TFP 指数和 TFP 增长率，从 TFP 指数来看，每个朝代都经历了一个 TFP 绝对水平上升的过程，北宋从 994 年左右 TFP 开始加速上涨，到 1101 年增长到 583 左右，之后开始呈现 TFP 下降到趋势，明代 TFP 指数保持了一个稳步上涨的态势，到 1610 年达到最大值 320，之后开始下降，清代从 1685 年开始 TFP 指数有一个不错的增长率，平均水平上快于明朝，到 1721 年开始进入 TFP 增速变换到低速增长的阶段，在我们对清代的研究区间内清代的 TFP 一直保持了上涨的势头。

从图 4 的 TFP 增长率上来看，北宋中后期 TFP 增长率的波动幅度明显地收窄了，明代的 TFP 增长率的波动幅度比较大，尤其是 1580 年和 1621 年两个年份上 TFP 增长率出现异常值，除去这两个异常值来看，明代中后期的 TFP 增长率波动幅度也有收窄的趋势，清代 1721 年之后 TFP 年增长率几乎全部收窄到 1% 的水平之内，其中乾隆四十七年（1782 年）至嘉庆四年（1799 年）TFP 增长率基本为负值，其余年份基本保持了 TFP 增长率大于零的增长。

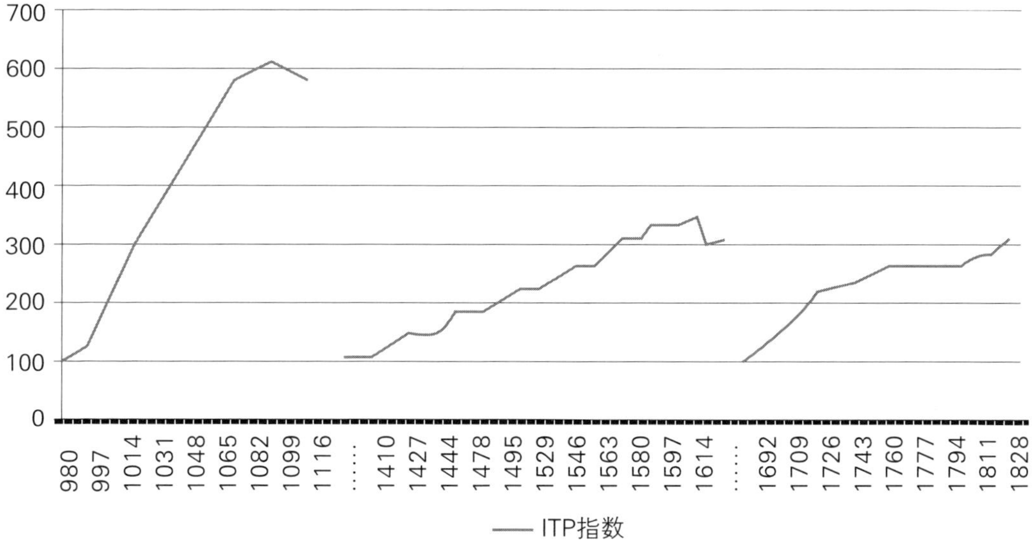

图 3：TFP 指数，980—1840 年

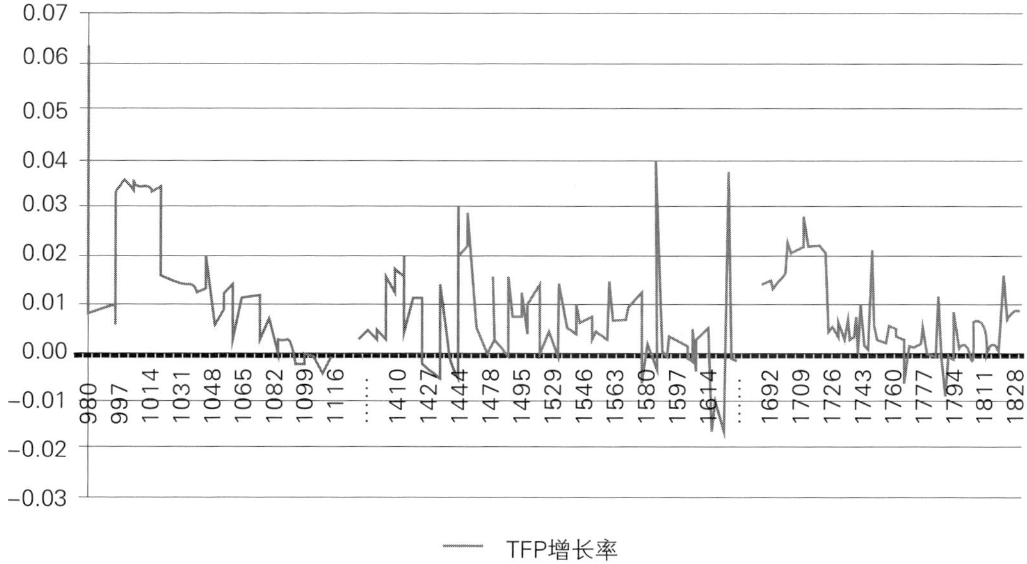

图 4：TFP 增长率，980—1840 年

四、小结

北宋中后期人均可耕地的增长率远远落后于人口的年均增长率，人均 GDP 下降速度很快，年均下降 0.31%，明代前期和中期人均可耕地的增长速度稍稍落后于人口年增长率，人均 GDP 几乎保持不动，明代后期随着战乱等因素，人口增长率呈现年均 0.3% 的负增长，人均 GDP 略有回升，年均 0.13% 的增速，清代前中期，人均可耕地的增速超过人口增长速度，人均 GDP 保持了年均 0.1% 的增速，但是中期以后爆炸性的人口增长吞噬了 GDP 的增长，1736 年至 1795 年间人均 GDP 呈现年下降 0.35% 的态势，1796—1840 年人均 GDP 年均下降 0.05%。

基于数据的事实，提出了人均可耕地面积和人均资本存量下降，以及 TFP 下降和规模报酬递减可能是解释古代中国人均 GDP 长期下降的原因，进而通过模型分析，明确了人口增长、技术进步、规模报酬、资本积累速度等因素对于人均产出变动的影响。

通过柯布道格拉斯函数的回归计量，计算得出：第一，劳动力、土地和资本的产出弹性分别是 0.2349、0.4205 和 0.2725，总体来看，对于古代经济三个投入要素来说，土地对于产出的重要性最高；第二，三个弹性系数的和为 0.9279，显著小于 1。从一定程度上可以说明古代中国经济是一个规模报酬递减的经济，这一研究结论与一些历史学者认为政府行政管理能力较低的观点是非常吻合的，本文的计量分析结论为这一观点提供了佐证。

进一步利用回归得到的要素产出弹性，对北宋、明、清三个朝代实际产出增长率要素贡献进行了分解，发现：第一，北宋前期实际产出增长的过程中，土地和全要素生产率的贡献最大，分别是 36% 和 32%，其次是资本，最后是劳动力；北宋中期实际产出增长的过程中，贡献最大的是资本积累（41%），其次是土地和劳动力，全要素生产率的贡献是负向的；北宋后期实际产出下降的过程中，资本的下降贡献最大，达到 71%，其次是土地，约为 58%，而全要素生产率在北宋后期仍然保持了上升；第二，明代前期实际产出下降的过程中土地的贡献最大（41%），资本次之（33%），劳动力的贡献是 17%，而全要素生产率贡献不大，只有 8%；中期实际产出增长的过程中，土地的贡献最大为 35%，劳动力、资本和全要素生产率的贡献差不多都在 21%～23% 左右；明代后期实际产出下降的过程中，劳动力、土地和全要素生产率的贡献都不小，在 35%～41% 的水平上，而资本的贡献是负的 24%；第三，清代前期的经济增长中，贡献最大的是土地的投入，次之的劳动力和资本的投入贡献也很大，但是全要素生产率的贡献确实负的；清代中后期的经济增长中，主要依靠的是劳动力的投入和全要素生产率的提高，尤其是清代后期，在资本贡献为负的情况下，全要要素生产率的贡献超过了劳动力投入的贡献，达到了 64%。

总体来看，北宋的经济增长主要依赖资本和土地的投入；明代各类要素的投入对增长的贡献比较均衡，明代前期劳动和全要素生产率的贡献不大，后期资本对经济增长的贡献不大；清代的经济增长主要依靠劳动力投入和全要素生产率的贡献，资本和土地的贡献不是最大的。

对人均 GDP 下降的解释，是本文的重点所在，在对总产出进行分解之后，本文计算得到了人均土地增长率、人均资本增长率和全要素增长率对于中国古代人均 GDP 变化趋势的贡献。总体来说，每个朝代前期，全要素的变化趋势与人均 GDP 变化的方向是一致的，朝代末期，全要素与人均 GDP 的变化方向是相反的。北宋中期人均 GDP 的下降可以由人均可耕地面积下降和全要素生产率下将来解释，期间人均资本存量没有表现出明显的作用，北宋后期的人均 GDP 下降完全可以由人均可耕地面积下降和人均资本存量下降来解释；明代前期和中期人均 GDP 的下降也可以完全由人均可耕地面积下降和人均资本存量下降来解释，值得注意的是明代中期快速上涨的全要素生产率在一定程度上弥补了人均可耕地面积下降和人均资本存量下降对人均 GDP 下降的不利影响，明代后期由于人口数量减少，人均可耕地面积和人均资本存量解释了略有上涨的人均 GDP，但是这期间全要素生产率出现了下降；清代前期的人均 GDP 下降中，除人均可耕地面积下降和人均资本存量下降两个原因外，全要素生产率起到了重要的作用，清代中后期的人口增长迅速，虽然全要素生产率的提升都会弥补部分人均可耕地和人均资本存量变动对人均 GDP 的影响，但不能弥补人均可耕地和人均资本存量下降带来的缺口；通过对人均产出要素贡献度的分解，基本验证了“人均可耕地下降和人均资本存量的下降引起了古代中国人均 GDP 的下降”的原假设。

本文的最后利用索洛余值法计算了 980 年至 1840 年 TFP 指数和 TFP 增长率的变化趋势，试图验证“增长缓慢的 TFP 引起了古代中国人均 GDP 下降”的原假设。通过分析北宋（980—1125 年）、明代（1402—1626 年）和清代（1685—1840 年）三个时期的 TFP 指数和 TFP 增长率，从 TFP 指数来看，每个朝代都经历了一个 TFP 绝对水平上升的过程，北宋从 994 年左右 TFP 开始加速上涨，到 1101 年增长到 583 左右，之后开始呈现 TFP 下降到趋势，明代 TFP 指数保持了一个稳步上涨的态势，到 1610 年达到最大值 320，之后开始下降，清代从 1685 年开始 TFP 指数有一个不错的增长率，平均水平上快于明朝，到 1721 年开始进入 TFP 增速变换到低速增长的阶段，在我们对清代的研究区间内清代的 TFP 一直保持了上涨的势头。从 TFP 增长率上来看，北宋中后期 TFP 增长率的波动幅度明显地收窄了，明代的 TFP 增长率的波动幅度比较大，尤其是 1580 年和 1621 年两个年份上 TFP 增长率出现异常值，除去这两个异常值来看，明代中后期的 TFP 增长率波动幅度也有收窄的趋势，清代 1721 年之后 TFP 年增长率几乎全部收窄到 1% 的水平之内，其中乾隆四十七年（1782 年）至嘉庆四年（1799 年）TFP 增长率基本为负值，其余年份基本保持了 TFP 增长率大于零的增长。

但考虑到运用柯布道格拉斯生产函数进行长时段索洛分解的局限性，关于 TFP 的计算过于粗糙，不足以支撑本章的第二个原假设，具体的规模报酬率变化趋势和全要素生产率的变动需要在后续的研究中详细论述。

参考文献

[1] 曹树基 . 中国人口史（第四卷）明时期 [M]. 上海：复旦大学出版社，2001.

[2] 曹树基 . 中国人口史（第五卷）清时期 [M]. 上海：复旦大学出版社，2005.

[3] 漆侠 . 宋代经济史（上下册）[M]. 北京：中华书局，2009.

[4] 孙洪升 . 唐宋茶业经济 [M]. 北京：社会科学文献出版社，2001.

[5] 王业键 . 清代经济史论文集 [M]. 台湾：台北稻乡出版社，2003.

[6] 吴松弟 . 南宋人口史 [M]. 上海：上海古籍出版社，2008.

[7] 黄宗智 . 中国经济史中的悖论现象与当前的规范认识危机 [J]. 史学理论，1993，（1）.

[8] 卢锋、彭凯翔 . 我国长期米价研究（1644—2000）[J]. 经济学（季刊），2005，（2）.

[9] 骆毅 .18 世纪中国的人口与经济增长 [D]. 北京大学博士学位论文，1999.

[10] 史志宏 . 十九世纪上半期的中国耕地面积再估计 [J]. 中国经济史研究，2011，（4）.

[11] 史志宏 . 十九世纪上半期的中国粮食亩产量及总产量再估计 [J]. 中国经济史研究，2012，（3）.

鸦片战争前夕中国白银外流、货币供给与总需求的影响分析

兰日旭（中央财经大学经济学院教授，博士生导师）

内容摘要：清朝的货币制度沿袭了明朝的银钱平行本位制，但其供给带有越来越明显的不可控内生性特征。鸦片战争前夕，白银外流总额约为6500万两，年均600万两左右，占当年国内生产总值的3%～7%。在货币供给不可控内生性、银钱持有的社会分层化下，白银外流引发的白银不易获取特性，无疑加大了持银阶层的窖藏动机，导致货币供给呈刚性萎缩趋向；同时给社会总需求的各个构成部分以“蝴蝶效应”般的冲击和引发了以持银阶层为核心的朝野争议。白银外流引起的争议基本停留在争议者的政治利益和主张上，而没有形成一个有效的应对策略和深入到货币主权或货币独立性等领域。

关键词：白银外流；货币供给；总需求；鸦片战争前夕

鸦片战争前夕中国白银外流的状况、影响、外流数额以及银贵钱贱的原因、后果等方面已经获得了社会的广泛关注，[①]但从现有的成果来看，这些成果基本忽视了如下两方面：一是虽然肯定了白银外流给中国货币供给造成的巨大冲击，但基本忽视了白银外流所引致的白银持有者窖藏行为，进而过低估计了白银外流对社会的冲击程度，二是白银外流对总需求中银钱平行本位制所引致的阶层分化的影响差异分析不够。如果不对这些加以分析，我们就难以辨清白银外流给中国货币供给所造成的冲击程度，以及给总需求各构成部分的冲击影响深度。本文试图从中国的货币供

---

① 比较典型的有严中平等《中国近代经济史统计资料选辑》、彭泽益《鸦片战争十年间银贵钱贱波动下的中国经济与阶级关系》《十九世纪后半期的中国财政与经济》、叶世昌《中国金融史（第一卷）》、戴建兵等《全球视角下嘉道银贵钱贱问题研究》（《近代史研究》）、贺力平《鸦片贸易与白银外流关系之再检讨——货币供给与对外贸易关系的历史演变》（《社会科学战线》）、小弗雷德里克·韦克曼《广州贸易与鸦片战争》（载费正清《剑桥中国晚清史上卷（1800—1911年）》）等文献资料。

给机制入手，对白银外流给总需求各组成部分造成的影响及“嘉道中落”加以分析，以揭开白银外流与鸦片战争之间的深层次社会经济原因。

一、鸦片战争前夕中国的货币供给机制

清政府沿袭了明朝的货币制度，采取银钱平行本位制。在这一体制下，货币由多种类组成。主要的由白银和制钱构成，白银与制钱又有不同的种类之分。白银有虚、实之分。实银是实有其物，流通中现实存在的银货。它们的名称、形式、重量、成色可以各不相同，出入很大，但它们的形式和名称大都是以前流传下来，统称为元宝银，具体来说，有元宝、中锭、小锭、碎银等名称。虚银，是虚设的银两，是客观存在的一种标准计算单位，具有一定名称、重量和成色，其作用仅仅充作计值的单位，在现实中并没有这种银两，如天津的行化银、北京的法码、上海的九八规元、汉口的洋例银等。制钱则更为复杂，“加以官铸之钱有古钱今钱之别；今钱之中又有各朝之钱，轻重不一，以致市面行使，纷乱已极”①。此外还有种类繁多的私票、外国流入中国的各国银元。如此众多的货币种类并不是完全由清政府供给和主导。“用于零售交易的制钱由政府铸造，通过公共支出以及军队支出而流通于市场。……少数白银来自云南的私人或官方银矿以及周边国家，大部分白银则是由商人出口茶叶、生丝以及其他物产换来的。”② 国内生产的白银，“银的年产量，据不完全统计，1754年最高达556996两。1800年左右，年产银不过439063两”③。可以说，大部分制钱由政府供给，白银则基本由民间供应的。受国内商品经济发展程度差异、传统习俗等因素影响，民间商人等也自己发行各种私票（如当票、钱票、会票）、延续使用前朝的铸币，还自己私铸制钱。“私铸则有所谓沙壳、风皮、鱼眼、老砂板、毛钱、灰板、鹅眼、水浮等名目，盖皆薄而小，杂以土砂铜铅锡而铸造者也。人皆夹此小钱于制钱中以充用，而钱之市价、钱之名称，亦因此私钱混杂之多少而大分别。”④ 此种现象，无疑反映出清朝货币供给受制于政府主导的比例极低，绝大部分依赖于民间。即使由政府主导的制钱，其地位也在货币体系中越来越低。

在实际交易上，“清代已形成了大额交易用银，小额用钱，国家税收、支出用银，而小民日用以钱的货币流通局面”⑤。显然，从政府看来，“重点是放在白银上，

① 参阅张家壤《中华币制史》第2编。
② 林满红.银线：19世纪的世界与中国[M].南京：江苏人民出版社，2011.
③ 彭泽益.十九世纪后半期的中国财政与经济[M].北京：中国人民大学出版社，2010.
④ 参阅张家骧《中华币制史》第2编。
⑤ 戴建兵.白银与近代中国经济（1890—1935）[M].上海：复旦大学出版社，2005.

而且有提倡用银的明白表示。官俸也是以银计算和支付……”“大数用银，小数用钱”[①]。以银为主，钱为辅。“所有的田赋、杂税、薪俸和捐输都用白银支付。民间契约 80%～90% 用白银计价。即便付的是制钱，也要由白银所计价格折算。”对于日益占据货币供给主导地位的白银，“尽管政府规定了用于缴交税款的白银样式，但操控钱庄的商人却决定了白银的供应和熔铸，而白银供应的源头还是商人通过国际贸易取得”[②]。显然，鸦片战争前夕，清政府的货币供给虽然政府当局参与其中，但起核心作用的不是晚清王朝而是民间。这点，我们也可以从这一时期社会流通中的货币各组成部分的供给数量比例中得到佐证。

这一时期，中国货币供给中各个部分的数量究竟多少仍然存在很大争论。毕竟，在晚清时期受制数据短缺和技术等限制，时人基本以定性式争论；而当前的学者则能够根据当时留下的各种账簿、粮价、银钱比价等资料加以估算，出入很大。下面采用燕红忠用粮价、银钱比价等估算的货币流通量[③]作为参考，如下表。

表 1：清朝货币流通量变动表（单位：亿两）

年份	制钱流通量（千串）	白银流通量	货币总流通量
1651—1660	5000.0000	2.137	2.849
1661—1670	4940.2417	2.114	2.819
1671—1680	4840.1754	2.077	2.770
1681—1690	4892.4718	2.099	2.799
1691—1700	4945.9257	1.748	2.330
1701—1710	4993.0089	1.760	2.347
1711—1720	5347.5953	1.887	2.517
1721—1730	5544.8836	2.036	2.715
1731—1740	6813.2460	2.402	3.202
1741—1750	8400.8397	3.154	4.207
1751—1760	10782.4668	3.833	5.110
1761—1770	13126.1074	4.475	5.966
1771—1780	14557.3163	4.929	6.572
1781—1790	15706.1817	5.172	6.896
1791—1800	16114.4598	3.456	4.607
1801—1810	17005.1684	3.401	4.535

① 彭信威 . 中国货币史 [M]. 上海：上海人民出版社，2007.

② 林满红 . 银线：19 世纪的世界与中国 [M]. 南京：江苏人民出版社，2011.

③ 燕红忠估计的货币流通量，因采用相对固定的银钱比价来确定彼此的比重，从而推导出来，在实际操作中却又没有把当时社会中广泛存在的各种私票纳入其中，显然存在低估现象，但作为一种经济发展趋势还是有一定的可行性。

续表

年份	制钱流通量（千串）	白银流通量	货币总流通量
1811—1820	17806.7993	3.449	4.598
1821—1830	18528.2704	4.272	5.697
1831—1840	18920.3944	3.869	5.158
1841—1850	18713.0879	3.269	4.359
1851—1860	18600.8449	3.255	4.361

从上表的数据可以看出，货币总供给量中白银占据了75%、制钱占另外的25%。白银在晚清社会中的地位显得越来越重要，而政府却越来越难以控制货币供给量，不得不更加仰赖于民间供应。

显然，到鸦片战争前夕，政府对货币供给基本无法控制、主政者中完全缺乏主权货币概念，对货币供给量的多少基本依靠当局之外的力量，明显具有内生论的特性。所谓货币供给的内生论是指“对于货币供给的变动，货币当局的操作起不了决定性的作用，起决定作用的是经济体系中实际变量以及微观主体的经济行为等因素。”而货币供给的外生论是指“货币供给这个变量并不是由经济因素，如收入、储蓄、投资、消费等因素所决定的，而是由货币当局的货币政策决定的”。[①] 然而，货币供给内外生论的前提，诚如刘巍所指出的，“无论是在封闭条件下还是在开放条件下，内生外生都是从一个国家（或独立经济体）的角度对货币供给性质的界定，而不是从世界经济的角度界定。”[②] 按照这一角度来判断，鸦片战争前夕清政府的货币供给机制尽管具有内生论特性，但从内外生论的前提来看，这一时期中国的货币供给量更多受制于白银的外来流动，而不是国内因素所完全可以主导的，因此其货币供给应该属于“不可控内生性”。所谓“不可控内生性”，是指对于清政府而言，货币供给量变动的决定因素来自民间（特别是与国外的贸易），政府无力控制，实际部门无能为力，市场信号、货币需求、产量等经济变量都是货币量的函数。自然，鸦片战争前夕中国的货币供给机制完全表现出清朝政府对货币波动无能为力，只能被动地去适应和应对。

二、白银外流与货币供给波动

鸦片战争前中国白银外流的时间，从严中平等人估算的表格中基本可以断定在

① 黄达.金融学（第二版）[M].北京：中国人民大学出版社，2009.

② 刘巍，陈昭.中国货币供给机制研究：历史、逻辑与实证（1910—1935）[M].北京：高等教育出版社，2011.

1828 年之后成为常态，之前仅有个别年份出现逆差[①]；但对于这一时期白银外流数额则存在很大争议。这点，不仅在时人的观点中，而且在当前的研究者中都存在明显分歧。时人的观点基本散布在他们的奏疏、论著等中。最早提及白银外流的包世臣认为“统各省名城大镇，每年所费不下万万”[②]；御史章沅才指出“每岁易银至数百万两之多”[③]；鸿胪寺卿黄爵滋估计，“……自道光三年（1823 年）至十一年（1831 年），岁漏银一千七八百万两；自道光十一年至十四年（1834 年），岁漏银两千余万两；自道光十四至今，渐漏至三千万两之多。此外，福建、江、浙、山东、天津各海口合之，亦数千万两”；林则徐则认为“鸿胪寺卿黄爵滋所云岁漏银数千万两，尚系举其极少之数而言耳”[④]；魏源则对道光十七年（1837 年）外流之银估计为 1466.2 万两[⑤]；太常寺少卿许乃济则认为“嘉庆时每年约来数百箱，近年竟多至二万余箱，每箱百斤……岁售银一千数百万元，每元以库平七钱计算，岁耗银总在一千万两以上”[⑥]；等等。时人对白银外流数的认识差距很大，所需依据的参考物相对模糊，他们看法基本受制于自身的政治主张，由此导致的估计数很难立足，但作为一种趋势还是值得我们借鉴的，只是我们在使用时还需借助其他资料加以纠正。

当前研究者的估计，因受其采用的资料而呈现较大的差距。鉴唐在对马士估计数据进行修正的基础上认为鸦片战争前四十年我国白银外流达到近六亿两白银[⑦]；严中平认为“……鸦片战争前夕中国每年的白银流出量，即使是保守的看法，似乎也决不在一千万两以下”[⑧]；李伯祥等“平均每年七百余万元。如以银两计，则历年白银外流的数量估计也只有五、六百万两”[⑨]；“据最低估计，鸦片战争前二十年内，因鸦片贸易引起的逆差而外流的白银，当接近一亿两左右。约相当于清政府每年财政总收入的十分之一。占当时社会白银货币量的 20%～25%。平均每年以约五百万两左右的速度向外流出”[⑩]；贺力平估计“1825—1840 年间中国对外货物贸易总逆差即白

① 严中平等 . 中国近代经济史统计资料选辑 [M]. 北京：中国社会科学出版社，2012.

② 叶世昌 . 中国金融史（第一卷）[M]. 北京：中国金融出版社，2002.

③ 中国人民银行总行参事室金融史料组 . 中国近代货币史料：第一辑，清政府统治时期（1840—1911 年）[M]. 北京：中华书局，1964.

④ 赵靖，易梦虹 . 中国近代经济思想史资料选辑 : 上册 [M]. 北京：中华书局，1982.

⑤ 叶世昌 . 中国金融史（第一卷）[M]. 北京：中国金融出版社，2002.

⑥ 赵靖，易梦虹 . 中国近代经济思想史资料选辑 : 上册 [M]. 北京：中华书局，1982.

⑦ 鉴唐 . 鸦片战争前四十年我国白银外流数字 [J]. 社会科学，1983，(6).

⑧ 严中平等 . 中国近代经济史统计资料选辑 [M]. 北京：中国社会科学出版社，2012.

⑨ 李伯祥，蔡永贵，鲍正廷 . 关于十九世纪三十年代鸦片进口和白银外流的数量 [J]. 历史研究，1980，(5).

⑩ 胡晏 . 略论鸦片战争前的白银问题 [J]. 苏州大学学报，1984，(4).

银净外流的规模约为4000万银两”[①]；等等。不同研究者的估计数额尽管存在一定差异，但如果我们结合当时国内生产总值中各个构成部分的占比额[②]和整体以自然经济为主导的经济形态，那在鸦片战争前每年白银外流数最多也就在600万两左右，在1828—1840年之间外流白银总量也就约6500万两。

白银外流的上述数额，与此时中国货币供给总量结合起来，那每年外流白银基本占到总供给量的3%～7%。这一外流量，从总量来看，占比不大，但对一个白银短缺、基本依赖外部输入的国家来说，其影响是巨大的。一方面，中国是一个缺银的国家，而随白银在货币供给中日益占据主导地位，中国却无能力决定其价格，不得不更加受制于外来白银的供应。“中国不是大量产银的国家……所以白银的价格和流向非中国所能左右，而为其在世界市场，特别是英、美市场上的价格所决定。”[③]白银外流前夕，“世界白银的价值是已减低了，但在中国这一地区，对白银的生产力，还没有提高到世界其他地区的水平，所以白银还是维持着原有的购买力，一定要等到中国人能充分利用低价的白银，那时白银在中国的购买力，才会同它的价值相符。”[④]白银购买力的中外时滞差异必然导致白银流向的稍微变动，就可能引致国内货币流动的更大影响。此时，作为世界白银主要供给地的拉美地区的独立运动，直接引致了整个世界的白银供应减少（见图1[⑤]）。“19世纪上半叶，与世界经济联系更为紧密的中国，其白银购买力更不可能因国内白银数量的多寡单独发生变动，而是随世界范围内普遍发生的白银购买力变动而发生同方向的变动，并且变动趋势更为显著。……而在美洲金银减产的背景下，不但由外部输入中国的白银减少，中国的白银还大量外流，因此中国白银购买力波动更大一些。”[⑥]

① 贺力平．鸦片贸易与白银外流关系之再检讨——货币供给与对外贸易关系的历史演变[J]. 社会科学战线，2007，(1)．

② 参见刘逖《1600—1840年中国国内生产总值的估算》(《经济研究》，2009年第10期）一文，对各产业额与GDP总额的占比。

③ 王玉茹．近代中国价格结构研究[M]. 西安：陕西人民出版社，1997.

④ 彭信威．中国货币史[M]. 上海：上海人民出版社，2007.

⑤ William Arthur Shaw，The History of Currency: 1252 to 1894（New York: Burt Franklin，1896），转引自戴建兵、习永凯:《全球视角下嘉道银贵钱贱问题研究》。

⑥ 戴建兵，习永凯．全球视角下嘉道银贵钱贱问题研究[J]. 近代史研究，2012，(6)．

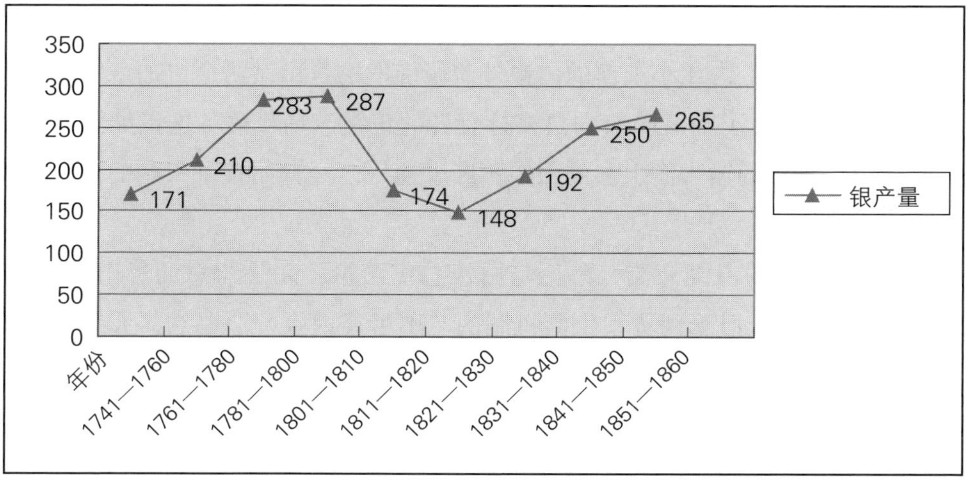

图 1：1741—1860 年世界银产量变化图（单位：百万盎司）

世界白银供给的萎缩，必然改变原先以白银为主交换中国产品的模式，引致别的替代品以代替白银，其结果完全改变了白银的流向，打乱了依赖外来白银作为主导性货币的中国货币供给机制。

另一方面，国内长期形成的“大数用银、小数用钱”惯例，必然受购买力差异影响而对白银持有会呈现出阶层性分化。社会各阶层尽管对白银持有都存在特别的偏好倾向，但真正普遍使用白银的则集中在政府财政、各级官员、地主、商人范围之中，而占据人数最多的下层民众则基本使用制钱。白银持有者的阶层分化，一定程度上加剧了白银外流所引发的“劣币驱逐良币”的“格雷欣规律”效应，致使大量的白银被持有者窖藏起来，进而加重了白银不足的危机。由此不断出现像和珅、琦善那种窖藏金银的官僚大族，“曾在广州参加中英交涉和谈判的清朝大臣琦善后来被朝廷革职并查抄家产，他被发现除了有房屋及在九十家钱庄和典当行有股份之外，还拥有 18058820 两白银和 10912 两黄金，2561217 亩田地和 11 箱珠宝”①。这点，我们也可以从白银外流之前长期流入之所以没有引发欧洲式的价格革命中得到佐证。“因为美洲白银的流入适应了清朝赋税征收、财政运行和官僚系统运作的需要，很快地进入国家的贡赋体系，并有很大一部分为国库、皇帝和大官僚所囤积，所以，18 世纪大规模的白银输入，才没有引致物价的大幅上升”。② 显然，一旦出现白银逆流，

① 贺力平．鸦片贸易与白银外流关系之再检讨——货币供给与对外贸易关系的历史演变 [J]. 社会科学战线，2007，(1).

② 陈春声，刘志伟．贡赋、市场与物质生活——试论十八世纪美洲白银输入与中国社会变迁之关系 [J]. 清华大学学报，2010，(5).

其引发的白银不易获取的特性，必然会导致窖藏空间呈现无限放大趋势，出现“蝴蝶效应”。由此看来，占比小规模的白银外流所引发的货币供给会更加急剧地呈现出刚性递减趋势，扰乱了晚清政府和白银持有者的正常流动秩序。这正如马克思所指出的那样，“因鸦片的输入而引起的白银不断外流，已经开始扰乱天朝的国库收支和货币流通”。①

鸦片战争前夕的白银外流，不论与白银总供给量，还是与总的货币供给量比，在数量都不算太高，但受到货币供给机制的“不可控内生性”制约，大大加深了货币持有者的窖藏动机，致使稍微一点白银外流就引起牵动政府和白银持有者阶层的恐慌，引发了他们的广泛关注和朝野的震动。这点，我们可以把白银外流引致的货币供给变动用图形表达如下：

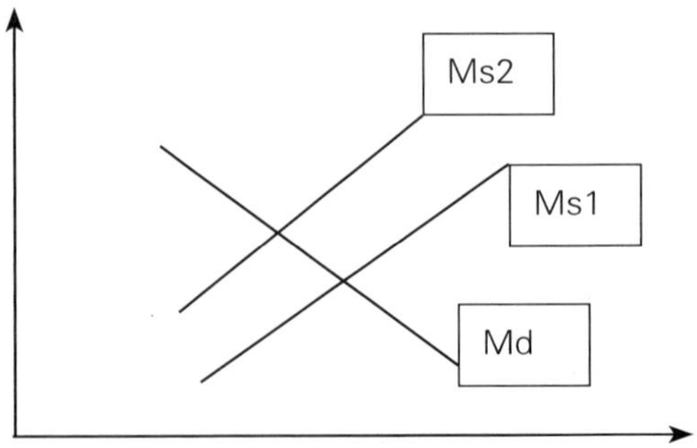

图 2：白银外流冲击下的货币供给与货币需求变动图

图中的 Md 表示货币需求，Ms 表示货币供给。白银外流必然促使货币供给量减少，使供给曲线 Ms1 向左边移动到 Ms2。左边移动的结果，抬高了白银的价格，在银钱本位制下的货币供给体系，必然会刺激白银持有者窖藏白银的动力，由此进一步推动白银供给曲线向左移动，如此循环又更加拉大了白银的不可获得性，大大促进白银持有阶层的窖藏行为。持续外流的结果，必定更加恶化了白银的供给。其连续波动的影响，恰如“蝴蝶效应”般的震撼着晚清的货币供给机制，引发朝野上下的争议，即主要是白银持有者阶层的争议，促使政府采取措施以稳定货币价格，降低社会动荡。在此角度而言，白银外流引发的争议自然集中到引发白银外流或银贵钱贱的原因、应对措施方面，而难以深入到货币制度本身的问题，即货币主权或独立性上去寻求对策。

---

① 马克思，恩格斯，列宁，斯大林，中央编译局 .《马克思恩格斯全集》十二卷 [M]. 北京：人民出版社，1998.

三、货币供给波动对总需求的冲击

鸦片战争前夕白银外流而引发货币供给的巨大波动，必然对中国社会的总需求构成强烈冲击。总需求一般由消费、投资、政府支出、进出口等四部分组成，在鸦片战争前夕外贸本身是受到清政府的严密管制和西方因受全球白银供应萎缩而寻找鸦片替代白银与中国的交易以致改变了长期顺差的结果，故此影响主要体现在贸易逆差中的白银外流本身；投资的比例事实上也极低，这点可以从张东刚对 1887 年前后中国的投资需求估计中反推得到佐证。1887 年的国民收入为 138.12 亿元，而国民消费总额占到 131.94 亿元，剩下的为投资和政府购买，以及贸易逆差的总和，农业投资为 3.62 亿元[①]，显然纯粹的投资很少，基本都是由消费引致构成的。反观鸦片战争前夕，其投资额应该与此相近，拉动经济增长的主要是消费需求引致的。为此，白银外流对鸦片战争前夕中国总需求的影响主要体现在普通民众、上层社会等社会各阶层与政府的需求方面。

（一）对普通民众的需求冲击则主要表现在两方面

一方面是白银外流所引发的银钱比价失衡而造成生活成本的增加。“清初白银一两易制钱七八百文。嘉庆年间可以换到一千多文，道光咸丰年间，有换到二千文的。”[②] 从全国来看，银钱都出现了普遍上涨的趋势，如图 3[③]：

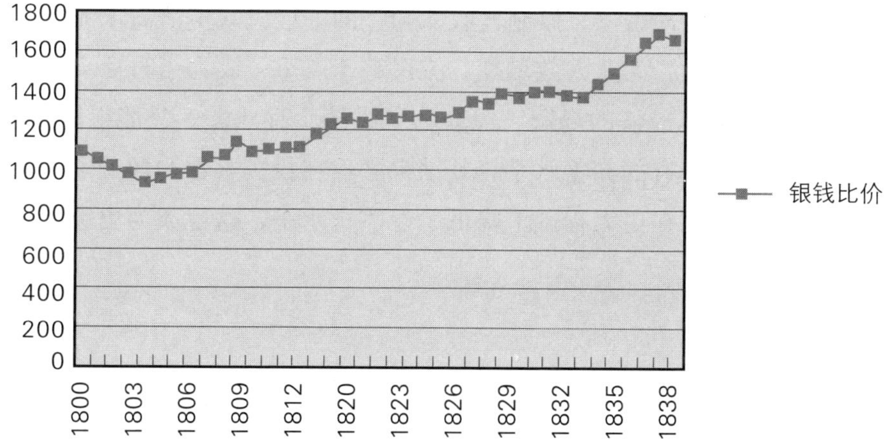

图 3：1800—1840 年清朝银钱比价图（单位：文 / 两）

---

① 张东刚．总需求的变动趋势与近代中国经济发展 [M]. 北京：高等教育出版社，1997.

② 彭信威．中国货币史 [M]. 上海：上海人民出版社，2007.

③ 林满红．银线：19 世纪的世界与中国 [M]. 南京：江苏人民出版社，2011.

全国各地银钱比价都达到了一比一千五六百之间，呈现普遍上涨趋势，无疑加大了用钱阶层的生活费用。包世臣在《庚辰杂著二》中指出，“今法为币者，惟银与钱，小民计工受值皆以钱，而商贾转输百货则以银。其卖于市也，又科银价以定钱数，是故银少则价高，银价高则物值昂”。[①]白银外流引发的银钱比价失衡，自然大大增加了下层民众的日常生活成本。“凡布帛菽粟佣工技艺以钱市易者，无不受其亏损。”[②]同时，他们想以制钱换银也难以获得，“东南州县民之持钱求银而不可得者十八”。[③]在此情景下，下层民众在日常生活需求中，为了降低获取白银成本对生活的影响，一定会减少以白银作为媒介的交易而更多地依赖制钱、缩减市场行为而转向家内兼业，把已有的白银窖藏起来以防意外之需。

另一方面则是按照政府规定完粮纳税必须以白银来支付所引发的支出递增，无形中加重了民众的负担。“漕粮多收折色，而帮费必须折银，地丁必须纳银，业主不得不‘持米以售钱’，然后又‘持钱以易银’。”[④]“银钱比价的转变，对于农民是一种打击；因为他们卖粮的收入是以铜钱计算和支付，而纳税要用白银。”[⑤]“近者各省市肆，银价愈昂，钱价愈贱，小民完粮纳课，均需以钱易银，其亏者咸以为苦。”[⑥]这样，他们以制钱衡量的收入即使不变或稍有上升，受白银外流而贬值的制钱也使他们缴纳以白银计价的租金与赋税，支出无形中大大增加了。“夫钱粮之额征犹是也，在国无加赋之名，在民有加赋之实，以予所闻三十年之间，而折价已加至三分之一，更数十年，其加者又不知几何。”[⑦]

在上述双重压力的冲击下，以制钱收入为主的下层民众生活需求无疑遭受了沉重打击，生活日益贫困，无业人数增加，流民趋于严重，成为当时社会动荡的经济根源。当然，受制自然经济的局限，民众为了维持生存状态，只能缩减生活支出、减少储蓄量或者降低已有的储蓄水平，其结果必然在投资乘数的影响下，进一步减少了收入水平，并进而在更大程度上降低了总需求水平，这也成为史家所称的“嘉道中落”的深层次因素。

---

① 叶世昌．中国金融史（第一卷）[M]．北京：中国金融出版社，2002.

② 参阅吴嘉宾《求自得之室文钞》卷四《钱法议》，转引自叶世昌的《中国金融通史（第一卷）》。

③《皇朝经世文续编》，卷 60，户政 32，钱币，下，第 3b 页。

④ 彭泽益．十九世纪后半期的中国财政与经济 [M]．北京：中国人民大学出版社，2010.

⑤ 彭信威．中国货币史 [M]．上海：上海人民出版社，2007.

⑥ 中国第一历史档案馆．鸦片战争档案史料第 1 册 [M]．北京：中华书局，1992.

⑦《皇朝经世文续编》，卷 60，户政 32，钱币，下，第 10a 页。

（二）对上层社会的需求冲击则体现在对白银需求而引发的种种非常态行为上

“大数用银、小数用钱”的规律，使晚清时期中国社会出现了“银积于上、钱滞于下”的现象。白银外流而引致白银的不易获取特性，必然会加剧持银者的中上社会阶层家庭的窖藏偏好，增加对白银的窖藏动力，大大减少白银的交易倾向；同时，会加大对白银的收集，由此出现了“逐利”、“腐败”、“捐纳”等种种不正常现象的加剧，出现了“三年清知府，十万雪花银”的现状。“大小京官，莫不仰给于外官之别敬、炭敬、冰敬，其廉者，有所择而受之，不廉者，百方罗致，结拜师生兄弟以要之。”“大抵大官之廉者仅足，不廉者有余，小官则皆不足。不足则揭债，母十岁三，其子子复为母，十年外简数已巨万，债家相随不去，犹冀其洁清自好乎？”[①] 白银作为中上社会阶层主要的收入和使用媒介，在白银外流而引发窖藏等动机之后，其生活所受的冲击下，必然渐趋改变了他们的生活化方式，滑向吏治不洁等方向，恶化了社会风气和社会动荡。

（三）政府支出所占总需求的比例尽管极低，“直至清王朝覆灭之前，始终没有超过国民生产总值的5%”[②]；但白银外流对政府财政的冲击影响却很大

受制于皇权不下乡、社会渗透不够等因素影响，白银外流直接增加了征税成本和各地拖欠税款，从而减少了政府财政盈余和缩减了对一些必要的社会经济支出。“撙节甚，而因循之事成。应修之水利不修，因之宣蓄无资，农田易成旱潦，转以蠲恤捐帑金。应设之巡缉不设，因之养痈遗患，穿窬变为跳梁。转以征调縻军饷。凡地方应办之事，大多以工用支绌，概缓筹议。率之，事后补救，需费更多。歧中有歧，弊益滋弊。如是而国安得不贫，揆厥原本，无非银贵有以致之。”[③] 政府降低社会经济发展所必需的各种设施投入，大大恶化了经济发展的条件，使民众生存空间更加恶劣，这也是导致这一时期全国各地民众不满、流民日增的重要因素。

白银外流所引致货币供给的刚性萎缩，给总需求带来巨大冲击，由此引致的效果就是这一时期中国国内生产总值呈现名义化递增趋势，即其增长率集中表现在价格部分，而非产品与劳务的持续增加的结果。这点，我们能够从刘逖估算的GDP中得到佐证，“1600年中国名义GDP为银9.0亿两，1840年为44.8亿两。在1600年至

---

① 冯桂芬:《校邠庐抗议》，卷上，第7ab页。

② 刘佛丁，王玉茹，于建玮．近代中国的经济发展[M]．山东：山东人民出版社，1997.

③《皇朝政典类纂》，钱币4，第8页。

1840 年 240 年间，我国名义 GDP 增长了 396%，年均增长率为 0.67%。在 17 世纪，名义 GDP 的变化相对较小，但进入 18 世纪之后，随着物价的上涨和人口的增加，名义 GDP 增长迅速，个别时期年增长率超过 3%”。①

四、结论与反思

鸦片战争前夕的白银外流数额尽管不多，仅占整个货币供给量的 3%—7% 上下，但受货币供给“不可控内生性”、银钱并用所引发的货币持有阶层的社会分化等因素影响，必然引发白银持有者增加白银窖藏的动力，由此加大了中国货币供给的刚性递减趋势，给总需求的各个构成部分造成更为严重的冲击，出现了鸦片战争前夕国内生产总值增长的名义化趋向，酝酿了所谓的“嘉道中落”现象。在缺乏有效的货币政策和财政政策条件下，冲击所带来的影响更多地停留在以白银持有者阶层为核心的朝野思想交锋，而没有形成一个有效地应对策略。期间，清政府尽管也在强大的社会经济压力下一度采取禁烟等措施，但缺乏其他相应的配套政策，特别是没有把货币供给机制纳入到政府控制的范围内，其效果必然大打折扣，最后还沦为英国等西方列强武力干预中国的“借口”，使中国渐趋沦为半殖民地半封建社会的深渊。这一时段尽管距今快两个世纪了，但回顾这一历史，无疑给我们以巨大的反思：一是一个国家的强大必须建立在经济独立、货币自主等硬实力条件之上，也应成为当前构建“中国梦”的坚实基础；二是外来干预往往源自于一国内部经济、政治的某些缺失，因此要防患于未然，就必须不断地顺应经济发展潮流，改革和充实社会经济结构，抓住时机推进经济结构的升级和民众福利水平的提升，只有这样才能够真正实现开端于近代的“中国梦”目标。

参考文献

[1] 戴建兵 . 白银与近代中国经济（1890—1935）[M]. 上海：复旦大学出版社，2005.

[2] 黄达 . 金融学（第二版）[M]. 北京：中国人民大学出版社，2009.

① 刘逖 .1600—1840 年中国国内生产总值的估算 [J].《经济研究》，2009，（10）.

[3] 林满红 . 银线：19 世纪的世界与中国 [M]. 南京：江苏人民出版社，2011.

[4] 刘佛丁，王玉茹，于建玮 . 近代中国的经济发展 [M]. 济南：山东人民出版社，1997.

[5] 刘巍，陈昭 . 中国货币供给机制研究：历史、逻辑与实证（1910—1935）[M]. 北京：高等教育出版社，2011.

[6] 马克思，恩格斯，列宁，斯大林，中央编译局 .《马克思恩格斯全集》十二卷 [M]. 北京：人民出版社，1998.

[7] 彭信威 . 中国货币史 [M]. 上海：上海人民出版社，2007.

[8] 彭泽益 . 十九世纪后半期的中国财政与经济 [M]. 北京：中国人民大学出版社，2010.

[9] 王玉茹 . 近代中国价格结构研究 [M]. 西安：陕西人民出版社，1997.

[10] 严中平等 . 中国近代经济史统计资料选辑 [M]. 北京：中国社会科学出版社，2012.

[11] 叶世昌 . 中国金融史（第一卷）[M]. 北京：中国金融出版社，2002.

[12] 张东刚 . 总需求的变动趋势与近代中国经济发展 [M]. 北京：高等教育出版社，1997.

[13] 赵靖、易梦虹 . 中国近代经济思想史资料选辑：上册 [M]. 北京：中华书局，1982.

[14] 中国第一历史档案馆 . 鸦片战争档案史料第 1 册 [M]. 北京：中华书局，1992.

[15] 中国人民银行总行参事室金融史料组 . 中国近代货币史料：第一辑，清政府统治时期（1840—1911 年）[M]. 北京：中华书局，1964.

[16] 陈春声，刘志伟 . 贡赋、市场与物质生活——试论十八世纪美洲白银输入与中国社会变迁之关系 [J]. 清华大学学报，2010,（5）.

[17] 戴建兵，习永凯 . 全球视角下嘉道银贵钱贱问题研究 [J]. 近代史研究，2012,（6）.

[18] 贺力平 . 鸦片贸易与白银外流关系之再检讨——货币供给与对外贸易关系的历史演变 [J]. 社会科学战线，2007,（1）.

[19] 胡晏 . 略论鸦片战争前的白银问题 [J]. 苏州大学学报，1984,（4）.

[20] 鉴唐 . 鸦片战争前四十年我国白银外流数字 [J]. 社会科学，1983,（6）.

[21] 李伯祥，蔡永贵，鲍正廷 . 关于十九世纪三十年代鸦片进口和白银外流的数量 [J]. 历史研究，1980,（5）.

[22] 刘逖 .1600—1840 年中国国内生产总值的估算 [J]. 经济研究，2009,（10）.

民元后日本取引所在中国东北地区的合并活动及其反思

孙建华（中央财经大学金融学院副教授，经济学博士）

摘要：交易所的公司化、上市及并购是全球交易所竞争发展的主要趋势。早在民国时期，日本人在我国东北地区就设有众多公司组织的取引所，并将其股票在大连、沈阳等地市场上市交易。这些日资取引所还开展了与中国市场有关的并购活动。通过合并，日本取引所得以有效整合业务资源，增强实力，降低业务成本，取得规模经济的效益或摆脱危机的冲击而重获新生，直至控制东北的市场，壮大日本侵华的经济实力和气焰。审视东北日资取引所并购的历程、原因和影响，汲取其中的教训，对探究和解决开放经济条件下中国交易所组织制度的变革和竞争发展等问题，具有启示意义。

关键词：东北地区；日资取引所；合并；公司组织；关东厅

交易所合并是两家或两家以上的交易所以资产或业务整合、交易渠道的相互连接、股权的现金收购或换股等方式开展的战略性资本运作和联营行为，包括吸收合并（兼并）、创设合并及组建交易所集团等类型。

国内外交易所的合并由来已久。早在民国初期，日本人在我国东北地区设立的取引所（即交易所）就已开展了与中国市场有关的并购活动。

一、民元后日本人在中国东北设立了众多的取引所

甲午战争后，日本便积极侵略中国东北；而“东三省是大输出入地带，贸易繁盛，日本人因而经营交易所”①，作为其向东北地区输出商品，吸收中国人的资本，推行日资银行的钞票，控制东北的市场并掠夺当地资源的重要工具。

---

① 许兴凯．日帝国主义与东三省 [M]. 重庆：昆仑书店，1930.

1909年，日商已在辽阳设立了信用组合取引所。1913年9月，日本关东厅[①]在大连设立官办的大连取引所，资本金300万日元，凡入所交易的经纪人，必须交纳保证金4000日元，经批准方可参加交易。后来该所改为商办，下设钱钞取引所（1917年5月）、大连株式商品取引所（1919年）、粮谷取引所（1920年）三个市场。这个机构实际上是日本殖民当局为利用和排挤中国商户，控制市场，增加财税收入、扩大在华的经济利益而建立的统治性商业机构，目的是对大连地区交易的大豆、豆饼、豆油等东北特产实行全面控制，同时推行日钞，便利日本企业在华的证券融资及日本国债在中国的销售。

在大连取引所设立后，日本关东厅和日商又在关内和关外满铁附属地沿线的重要城市如开原（1916年）、长春（1916年）、上海（1918年）、公主岭（1919年）、铁岭（1919年）、四平街（1919年）、奉天（1919—1923年）、辽阳（1920年）、营口（1920年）、丹东（1920年）、青岛（1920年2月日本官办，1922年2月改中日商办）、汉口（1919—1922年四度设立）、天津（1921年）、哈尔滨（1922年）以及吉林等地设立了货币、商品或证券物品钱钞兼营的交易所。

20世纪20—30年代，因为市场竞争、金融危机、经济金融体制和官方政策等生态环境的变化，关内外部分日资取引所组织或参与了多起并购活动。

二、20世纪20年代东北地区日本取引所合并的类型与原因

（一）“满洲”取引所的创设合并：为摆脱经营困境

日俄战争后日本在东北南部的投资日渐增多，这使得日本在当地的证券业产生并有了初步的发展。1919年9月，日商在沈阳创立奉天证券商品株式会社，“以株式取引行其精算担保为目的（按即证券交易所也）”。

1920年世界经济陷入大萧条，日本也出现了战后的经济大危机，其国内企业大批倒闭，银行被挤兑，股价暴跌。由于东北地区是中国的大输出入地带，所以世界暨日本经济的大萧条通过国际收支渠道也冲击了沈大地区的经济及股市，证券交易萎缩，股价下跌，日本券商的经营陷入窘境。

为渡过难关，1920年7月，奉天证券商品株式会社与奉天商事株式会社创设合并为证券商品交易所；[②] 1923年1月，该交易所重组并更名为株式会社“满洲”取

---

① 关东厅是日人在旅大及满铁沿线的最高行政机关。

② 另一种说法是“满洲”取引所为奉天公株信托株式会社及奉天证券株式会社二家合并而成。

引所，资本金定为320万元，由日商手塚安彦和赤塚弥太郎分别充任理事长和专务理事。该取引所的专属经纪人有三喜株式店、九大株式店、福星公司、川岸株式店、富屋株式店、三裕证券部等日本商号。

满洲取引所设在沈阳日本总领馆辖区内，其获准的营业期限系在1927年3月届满，该所从事棉纱、棉布、麻袋、面粉、毛皮、稻米等商品以及国债、地方债、股票、满铁社债等证券的交易，标准货币则是日本的金票。初时该所的经营较为顺利，其后则忽转颓势，到1928年时，该所证券部的股票交易量已下降到143590股，米谷部的交易量只有11.220石，[①] 实际上已处于休业状态。

由于担心满洲取引所长期休业可能丧失继续营业的资质，所以该所的利益相关者及当事人，均极力要求该所尽快复业。最初这些人打算将满洲取引所与东京新设、有100万元资本的满洲商品证券（株式会社）合并；在该计划流产后，满洲取引所“得满洲银行之好意援助，充入新资本十万元，乃于十九年十一月，先行再开股份交易，十二月，复开谷类交易。同时认可期限，则增为五年”。可见，满洲取引所与满洲银行的并购重组活动使其有能力撑过了危机期，重获新生。

（二）奉天取引所的吸收合并：为取得竞争优势和规模经济效益

1920年2月，日商在沈阳的日本附属地弥生町六番地设立了奉天取引所信托株式会社，资本金350万元。该会社名“为取引奉天之重要物产及钱钞货币精算担保之机关”，实为兼营货币商品的交易所，其买卖的货币是日本的金票，标准货币则是中国的奉小洋票。

1909年后日商在东北和关内地区筹设交易所以控制当地市场的企图，引起了部分中国官绅与商民的警觉和强烈反对。1920年左右，中国政府也批准官绅商民在沈阳等东北城市开设交易所，华商交易所的设立，对于抵制日本取引所的扩张起了一定的作用。

为增强经济大萧条期间的竞争力，控制沈阳的物产与钱钞市场，1921年10月，奉天取引所信托株式会社与满铁会社设立的奉天取引所重要物产信托株式会社合并。整合后的新交易所仍沿用奉天取引所信托株式会社的名称，由日商岸利信担任经理。该所的经纪人除日商之外，还有庆丰久银号、天来银号、三裕钱钞部、德昌盛号等中国商铺。重组后的奉天取引所因资力与交易规模扩大，其相对于沈阳当地华商交易所的竞争优势及规模经济效益遂得以改善。

---

① 莫德惠．沈阳经济概况 [J]. 中东经济月刊，1931，（7）：49.

（三）大连株式商品取引所的创设合并：促进大连取引所的民营化

大连开埠后，日资开办的各类股份公司快速发展起来，日资公司证券的发行与交易规模扩大，大连的券商也应运而生。到 1919 年，大连的大小券商已有 100 多家，证券市场初步形成并向有组织的证券市场演进。早在 1917 年，大连就成立了证券同业公会和满洲证券株式会社，后者从事证券买卖业务，但禁止期货交易。1918 年 6 月大连证券同业公会改组为会员组织的证券交易所，而该会员制证券交易所在 1919 年又改组为日华证券株式会社。实际上满洲证券、日华证券株式会社都是公司制的证券交易所。

大连取引所“自开业以来，实有左右满洲大豆、豆油、豆粕价格之权能，乃属官府专利之机关。”鉴于该所“两信托会社主脑者悉以官吏履历者充任，而成一种习惯。但官吏出身者……在实业经济方面则有未够资格之嫌。盖其从来无经验，又官吏出身者，既无自己所有之股份，则对于取引所之利害关系较少。居常惟自己地位是务。倘若改为民营，则长其所者，悉由民间选出，此等缺点尽可除去”。因而“近来日本一般商民，有请改为民营之运动，以期利益之普及于国民”。[①] 大连钱钞取引所的日方经纪人、董事经纪人、大股东也认为，要振兴大连的钱钞市场，“务须改取引所为民营”。[②]

为实现大连取引所的民营化，日本关东厅在 1920 年批准奉天、铁岭、辽阳、营口取引所之外的其他交易所“根据民国八年日本公布的关东州取引所规章……以合股的组织，设立大连株式商品取引所”，作为大连取引所的三个分市场之一，经营有价证券、砂糖、麦粉、丝绵、麻袋等五种商品；此外还准许大连株式商品取引所吸收以东京为首的日本国内几家地方证券交易所及大连一些日本券商的资本，使之成为大连乃至东北地区一家规模甚大的物券交易所，额定资本达到 1000 万日元（实缴 1/4），实收资本等于开原、长春、四平街、公主岭取引所的实收资本总和。

凭借合并后雄厚的实力，大连株式商品取引所取得了主导大连物券市场的地位和较好的业绩。1921 年下届，大连株式商品取引所的纯益高达 49%，其派发的股利有 4 分之多；此后至 1923 年上届止，该所派发的股利仍在 1 分以上。[③] 不难看出，合并后的这家日本取引所取得了规模经济的效益，从 1921 年的金融动荡和经济萧条阴

① 予觉．满洲忧患史 [N]. 天津益世报，1927-10-23（2）.
② 佚名．大连钱钞取引民营 [J]. 银行月刊，1928，（8）：11.
③ 王雨桐．最近之东北经济与日本 [M]. 上海：新中国建设学会，1933.

影下走了出来。

(四)大连地区日本取引所的集团化发展:取得竞争优势和规模经济效益

在华日本取引所的运营有一个特点，即各家取引所一般都附设有本所的信托株式会社，作为本所交易的服务机构。随着在华取引所的发展，日本取引所的行业竞争成本及附设的服务机关的投资也随之上升。

1921 年，日华证券株式会社、满洲证券株式会社、大连株式商品取引所采用合股的组织形式，集资 250 万元，成立大连证券股票信托株式会社，[①] 作为这几家交易所共同的融资、担保、交割清算及委托代理等业务的运营机构。此举表明，在华日本取引所走上了集团化发展的道路，其产生的影响有两个：一是通过合股设立共同的取引所信托株式会社，各家关联取引所均减少了附设本所交易服务机关及相互竞争的成本，取得了外在规模经济的效果；二是这家新设的交易所运营机关资力雄厚，而且有多家取引所的业务为后盾，所以其最初的营业规模较大，服务功能和竞争优势得到加强，对日资企业在华融资和经济扩张提供了有力的支持。直到“七七事变”后，大连证券股票信托株式会社的交易量才由于日本殖民当局在东北实行资金统制和限制股票的流动而逐渐萎缩。

(五)大连及满铁沿线取引所信托会社的创设合并:应付“金建”危机

1921 年日本关东厅与朝鲜银行当局在大连制造“金建”事件并由此推动了满铁沿线日本取引所的合并。

早在 1918 年，大连取引所鉴于东北地区的华人也有使用金券的情形，为统一金券及便利起见，就“议将从来银币标准之定价改为金币标准之定价”。1921 年 4 月 16 日“关东政府对于大连物产交易所颁布法令，概以金圆为本位，彼时商人力图保留银本位，未能有效，此项新法令乃于九月六日实行”。

此令一出，大连的华商“以日人操纵金融，后患叵测，一致反对，并派代表向中日官厅要求取消”；奉天总商会为此还特别邀请东北三省各埠的县商会，派遣代表到沈阳开特别会议。与会代表一致反对实行金建，并议定多项抵制办法：第一是从此各商一律退出取引所；第二是不从日资银行借债；第三是华商不以金票作货币；第四是与日商的交易一律以银币往来；第五是在营口另组华商交易所；第六是以前华商所存的金票，一概向朝鲜银行兑换现金，此后即与该银行断绝往来。此外，华

① 刘志英 . 近代中国华商证券市场研究 [M]. 北京：中国社会科学出版社，2011.

商还要全体罢市并通电全国商界，请求援助。

由于华商抵制“金建”的“态度坚决，大有不达取消目的不止之概”，[①] 所以“当金本位实行之日，华商无有与之（即日商）交易者”。后来更有华商“主张开辟连山湾为商港，迁市于斯，日商以如此办法，大连商业必致凋敝，亦群起反对”，此举“顿使大连之经济界显现恐慌之状态”。[②]

大连是东北三省的商务枢纽，与国内外的商业往来密切，大连市场的恐慌很快便殃及其他地区的商业。例如“山东商人与大连交易向以银为本位，自大连物产交易所采用金本位以还，亦受有影响”。[③] 华商的经济抗日活动致使日资取引所的营业大受打击，例如上海取引所从 1920 年起就连年亏损，1922 年下半年竟亏损 706 万元。1923 年总行设在大连、在日本“关东厅”特别保护下于大连钱钞取引所做钱票买卖的龙口银行也因此亏损、停业并影响了该所的业绩。鉴于此，日本关东厅被迫从 1921 年起对满铁沿线的取引所进行整顿。

1. 大连株式商品取引所的合并：降低成本以谋市场的振兴

20 世纪 20 年代初，因“金建”事件的影响，从 1923 年下届开始，大连株式商品取引所的交易“渐呈衰势”，“交易之未见增加，故手续费之收入，亦随之大减”。由于纯益减少，至 1926 年下届，该所各期派发的股利均跌至 1 分以下。1927 年日本人原田耕一担任大连株式商品取引所理事长之后，“因财界不振、交易所营业成绩、逐年不良……”，甚至 1929 年下届至 1930 年下届，该所连续三届出现亏损，亏损额分别为 15.7 万元、16.6 万元、33 万元。[④] “于是一部分股东、主张断行更迭……以谋市场振兴之策”。从 1928 年开始，日本政友系的谋士就一直在策动“引起“满州”财界一大波澜之”官办大连取引所改为民办以及合并大连株式商品取引所的活动。1929 年 7 月“事将成功之际、因田中内阁倒坏、其计划遂致失败”。[⑤]

2. 奉天、辽阳等取引所信托会社的吸收合并：降低成本以渡过难关

1924 年 4 月，日本关东厅鉴于奉天、铁岭、辽阳及营口取引所营业不振，“经在市之川村满铁社长、儿玉关东长官、中野朝鲜银行总裁等之协议……将照既定之方针，着手停办”这四家取引所；但是“取引所员，概不全数辞退，以其一部，转勤于他取引所”。另外，鉴于各取引所的营业大幅萎缩，亟需降低费用支出以渡过难

① 佚名．奉商界反对大连金建（徽）[N]．申报，1921-10-1（10）．
② 予觉．满洲忧患史 [N]．天津益世报，1927-10-23（2）．
③ 佚名．商讯 [N]．申报，1922-6-18（21）．
④ 王雨桐．最近之东北经济与日本 [M]．上海：新中国建设学会，1933．
⑤ 佚名．大连交易所案 所谓日本五大疑狱之一 田中时代又一丑事暴露 [N]．申报，1930-2-11（10）．

关，关东厅对各取引所附设的“信托会社，则使全部合并为一。奉天、辽阳两（取引所）信托（会社），既已合并，俟财界恢复，交易繁盛，取引所再开之时，则各设各店办事”。[①]

不难看出，上述日本取引所的合并活动，动因都是要整合彼此的业务和资源，降低成本以摆脱困境；不过日本财阀及一般日商筹划的大连株式商品取引所的合并失败了，而日本关东厅主导的合并取得了成功。

（六）第二大连取引所钱钞信托的吸收合并：取得规模经济效益

1916年日本关东厅命令大连的钱业公所改为官办，更名为大连钱钞取引所，作为大连取引所的子市场之一。关东厅规定该取引所可自由买卖小洋元；金票和其他钞票的买卖分现货交易和期货交易，现货交易不要手续费，期货交易每万元双方各交手续费2.5元，半月为一期，最长为三期；每交易万元，双方还须各交保证费100元；加入取引所须交5000元保证金；允许日本人加入钱钞取引所，当时加入该所的日商有20多家，华商有80多家。[②]该取引所开业后，得益于当时中国混乱的币制，货币交易业务很兴旺，每天的成交额少则千万元，多则上亿元，获利甚多，还曾向日本关东军提供特别费用。

由于官营交易所在办理期货的清算、担保和贷给资金等业务上有一定的困难，于是日本关东厅又鼓动日商筹集股本日金500万元（实收1/4），分为10万股，以高崎弓彦为理事长，在1917年5月30日设立官办的大连取引所钱钞信托株式会社，专职办理日本货币与其他货币买卖的清算交割、担负因买卖违约而生的损害赔偿、对经纪人通融款项等业务；1921年以前，该所还兼营俄国货币的交易。

大连取引所钱钞信托株式会社自1917年6月至1924年上届为止，所发股利，最高曾至九分二厘，最低也有一分五厘。不过，在1923年，受与之有业务关联的龙口银行失败的影响，该会社在当年8月被并入满洲银行且继续营业（集团化发展）。在1925年下届，该会社的营业损失总计为日金49.8万元，自此以后，业务一蹶不振。如1927年上届，亏损91.7万元，下届亏损49.1万元。显而易见，这家取引所的运营机关已经难以维持了。

1927年末，第二大连取引所钱钞信托成立，资本为日金500万元，先缴四分之

---

① 佚名．沿线取引所停办[N]．申报，1924-4-6（22）．

② 中共辽宁省委党史研究室．历史永远不能忘记——辽宁人民抗日斗争图文纪实[M]．沈阳：辽宁人民出版社，2005.

一，旧的大连取引所钱钞信托株式会社随“即被收买整理”。合并对大连取引所钱钞信托株式会社的业务规模及经营业绩产生了积极的影响，其“业务因之较佳”。以钞票交易为例，该所的钞票买卖在东北土产贸易旺盛的时候，则很活跃。20 世纪 20 年代末以后，因银价惨落、日本实施金解禁政策及沈变等因素的影响，钱钞交易尤见增加。从 1929 年下届至 1931 年上届，该所每届交易额均接近或超过 10 亿元，规模可谓空前。[①] 由于业务盈余较多，所以该所同期各届派发的股利率均在 10% 以上，取得了内在规模经济的效益。

三、“九一八”事变后东北日本取引所的吸收合并及其推手

20 世纪 30—40 年代，因为政局变动的影响，中国东北地区的经济体制发生重大变迁，垄断的金融体制替代了自由的金融体制。东北境内交易所的合并重组活动带有更多政治的色彩。

（一）株式会社哈尔滨取引所的吸收合并：日伪当局币改的影响及授意

1916 年，由海关监督侯延爽和前清议员孟荣升等人发起成立了滨江农产交易信托公司。1922 年 4 月 1 日，滨江农产交易信托公司改组为滨江粮食交易所（即哈尔滨证券粮食交易所），资本 100 万元，买卖大豆、小麦、豆油、豆饼、面粉、杂粮，实际交易的农产仅有大豆和小麦；同日，官商合办的滨江货币交易所成立，资本初定 10 万元，1923 年增至 80 万元，买卖哈大洋、金票、吉林官帖、江帖、奉票等货币。该所开业初期，业务较为平淡，1922 年上半期该所资产为大洋 243 万元，纯益为 72631 元，公积金为 3631 元，股东红利为 4.6 万元，每股红利为 1.15 元；1925 年前后，该所的交易则异常活跃；市场规模也逐渐扩大，1927 年 4 月其合法交易人已达 118 人，至 1932 年，该所的成交额仍达哈大洋 2 亿元。这两家交易所“不独哈市，在北满经济界，占有重要位置”。[②]

1932 年日军侵入哈尔滨后，日满当局认为滨江货币与粮食交易所这类“公共的商业辅助机关长此委诸特殊关系者所垄断，为满洲政治所不许”，遂由伪满实业部出面，与关系者协商后，将哈尔滨证券粮食交易所改组为日伪合办的株式会社哈尔滨取引所，营业期限延长 10 年，由日商注资 100 万元，将资本扩充至 200 万元，中日商人各半，股东增至 700 人。通过注资，日商控制了新的哈尔滨证券粮食交易所。当

① 王雨桐．最近之东北经济与日本 [M]. 上海：新中国建设学会，1933.
② 哈尔滨满铁事务所．北满概观 [M]. 北京：商务印书馆，1937.

时“日满输出商颇主张（滨江）货币交易所与新粮食交易所合并，或在新粮食交易所为钱钞交易”，目的就是将株式会社哈尔滨取引所的交易种类从特产品交易延伸到国币大洋的交易上去，以取得范围经济和规模经济的收益。但是伪满财政部及中央银行担心交易所买卖国币大洋，会成为投机炒作的工具，影响国币价格的稳定而未同意此项计划。

1934 年末，伪满洲国统一币制，在东北地区强制使用伪满币，“哈大洋”等其他传统流通货币均被限期收回。东北地区各交易所此前盛行的“钱钞交易”因“满洲国”统一货币而告萧条；同年，滨江货币交易所因货币交易业务被取缔而自行解体，株式会社哈尔滨取引所又在日伪当局的授意下接收了滨江货币交易所，并一直经营到日本投降后才自动关闭。

（二）“满洲”取引所的吸收合并：日伪当局对农产的专管及政策要求

1931 年“九一八”事变前，东北的局势日趋紧张。受此影响，日本人在东北的取引所一时间均告停业。为摆脱困境，“满洲”取引所又筹划“合并满洲证券会社，业务亦在进步中”。① 1937 年全面抗战爆发后，日本与伪满洲国先后实行了农产品及特产品的“配给制”，此时商品经由市场“自由交易”的环境已经不存在，特别是 1939 年 10 月，伪满洲国成立了大量的特产专管会社，在交易所进行特产交易实质上已经不可能了。东北地区的物券交易所除了从事证券交易的部门外，其内部的其他部门纷纷解散，就连官办的大连取引所也在 1939 年 10 月 31 日停办。随后，伪满洲国政府在 1940 年发布了《有价证券取缔业法》，② 将安东取引所、哈尔滨取引所等几家证券交易所并入只剩下有价证券业务的“满洲”取引所，成为后者的分所。由此，伪满政权在东北地区实现了一统交易所的目的。

整合后的“满洲”取引所实力增强，资本金达到 400 万元，③ 交易规模扩大，该所在 1941 年后主要买卖日本公司的股票，其股票的日交易量达到 2.5 万股。该所交易的参与者虽然主要是日本的证券业者，但也有一部分的中国证券业者。显然，该所在吸收中国人的资本来壮大日商企业的资力并扩大其对华的经济侵略方面发挥了一定的支持作用。太平洋战争爆发后，受战事扩大及日伪政权强化金融统制的影响，“满洲”取引所才因证券交易陷于停顿而名存实亡，最后在 1942 年正式关闭。

---

① 莫德惠．沈阳经济概况 [J]. 中东经济月刊，1931（7）：49.

② 此处的“取缔”意思接近于“管理”。

③ 斋藤直基知．满洲产业经济大观，满洲产业调查会，1943.

四、结论

民元后日本在我国东北地区遍设取引所，作为日本殖民当局和财阀控制东北的市场和贸易、掠夺当地的资源和农产品、推行日本金券、推销日本国债和公司证券、替日本殖民当局和关东军筹款的重要工具，危害甚大。民国时人对此也有痛彻心脾的感悟，“观夫我国从前关于满蒙特产大豆油饼之买卖，实权全操于日人所设之大连取引所、开原取引所、四平街取引所、公主岭取引所及长春取引所五处，可见民国二十年九月十八日不幸之事件，及二十六年七月七日之事变，自有其积渐之由来也。”①

而日本取引所之所以有如此大的声势和能量，其秘密之一就在于这些交易所无论是官营的，还是民营的，在1919年后全都采用了股份有限公司的组织形式。这种组织形式的交易所因为筹资对象范围广，出资人的债务责任和投资风险有限，对场内交易商即经纪人的资力和信用要求相对较低，以营利为目的，所以具有开放性、成长性、竞争性以及设立门槛低、筹资便利等优点。日本殖民当局以及日本财阀正是利用了公司制交易所的上述优点，以交易所预期股利及股价的上涨为诱饵，吸引部分中国人投资于日本人发起设立的取引所，从而促进了日本取引所的发展。

民元后日本在东北地区设立的取引所，发展也并不都是一帆风顺的。不过，通过官方主导或日商自主进行的交易所合并或合组交易所集团等活动，这些日本取引所大多能够整合彼此的业务资源、厚积资本、降低成本、维持竞争优势来摆脱困境，获得重生与发展。而日本取引所之所以能够成功合并或集团化发展，又是以它们均采用股份有限公司组织，易于发动和实现合并为前提条件的。

交易所是疏通金融、周转大宗商品、平准市价的枢纽。日本取引所借助公司组织及合并，在东北地区迅速做大、做强并排挤华商交易所，控制了当地的物券与货币市场。这不仅有利于日本财阀在华的经济扩张和资源掠夺，而且还膨胀了日本法西斯侵华的野心与胆气，其中的教训可谓深刻，值得反思。

今天，随着证券市场的国际化发展，公司化、上市及并购已成为全球交易所竞争和发展的主要趋势。为了与中国上海、香港、深圳，以及新加坡等地的证券交易所争夺亚洲头号交易所的地位，2013年1月1日，会员制的东京证券交易所改组为股份有限公司组织并与大阪证券交易所合组为日本交易所集团，后者的股票分别在

① 吴德培．交易所论[M]. 北京：商务印书馆，1946.

东交所和大证所上市。实际上这两家日本证券交易所与20世纪20—30年代中国股市及信交事业的发展早就有了较深的渊源关系。东交所的前身，东京株式取引所曾参股大连株式商品取引所；大证所的前身，大阪株式取引所的理事长岛德藏也曾兼任上海取引所和天津取引所的理事长；而上海取引所的股票曾在东京和大阪株式取引所上市交易，反之，东京和大阪株式取引所的股票则在上海、大连、沈阳等地的日本取引所上市交易。[①] 现在日本交易所集团旗下的东交所再次以“满足中国企业的资金需求”为其市场开拓的重心之一，并“积极进行中国企业上市的准备工作”。

随着人民币区域国际化的发展，资本与金融项目的进一步开放，QFII、RQFII、QDII、“沪港通”“深港通”及类似的跨市场投融资安排的扩展以及未来国际板的推出，不难预期，境内外上市公司和投资者的选择余地将会相应扩大，我国内地的交易所与境外交易所之间的竞争会逐渐加剧，这对国内交易所的经营效率、服务能力及竞争性提出了更高的要求。

另外，步入经济新常态的中国，要优化经济结构、提升创新能力、维持中高速的经济增长率，就依然会内生出大量的投融资需求。而要满足市场主体多样化的金融服务需求，让每个市场主体都有获得金融服务机会的权利，就需要构建普惠金融体系，其中很重要的一环就是在兼顾金融安全及国家产业政策得到贯彻的前提下，合理降低沪深证券交易所的上市门槛，解决企业IPO融资难的问题。2000年以前，国内公司发行股票的IPO制度采用审批制，由监管部门按计划配置上市资源；2001年至2016年年初实行审核制，证券发行审核机构仍对上市公司进行实质性的审核，对证券发行申请人有较高的财务指标上的约束。上述制度安排使得国内企业证券发行机制的市场化程度较低，政府的管制过严，以致上市资源的供给严重不足。另外，会员制的沪深证券交易所在经营效率、成长性、服务能力、开放性等方面也存在不足。为提高国内企业证券发行机制的市场化程度，减少政府对企业证券发行的过多限制，增加上市资源的供给，我国于2005年底再次改革企业证券发行管理制度，从2016年3月起施行证券发行注册制，但是为了降低改革对股市平稳发展的冲击，注册制的实施也是逐步展开，不可能一步到位。这些情况使得短期内国内大多数企业事实上还难以进入沪深股市进行IPO融资。2001年1月1日至2016年9月16日，在沪深主板、创业板和中小企业板有发行需求的3302家公司中，有281家未能通过发审委的审核，占比为8.51%；其中有IPO融资需求的2015家公司中，有202家未

---

① 参阅古山胜夫.《满洲经济统计月报》，大连：南满洲铁道株式会社，第15卷第5号，第52～55页。

能通过发审委的审核而被排斥在IPO的队列之外，占比达10.02%。2004年1月18日至2016年7月22日，有414家公司多次报审IPO融资，其中155家被发审委多次拒之门外。[①]另外，截至2016年9月14日，在我国股转系统（新三板）挂牌上市的公司也只有9141家；而同时期我国企业有726113家，其中非上市企业有690758家，在区域股权交易中心挂牌的公司有46104家；能在一、二、三板及中小企业板上市的公司总计仅有13418家，占我国企业总数的1.85%。

不过，随着今后注册制的实施到位，企业只要依法将与证券发行有关的一切信息资料完整、真实、准确地公开，制成法律文件，送交主管机构审查、通过、注册和备案后，即可较过去更加简便地发行证券了。可以预期，会有越来越多的企业上市融资，注册制下不断扩大的企业证券融资需求势必对国内证券交易所的成长性和开放性提出更高的要求；另外，企业对证券发行场所选择的日益多样化，也会加剧证券交易所之间的竞争。这些情况又对未来国内证券交易所组织制度的变革和经营管理模式的转换提出了要求。

鉴于此，监管机构和交易所经营管理者有必要汲取现在国外交易所及过去日本在华取引所公司化和并购重组的经验，审慎看待会员制与公司制交易所各自的利弊，适时变革会员制交易所的组织制度。通过公司化、上市、吸收合并、创设合并或合组交易所集团等方式，在内地、内地与香港、境内外的交易所之间开展触及产权的深度联合，例如合组交易所集团，籍此改善国内交易所的经营效率，降低其收费水平，提升其创新能力和服务能力、增强其国际竞争力，使之能够更好地满足市场主体的金融服务需求，促进实体经济的可持续健康发展。

---

① 参阅佚名《IP·多次报审公司列表》，Wind资讯金融终端，2016年9月17日。

参考文献

[1] 哈尔滨满铁事务所 . 北满概观 [M]. 北京：商务印书馆，1937.

[2] 刘志英 . 近代中国华商证券市场研究 [M]. 北京：中国社会科学出版社，2011.

[3] 王雨桐 . 最近之东北经济与日本 [M]. 上海：新中国建设学会，1933.

[4] 吴德培 . 交易所论 [M]. 北京：商务印书馆，1946.

[5] 许兴凯 . 日帝国主义与东三省 [M]. 重庆：昆仑书店，1930.

[6] 斋藤直基知 . 满洲产业经济大观，满洲产业调查会，1943.

[7] 中共辽宁省委党史研究室 . 历史永远不能忘记——辽宁人民抗日斗争图文纪实 [M]. 沈阳：辽宁人民出版社，2005.

传统钱庄的风险控制

徐华（中央财经大学经济学院副教授，经济学博士）
王燕芬（中央财经大学经济学院硕士生）

摘要：钱庄是中国土生土长的“银行”，在钱庄史料比较丰富的晚清到民国期间，钱庄一直是中国社会农工商业户真正的金融服务提供者。钱庄的存贷款风险控制，是钱庄本土化优势的集中体现，对当代金融机构的风险控制仍然有极强的启示意义。本文通过详细阐释钱庄信用贷款的风险控制以及挤兑风险的防范机制来理清钱庄的风控机理，并对钱庄风控的有效性做了进一步探讨，同时，中国传统社会所特有的钱业公会可谓是专门针对行业风险的，因此文章也将讨论钱业公会对行业性金融风险的防范功能。

关键词：钱庄；信用贷款；挤兑风险；钱业公会

一、钱庄的主要职能与组织结构

自晚清到民国期间，从乡镇、城市，一直到通商大埠，钱庄无地无之，在社会经济、百姓生活和我国工、商业近代化进程中发挥了重要作用。[①]通过钱庄与钱庄，钱庄与票号、钱庄与内外资银行的金融往来，建立了一个沟通跨区域贸易和对外贸易的庞大金融网络。[②]可以说钱庄是我国金融业发展最具代表性的商业形式之一，在金融史乃至经济史，以及传统经济向近代化转型等方面中占有不可或缺的地位。

钱庄的内部组织构架，自经理协理襄理以下，其他职员都以“八把头”为根据。（见图）“八把头”的位置是按照钱庄的重视程度来排位的，但其位置的顺序，各庄略有不同。缺银的钱庄依赖钱行（也称市场员）的手面向外拆进款项，在这种钱庄中钱行位于第一；而有的钱庄为扩大业务则将跑街列于第一而钱行与清账列于第二

① 《清高宗实录》，卷一六五，乾隆七年四月乙巳。钱庄一词，第一次在官方文献中有记载是在清代乾隆初年：“但铺户奸良不一，应饬各州县查明该处钱庄，钱铺若干，造册”。

② 杜恂诚．纳入新型融资体系的钱庄 [J]．银行家，2002，（12）．

与第三；具体排列全视钱庄的经营策略的倚重而定。钱庄中，经理权力极大，是实际意义上的最高决策者，钱庄里下至日常琐事、上至交易和职员调迁，都由经理全权负责。因此，为实现钱庄的可持续经营，股东们首先要精心挑选一名合格的经理，选定后便给予其最大信任。当然为了确保股东自己的利益，也有些股东委派监（督）理来监督工作，以随时向股东汇报。经理下设襄理、协理来辅助工作。另外，钱庄自经理起至栈司止，每个职位的职员人数都不确定，以营业范围和营业重点而转移。职员的雇佣也大都为股东所聘请，或由经理推荐。这种组织结构既能维持管理层的权威，有效落实政策和方针等；又能应具体业务的不同适时调整，适应能力强。既有同一层级之间的制衡，也有上下层级之间的监督约束，增强了企业抵御风险的能力。

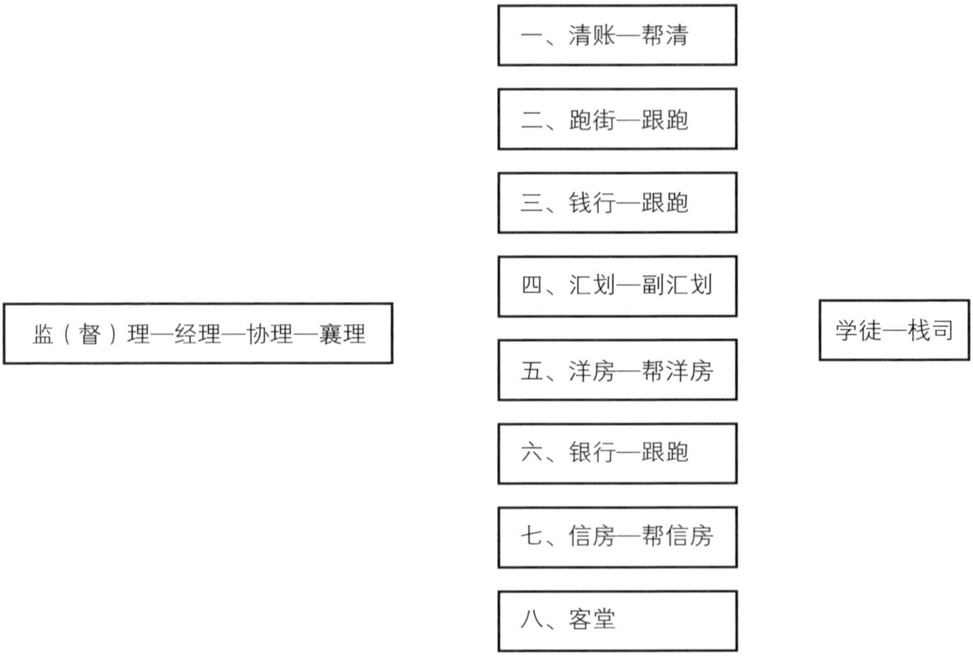

八把头组织结构

二、钱庄信用贷款的风险控制

（一）信用贷款是本土商号的客观需要

钱庄贷款，基本上以信用贷款为主，很少抵押贷款，自古以来如此。这首先是有其本土商号的客观需要：（1）中国近代，以农业经济为主，每年大量农产品收购、初级加工、贩运行销，需要大量资金融通，但这些货物和环节的经营者，不可能给钱庄提供抵押物。（2）传统工商业，并没有西方的工业化，商号少有固定资产投资，而流动资金却占掉大头。自然也难以抵押。（3）即使是一些近代工厂，由于习惯使然，企业主投入的股本，往往只用于固定资产购置，而流动资金都依赖借贷，甚至一些企业在固定资产购置时，也依赖借贷，所以也难得有足够的抵押物。

中国钱庄的放贷业务，全凭信用，看似风险很大，实际上有一套隐含的风险控制机理。现代银行的风险控制，特别重视客观化的数据，最典型的比如财务信息，所以现代风控的调研，一定要对授信企业查账。但是，在传统的钱庄，绝不查账。钱庄不查账，并非授信企业没有账务可查。传统商号当然自有他们的以传统会计记账的账务，同样非常细致。

但是，中国商号的资金现状，是非常具有流动性的。举个简单的例子，中国传统商号一律实行无限风险责任，比如商号的自有资金，就有两种，一种是股本金，另一种是股东存放于商号的活期存款，称为副本或者护本。由于股东往往拥有多家商号，因此，他存于一家商号的存款，是常常变动的。往往从甲号抽出，存入乙号，或者从它号抽出，救济资金不足的甲号。再有，如果一个商号面临资金链条断裂，周转不灵，或者发生债务危机，则股东既然承担无限风险责任，就会以自己在企业以外的所有资本实力来保证债权人的利益。不仅如此，必要的时候，股东还可以动用自身的商业信用，从社会关系网络中调动资本来维持本商号的信用。所以，从钱庄授信资本的风险控制来说，仅仅去查一家商号的账务，并没有多大实质意义。

然而，钱庄也会查商号的底细，核心是查他们的信用。

（二）“跑街”式的信用调查

中国社会早已形成了与信用贷款相适应的信用经济法则。据说，西方自中世纪以来，商业的兴起，就与民商法的兴起相适应。而在中国，直到清末民初，基本上无所谓民商法，而发达的商业交往，就是靠信用。钱庄的信用放款，就是在这种信用经济的轨道上运作的。钱庄放贷，首重信用调查。大体包括：商户股东的资产殷实程度，经理人的德行和经营才能，所投资项目的市场状况和前景。乃至于股东经理人的私生活，都属于调查的范围。

调查这些资讯的准确度，很大程度上与钱庄和商户的地缘关系和人情往来有关系。钱庄一般都有一个专门的职位，叫作跑街。顾名思义，就是钱庄人员天天要到街上跑，去与客户以及客户所在的商帮广泛接触，四处打探，实际上就相当于现在的信贷调研员。根据商户情况了解，整个商帮乃至行业的状况；又根据商帮的情况估计客户的经营状况。这是西式的银行所没有的。他们的调研方法，不是现在的查账。跑街从来不查授信企业的账务。而是专门进行一种非规范的调研。在传统社会，每个城市，每个行当，都会有一个非正式的聚会点，茶楼。同一行业的商人，有事没事，就好在一个固定的茶楼聚会，交流情报，商谈业务。钱庄的跑街，专喜欢到这个茶楼里，与商人们交朋友，探听信息。一来二去，日久天长，便把各个商人的性格品行、资本实力、当前业务、资金余缺，打探的一清二楚，然后再回去向本庄经理汇报，再由经理定夺，看看是否需要对其进行贷款。

跑街在规范的钱庄中，往往属于最重要的职能部门。小城镇的钱庄，完全切入于地方关系网；而大城市的钱庄，则往往与特定的商帮往来，如汉口的钱庄，有好几个帮别，互相没什么竞争，因为每个帮派的钱庄，往往主要与本帮在汉口的商号往来。在大的城市，如上海，则每个钱庄的跑街会专职盯住几个行当和既定的商帮进行往来。这种特定的关系网，导致钱庄对商户的有关资讯了解，虽然没有定量化，但是却更加全方位，更加感性，更加准确。不论是外资银行还是早期模仿西方制度的内资银行，既没有深入调查的习惯，也没有深入区域商业关系网络的管道，所以根本无法直接与地方客户直接接触，为其提供金融服务。这就是他们无法直接向中国工商业者房放贷的主要原因。

（三）商圈对商业信用的珍视

在整个商圈中，商人们及其珍视商业信用，将信用视为自己的第二生命。“一诺千金”，这往往被视为一种道德，在传统社会，的确普遍存在这样的道德。但实际上这种习惯一旦形成，又会形成一种有效的集体放逐机制。讲信用，即使商业处于危难，也有人乐于扶助，即使商业失败，信誉不亏，还有东山再起的机会；反之，不讲信用，则会受到集体抵制，处处寸步难行。所以，在传统商圈中，讲信用，既是一种道德，也是一种实际的潜规则。一点儿也不比西方的法律效力差。

钱庄的贷款就是信用贷款，而钱庄对信用贷款的风险控制，主要就依赖于授信对象的信用。所谓的商号信用，并没有一个规范的界定，大体说来，应该包括三个层次。

一个是客观的。即商号老板的资本实力，有多少财产。如前所述，中国商号素来实行无限风险责任制度，所以，钱庄向一家放账，商号能否赔得起，不取决于商号本身的资本金，而取决于商号股东的资本实力。

还有一个是主观的。即是老板的人品德行，由于民间债权债务关系是按照无限风险责任承担的，而商号及其股东的资本到底有多少，钱庄只能有一个大概的了解，所以，如果股东赖账的话，追讨也是比较困难的，那就全看股东是否讲信用了。

另一个，是介乎主观与客观之间的。就是股东的人脉。这种人脉，泛指股东的亲戚朋友、往来客户，股东在自己的人脉关系中，有融通资本的能力。一方面，股东的资本势力越大，朋友越多，有钱的朋友越多；另一方面，股东越是讲信用，朋友自然也越仗义。所以，有人脉的股东，甚至可以不动用自家资产，仅在朋友圈里进行融通，也可以得到必要的资本金。

信用，就深层来说，涉及中国商圈的组织方式，这背后有一个古老的文化传统，即是《中庸》中所说的："有德兹有人，有人兹有财，有才兹有土，有土兹有用。"意思是说：一个人有了德行信用，仗义疏财，他的人格被社会所认可，就容易积累人脉；得到了人脉，就容易掌握商业组织，获得更多的商业机会；把握了商机，又有人能为其所用，自然就容易积累钱财。所以，在传统商圈中，商人莫不重视商业信用，信用是最大的资本。一个人的资本损失了，但是维护住了信用，则还有再东山再起的机会。而失掉了信用，也就没机会了。所以，钱庄放账，最重要的风险控制，实际上是看一个商号股东在商圈里的信用怎么样，人脉广不广。

信用就意味着金饭碗，所以商号借款，轻易不会赖账，丢掉自己的信用。但是假设有人赖账怎么办？放账的钱庄，如何制衡？在传统社会，并没有如西方一样的一套发达的商法体系。"杀人偿命，欠债还钱"，官府对于欠账不还者，当然会给予债权人有力的支持。但是中国的传统，民间纠纷向来不讲究用司法手段解决，而主要是用民间的制衡机制。比较常用的，自然是担保。这主要用于钱庄对授信人的信用资质存在怀疑，但是又愿意做成这一笔生意，那么对这种人的风险怎样控制？就是用担保。比如甲某向钱庄申请贷款，但是钱庄对甲某的信用不甚了解，或者有所怀疑，则甲某可请求乙某从中作保。只要钱庄认可乙某的信用，则就愿意放款给信用不明的甲某。日后万一甲某无法还债，则担保人乙某可以代为偿还。

那么，这种担保可靠吗？这取决于两个环节，一个是担保人的信用是否可靠，另一个环节是借款人对担保人是否负责。前一个环节，我们已经在上面说过了，我们主要讨论后一个环节，即担保人与被担保人之间的关系。甲某与乙某之间，或者存在亲友关系，或者存在利害制衡关系。说中国人讲信用，也是存在费孝通所谓的差序格局的。也就是说，一个人对自己最亲近的人，自然最讲信用，关系越远，信用自然会不断递减。那么，乙某可能主观上有心赖掉钱庄的账，但是却不愿意做出坑害自己担保人（亲友）的事情来。

中国社会，是讲圈子的。每个人以自己为核心，都会有一个半封闭半开放的人脉圈子。一个人做生意，需要有圈子里的朋友来帮忙，商人与圈子的关系，就好像鱼和水的关系。当一个商人倚重于一个人脉圈子生存，离不开它，那么，反过来说，这个圈子就会对一个人形成一种反制。这种圈子对圈中人的制衡关系，看似很不正式，其实却很有效。这其中的道理，就如当代制度经济学中所谓的“集体放逐机制”。

集体放逐机制，实际上包括相互关联的三个关键词：半封闭的集体，垄断利润，集体放逐。一个半封闭的集体，垄断了一个行业，外面的人轻易进不来。那么就容易形成垄断利润。这意味着，集体中的成员，在集体中，就可以分享垄断利润。而一旦出离了这个集体，则商业经营的利润就会大大降低，甚至根本就没有生存的机会。在此基础上，集体就会制定一些成员必须共同遵守的规则或者潜规则，以保证集体利益。如果成员违反这个规则，就会受到集体的“非暴力不合作”抵制，使得违规的成员被挤出集体。这就是集体放逐，成员顾及这种集体放逐的作用，必然会遵守集体中的规则或者潜规则。所以，像担保，就是集体放逐机制的一种表现。非常有效。

基于以上，钱庄的信用放款，虽然没有抵押，却极少被恶意倒账。其风险，根本没有银行人士想象得那么大。

三、钱庄挤兑风险的防范机制

在清末民初，以实力最强的上海钱庄为例，一级钱庄，最少的资本金只有 1 万两，最多也不过 10 万两。但是上海钱庄的放贷规模一般都达到数百万两。而银行的股本则一般都达到数百万两。因此，银行人士认为钱庄资本金太少，一遇到挤兑发生，就难以应付，容易倒账，并引发连锁反应，危害金融秩序。挤兑，是导致过去的金融机构倒闭的直接原因。也是信用发生危机的直接结果。简单来说，存户对钱庄的信用产生了怀疑，抽走存款，如果钱庄不能及时支付现金，则面临倒闭。对挤兑风险的常规防范机制，可有三个层面：日常的收支平衡，跨行拆借以及股东的无限连带责任。

（一）日常的收支平衡

在现代银行业务中，有一个基本的概念，叫作存款准备金。即银行为了应付存户的日常支取必须保留的一部分现金。还有一个概念，叫作存款准备金率，是准备金数额与存户存款数额的比例，存款数额越大，则必须准备越多的现金以供支取。准备金率越高，应付支取的保险性越强，但现金留在家里，没有利息收入；反之，放款多，则利息多，但是准备金少，就容易不敷支取。银行都会根据日常的支取情况，确定一个大致的准备金比率。

在中国传统钱庄，并无准备金和准备金率的术语，但有相类似的观念。如上海钱业有所谓多单和缺单的概念。

所谓多单，即是说一家钱庄每日的现金流入（存付）大于现金流出（支取），剩下的现金，可供钱庄拿到同业拆借市场上隔夜拆借给别的钱庄。所谓缺单，则相反，一家钱庄每日的现金流入小于现金流出，不足应付支取的现金，则要从同业拆借市场上找别家钱庄拆进。所以，同业拆借市场等于为个别钱庄提供了一种相对的保险。遇到个别钱庄银根吃紧，则同业还有互相扶助的功能，这种扶住，也是一种集体生存之道，因为一家钱庄万一倒闭，往往会引起连锁的挤兑。

（二）跨行拆解

对于缺单，除了同业拆借以外，钱庄还常常向更大的金融机构拆进现金，比如上海钱庄向山西票号、向驻上海的外资银行，以及后来向国内大银行拆借。这也就是上述大银行票号成为金融批发商而钱庄成为零售商的格局。而更次一级城市的钱庄，比如江西九江、安徽芜湖、江苏镇江的钱庄，则可能从上海等大城市的钱庄拆进现金、庄票等。而更下一等的乡镇钱庄，比如江苏溧阳的钱庄，则向镇江钱庄拆进。

钱庄的经理乃至于跑街，有一个重要的任务，就是与大钱庄、票号、银行，建立长期的人情往来，并了解金融市场银根松紧和利率波动情况，随时准备在业务发展而准备金不足时，拆进更多的现金。上海的钱庄更加专业，再起经历在其下属八个业务把头中，有三个专职充任此种工作，分别是钱行、洋房、银行。

（三）股东的无限风险责任

钱庄的股本并不多，一般也就是几万两，但存放规模却可能达到几百万。这是银行人士的认识误区。实际上，不论银行还是钱庄，其运营资金的主要来源都是存款，而不可能是股本。而股本主要用于应付信用危机，以及一旦破产清算时对存户的兑现。银行都是有限责任制，它的股本就是它对存户的唯一信用保证。而钱庄的情况则不同，当发生信用危机的时候，钱庄的股东，承担的都是无限风险责任。所以，钱庄对储户的信用大小，并不在钱庄股本的多少，而在于股东和的家底殷实程度，以及财产运营状况。

在钱庄遇到风险而清算时，大多数情况下，都不是资不抵债，导致存户血本无归，而是由股东破家偿付。在这方面，钱庄可算是传统商圈讲信义的楷模，多有钱庄股东，在歇业一两年后，还坚持对付钱庄开出的庄票，只要还有一点可能，绝不丧失钱庄对储户的信用。

钱庄的股东对钱庄债务负有无限连带责任，也就是说如果钱庄经营出现了问题，那么钱庄所负债务就由各股东按股分配，全权负责，钱庄一出问题，股东立马垫付。这样，钱庄的信誉，主要就由股东的信用来保证，而不在于股东投入股本的多少。所以，社会上判断一家钱庄的实力和信誉大小，并不只是看它的全部股本，而更看重钱庄股东的全部身家和个人信用。股东本身的财力愈是雄厚，在商界口碑愈是卓著，那么就代表其钱庄势力愈大。因此，“钱庄信誉的建立，不全靠资本多寡。主要有：（1）股东全部的财产信誉，即为钱庄的信誉；（2）股东投资钱庄时，必另有相当数目的存款存于本庄”。[①] 社会上比较有实力的资本家，还在自己投资的钱庄以外，于旧历 3 月或 9 月底另选信誉比较好的钱庄存入 6 个月定期存款，利息较一般存款略低，称之为“内盘”。通过这种方式，钱庄股东就有相当数量的定期存款分存在各庄，在同业中相互传播，以作谈资，逐渐就形成了殷实资本家的形象了。另外，为提高信誉和扩大声誉，“预商有声望之老庄中亲友，筹拉款项，俾可在第一日上市，在钱业市场中，即能拆出大宗拆款，以表示资本充足，手头灵活”[②]，所谓堆花银。这极大增加了存款人对钱庄的信任感，大大减少了钱庄挤兑的风险，消除不稳定因素。

四、钱庄风险控制机制的有效性

（一）人事制度的可靠性与合理性

对经理的监督。经理责任重大，且权力集中，既是如此，那么就必定会有相应的制度来制衡经理。上海钱庄有两种做法，一是积极约束行为，也即，在对经理表示信任的基础上，在钱庄中设置监理或督理，以起到监督和制衡经理的作用。二是消极约束行为，也就是钱业惯例中本身存在的一些对经理人的约束作用。年终结账制度就是其中一种，每到新的营业年度，股东在开业之前可以自由决定是否退股。

---

① 中国人民银行上海分行 . 上海钱庄史料 [M]. 上海：上海人民出版社，1978.

② 刘梅英 . 上海钱庄内部控制制度及其控制机制研究 [J]. 商业研究，2011，（5）.

其实这有点类似于现代公司制度中“用脚投票”的做法，以此来约束经理人的行为。另外，股东为了使钱庄经理忠诚的服务，还让经理参与红利分配或者进行公共投资，如此便把钱庄经理人的利益和股东的利益联系在一起，以为激励。

经理的稳健性。典型的如上海钱业的不倒翁秦润卿[①]。秦润卿，浙江宁波人，从少年开始在上海钱庄当学徒，后任苏州富豪程氏四联庄经理（或监理），将四家钱庄做到上海钱业顶级，自己也成为上海钱业魁首，连任六届15年上海钱业公会董事长。在其所任钱庄经理的数十年内，上海钱业先后经历了橡皮风潮（1910年）、辛亥革命（1911年）、信交风潮（1921年）、废两改元（1931年）等大大小小五六次大规模金融风潮，在大量钱庄被倒账拖垮的情况下，秦润卿领导的四家钱庄却每次都能幸免，并且风潮之后，其钱庄业务反而能够精进。

秦润卿的从业经验，首推稳健。稳健的关键，就是慎放。展开来说，大致有几个层次：第一，对于每一笔放款，必须仔细查知放款商号的股东经理的才能德行、个人隐私、了解其信用，进而对商号的运营，贷款的用途、市面的好坏，都要有全面的了解。因此他做钱庄跑街的时候，没有放过一笔倒账；第二，就放款整体结构来说，放款分散，不把鸡蛋放在一个篮子里；第三，就放款整体规模来说，不贪做。只做多单，不做缺单。也就是量入为出，总保持钱庄有适度的余款，如此可以不从同业拆借，更不从它银行拆进资金，以免受人制衡；第四，就放债类别来说，不对投机性生意放款，不为高息诱惑，不从事高风险贷款。但是对于看准了的商号项目，则大胆放债，不计较短期风险，实现长期合作共赢。

以上贷款方针原则，大大降低了贷款风险，从而在金融风潮的惊涛骇浪里，平稳度过。秦润卿的老同事在回忆他的经营风格时候，还用《史记·货殖列传》里的话语澄清了一对概念：“贪商”和“廉商”的区别。本来人们一般理解，商人都是贪婪的，其实商亦有道。《史记》中说：“贪商三之”“廉商五之”。就是说贪做的商人利润高，三年可收回本金；不贪心的商人规避风险，利润低些，所以要五年才得收回成本。廉商发展得慢，但是步步为营，很稳当。特别是对于金融行业，本来风险就大，而且很容易波及别人或受到别人之波及。

需要说明的是，经理人的稳健，这不仅仅是一种风险控制的方针策略，更根本地是经理人对股东的道德信义。在传统的钱庄里，一般都实行身份股制度，也就是中国式的两权分离。身份股是一种盈利分红制度，钱庄盈利，则经理人可分享红利，

---

① 孙善根，周晓昇．秦润卿史料集 [M]. 天津：天津古籍出版社，2009.

而钱庄亏损，特别是清算的时候，所有债务损失都由股东一身承担。钱庄本身就是典型的高负债经营，资本负债率高达几十倍，遇到挤兑，则需要股东以自己的身家性命来负责赔偿。倒账发生时，人欠钱庄的债收不回来（因为追债目标分散，又确实没钱），钱庄欠人的个个催逼（因为追债目标显眼又集中），加上官府支持，一个钟鸣鼎食的富豪家庭，往往旬日之间便倾家荡产，沦为街头乞丐。

所以，经理人的经营，是在拿着股东的身家性命在博弈，责任重大，自然有一种高度的道义责任感。放款是钱庄风险的源头，放款稳健了，风险大大变小，便抓住了钱庄的风险控制的关键。

人事选拔制度。钱庄在人事安排方面家族色彩浓厚，从钱庄集资时选择股东开始，到决定经理人选，再到钱庄各职员甚至是学徒的选择，都是基于“血缘、亲缘、地缘、业缘”这样一种传统的，我们称之为“泛家族”的关系网络之上，也正是由于这种具有浓厚家族色彩的人事机制，使得内控制度不算严谨的传统钱庄减少了内部风险的发生。比如，经理人如不是由股东亲自担任，多是从经过三考的钱庄学徒或其他职员中选拔，而这些人与股东之间大都有着我们上述所说的“泛家族”的关系。钱庄其他职位的任用也有非常强的泛家族倾向，如招聘学徒多为亲友介绍，换子培养等。通过这种家族性的人事制度，使得钱庄职员不仅仅是在做一份工作，更是为家族出立。

（二）钱庄业务的谨慎性

不随意扩张存款规模。钱庄的存款，是钱庄资金运作的主要来源，大致包括：个人存款，往来存款。个人存款中，钱庄的股东一般首先要将一大块款项存在钱庄，共运营之用；其他的存款，存款人大都和经理有各种各样的私人人情关系往来。往来存款，其实就是工商业者的存款。工商业者从钱庄贷款，在有剩余资金的时候，也向其常常借贷的钱庄存款。

值得注意的是，传统钱庄并不像现代西方银行一样，随意接受存款，也不随意扩大存款规模。第一，不接受陌生人的存款，而只接受熟人存款。一是，怕来路不明，如系赃款；二是，熟人不会随意抽走存款，导致钱庄侧手不及。当市面上存在谣言的时候，也容易向存户做工作，不容易发生挤兑。第二，不愿意随意扩大存款规模，是因为怕给股东增添负担。因为当面临可能发生的挤兑的时候，股东要首先垫付，歇业清理的时候，股东要负责兑付给存户现金。如果存款盘子大，放贷规模大，外部倒账的风险数额大，则股东可能倾家荡产也赔不上。

对票据的严格规定。照票，也即对远期庄票做出真伪的判定。比如说，顺康庄收到鸿盛庄票据后，第一件要做的事就是派遣老司务或学徒持票据到鸿盛庄照验。送票时持有票据回单簿，其上注明票据数目，由鸿盛庄重要职员核查后，确定庄票没有问题，便由鸿盛庄在庄票的左角或右角与票根骑缝章相符之处再盖上“票现对同章”以资证明。一经照票，庄票到期时，出票庄必须兑付。

认票也认人。“庄票关系信用甚巨，不论何人，凡持有庄票者，视为现款。”也就是说，钱庄庄票的兑付“认票不认人”。但1906年南北市钱业重整条规规定，庄票到期时，如遇不认识的人前来收取现银现洋，须按照钱市通例到当晚12点时才付。如果是以未到期的庄票前来贴现，“均需仔细订明来踪无错，认票认人，始可收兑。”

挂失止付。现实生活中，确实会有庄票丢失、被盗等情况，如果钱庄见票即付就会给客户造成损失，但若无确凿事实钱庄便随意止付却容易对钱庄及庄票的信誉造成损失。因此，钱庄对庄票挂失止付的情形做出了详细规定，“倘往来户向庄家出立庄票，或已付庄，或已买货，或已贴现，查明确实，有账可稽，有货可指，及自受愚骗，票入人手，或监守自盗，并另有别种关系，不论何时，不得向庄家挂失止付。”[①] 但若真是被“水火盗窃”或是不慎丢失，失票人须出具证书，向庄家申请挂失止付，并在中外著名报纸上声明，庄票作废，同时，向地方官府报备，得以暂时止付。并即刻将款项送交公会保管，过100天后，若毫无纠葛，失票人方可觅殷实保证人，或殷实庄号，出立保证书，再行付款；若被查出另有纠葛，虽请求挂失止付，也不生效力。

五、钱业公会对行业性金融风险的防范功能

金融行业不同于其他，由于其虚拟经济的特点，风险具有很强的同业传递性，如传染病一样。因此，对于一家钱庄来说，很多风险来自行业内部。因此，钱庄业相互辅助、内部自律的需求特别强，而钱业公会，就是这种钱业内部相互辅助和行业自律性的组织。在中国传统社会，凡是稍微大一点的城市，钱庄数量在十家以上的，大都有以本城为范围的钱业公会（或称钱业公所）。钱业公会可算是专门针对行业性风险而来的，防范行业性金融风险，可算是钱业公会的主要职能之一。钱业公会成立的目的主要是加强管理，谋求金融之流通及交易之安全，以维护同业利益，促进同业发展。

---

① 潘连贵. 上海货币史（第二版）[M]. 上海：上海人民出版社，2015.

(一)设定行业进入壁垒，防止恶性竞争

钱业公会具有设定行业进入资格的权利。钱业公会的力量，以上海钱庄最为强大，上海钱业早在乾隆年代就有钱业公会。钱业公会之所以能够有设定行业进入资格的权力，主要有两个力量：

第一个，是来自钱业公会本身所具有的“公共设施”功能，包括钱业公会的同业汇划功能、和同业拆借市场。新进行的钱庄，不能成为公会会员，自然会被屏蔽于同业汇划和同业拆借市场之外，难以展开业务，或者只能流于小钱庄地位。此外，公会成员的社会信用高，容易获得吸收存款，容易有往来客户。总之，不加入公会，则难以展开业务，难以做大。

第二个，则为地方政府的支持。由于钱业涉及地方金融稳定，地方政府不可能不考虑。因此清后期各级地方政府往往要求开办钱庄必须向地方政府申请呈报。而审查的职能，则交由钱业公会处理。有了政府的支持，公会自然有了实权。在有些小城镇，钱庄不多，没有公会组织，则相关的职能只能由政府来承担。但是由于政府不了解实际情况，其审查效果就大打折扣。

公会设定进入门槛的直接手续，就是同业举荐，和申请者的资质审查。其重点主要是两种考虑：第一，股东家道是否殷实，是否有承担无限风险责任的能力；以及，所任用的经理人才能德行如何，是否有从业的资格。按照这样的审查标准，自然容易将滥竽充数者，甚至一些投机诈骗者，屏蔽出去。在史料中，我们可以看到，在一些没有钱业公会的小城镇，有时会有诈骗者冒办钱庄，吸收了足够存款后就卷款逃跑的情况。第二，要考虑行业的供求状况，不会任由会员数量过于扩张，导致严重的同业恶性竞争。钱业经营运作的不谨慎，一个很大的原因就是恶性竞争。在上海钱业，我们也可看到，采取比较冒险的操作手段的，往往是新开办的钱庄，急于打开局面，经营作风上就比较冒进。试想，如果同业过于拥挤，乃至恶性竞争的话，就更加难免不出现全行业的投机冒险行为了，最终给全行业带来重大的风险。[①]

(二)设立城内同业汇划和拆借市场，互相融通资金

同业汇划，本来是为了钱庄发行的庄票，庄票就是钱庄发行的钞票。但它与现代钞票的差别是，它的信用并非来自于国家权力的信用，而是来自于它的可兑换金

① 全国各地还有好多类似的案例，参见刘克祥，吴太昌主编的《中国近代经济史（1927–1937）》（下）。

属铸币（银两）的功能。既节省了流通中的货币量，又便利了商人的跨区域贸易。

但是由于钱庄少有在各地设立分号的情况（票号则处处设立分号）。所以，便利的流通方式是异地钱庄之间，以及同城钱庄之间，互相承认并承兑他庄的庄票，等于钱庄之间互为分号。这样一来，最后就必须有一个汇划场所互相轧账。上海钱业公会早就发明了这种汇划制度，这就使得庄票发挥其规模效应，等于扩大了钱庄的运营资金，类似于现代银行学所谓的商业银行派生活期存款的货币乘数效应。

汇划轧账的结果，各家必然有支出的不平衡，有的需要支付所欠的现银，有的则要收回被欠的现银。当一个钱庄既存现银不足支付所欠的时候，自然就需要进行短期拆进。于是公会又创办了同业拆借市场，互相调剂。这就使各家钱庄通过拆借市场，获得了银根不足的缓冲余地，这对钱庄的日常运营风险自然起到了很大的方便作用。

（三）制定内部规则，防止个别钱庄的风险行为危害群体利益

钱庄有了同业中的权力，自然可以指定内部的竞争规则和统一的经营操守。比如就存贷款来说，最常见的规定，是关于存贷款利率的商定，这可以大大地防范同业之间的恶性竞争。而在没有钱业公会的地方，就容易出现各家钱庄之间，或者各个钱庄帮派之间互相竞争，高息揽存，低息放贷，导致竞争失控，造成全行业的金融风险的情况。

与此同时，钱业公会还制订了无微不至的规范。有些是道德劝谕式的，也有些则是行规，一旦违反，则给予严厉的制裁。比如规矩最严整的上海钱业公所，就曾经规定公会成员的伙友不得参与做信交所经纪人，不得参与股票交易，一旦发现，则给以严厉制裁。这主要是针对 20 世纪 30 年代上海信交所投机盛行，给钱庄也造成巨大危害（信交风潮）的事情而制定的。

六、结论

钱庄实行信用贷款，是为了适应本土商号的客观需求。在放贷时，钱庄非常注重信用调查，凭借与商户的地缘关系和人情往来，以确保调查资讯的准确性，并且整个商圈亦非常珍视商业信用，这些因素使得信用贷款的风险可控。对于挤兑风险，钱庄则通过日常的收支平衡、跨行拆解以及股东的无限风险责任来进行防范。

在整个钱庄系统中，经理人行事极其稳健，秦润卿是一个典型的代表，这不仅仅是一种风险控制的方针政策，更根本的是经理人对股东的道德信义。钱庄在吸收

存款时，力求存户的稳定，从不会随意扩张。上述两点有力地保证了钱庄风险控制机制的有效性。

同时，金融行业的风险具有很强的同业传递性，钱业公会，作为钱庄内部相互辅助和行业自律性的组织，专门防范行业性风险。钱业公会，设定行业进入壁垒，防止恶性竞争，并将潜在的害群之马屏蔽与行业之外；设立城内同业汇划和拆借市场，互相融通资金；并制定内部规划，防止个别钱庄的风险行为危害群体利益。

参考文献

[1] 刘克祥，吴太昌 . 中国近代经济史（1927—1937）（下）[M]. 北京：人民出版社，2010.

[2] 潘连贵 . 上海货币史（第二版）[M]. 上海：上海人民出版社，2015.

[3] 孙善根，周晓昇 . 秦润卿史料集 [M]. 天津：天津古籍出版社，2009.

[4] 中国人民银行上海分行 . 上海钱庄史料 [M]. 上海：上海人民出版社，1978.

[5] 杜恂诚 . 纳入新型融资体系的钱庄 [J]. 银行家，2002，（12）.

[6] 刘梅英 . 上海钱庄内部控制制度及其控制机制研究 [J]. 商业研究，2011，（5）.

明清时期州县官不通“土音”问题探析

吴静（上海大学历史系，历史学博士）
孙洪升（中央财经大学经济学院教授，历史学博士）

摘要：明清时期官员实行回避制度，地方州县官员在他乡任职，产生了官员不通地方“土音”问题，使上下级信息不对称，极大地妨碍了州县官员处理地方日常事务，使政府政令传达不畅，这种负面影响在边陲军事重地和东南诸省尤其大。州县官不通地方方言，既与明清时期帝国政治经济、文化等发展不平衡有关，也对地方经济的发展产生了一定的影响。明清时期，地方官员通过学土音、任用本地官吏、学官话等途径，尽量减少“土音”不同带来的障碍。本文从语言沟通与传播的角度，研究了地方官员在社会治理中遇到的诸多问题中的一个因素，有助于帮助我们认识在社会经济发展的过程中，影响经济发展的复杂社会因素，有助于帮助我们对明清帝国的社会发展有更深入的认识。

关键词：明清时期；州县官；土音

明清时期，中国统一的帝国进入了一个新的发展阶段。一方面，明清政府通过严密的官僚体制加强了对地方的控制，权力高度集中于中央；但另一方面，由于受自然地理、交通运输、经济发展不平衡等诸多条件的限制，中央对地方的控制和管理却并不理想。故中央和地方之间、中央政府和地方官员之间关系微妙复杂。为加强对地方官员的控制、使之执行中央政令，明清政府采取了一系列行之有效的措施，如县级以上官员由皇帝任命、地方官员的轮换制、地方官员不在本地做官的回避制等。而地方官员在他乡任职，则产生了地方官员不通“土音”问题：即地方官到某地任职时，由于对当地的土音方言不通晓所产生的问题。由此引发了一系列的矛盾和冲突，不仅对中央和地方之间的正常关系产生了影响，还对地方社会的政治、经济、文化等诸多领域造成了更加广泛而深刻的影响。笔者拟就明清时期地方官员因不通“土音”而产生的影响、解决地方官员不通“土音”问题的方法等进行较为深入的探讨，以期对明清时期中央和地方之间的复杂关系、地方政府对地方的治理状况等问题有更深入的认识和了解。

一、明清时期地方官遭遇“土音”问题

明清时期，对地方统治机构、官吏的设置和变革不同时期有所不同。明代除了南北两京外，设置了 13 个承宣布政使司，实际上是省一级的行政区划组织。布政使司以下，设有知府一级；府以下，还有州县。清代地方官制多沿袭明代，略有损益、变革。总督、巡抚为省区一级的最高长官，府乃介于省与州县之间，成为中间的一级；州县则是省的基层。省级地方官员如督抚等，其了解本省的情况多是通过下级官员的文书，而文书有固定的格式和书面语。故他们没有多少直接面对地方土音方言的机会，不通土音亦无很大麻烦。州县之下的市镇及乡村一般是任用本地乡绅协助县官解决日常事务，亦不存在不通土音的问题。而作为明清时期帝国的基层政府官员，州县官是官僚等级体系从中央政府所能达到的最远的地方，故也是官民直接接触的地方。州县衙门要具体解决一州一县的日常事务：听讼、征税以及公共事务和其他行政，都要直接面对地方百姓，接触地方方言。故本文中的地方官主要指的是州县官，他们不通土音的问题值得我们深入探讨。

语言是“用习惯的记号、姿势、符号特别是音节分明的口头声音交流思想和感情的完整意思的工具”①，是人类独有的机能，它使人类从本质上区别于其他动物，并使人类形成群体，协调人类的行动，创造出不同类型的人类文化。地区的分化和统一，对语言的发展起到了很大的作用。地区的分化和统一亦常常引起语言的分化和统一，使语言在分化和统一中得到发展。一个完善统一的地区由于政治、经济和战争等原因分化成几个独立或半独立区域，使各区域间交往减少或完全断绝，环境的变化（环境是造成语言差别的一个重要因素），使本来使用的相同语言，其共同点逐渐减少，差别越来越大，进而形成各有特点的语言分支，即方言。若各地区长期完全隔绝，方言不断发展自己的特点，则会进一步形成独立的语言。② 中国历史发展过程中，由于各地自然条件差异甚大，加上统治阶级一直采取重农抑商政策，各地经济基本上是以自然经济为主，商业发展没有达到克服农业经济的地方性和狭隘的闭关状态的程度，各个地区之间经济上的联系并不紧密，彼此互不依赖，故形成了富有地方特色的方言区。现代汉语方言的基本格局大致如下：北方方言，又称官话方

① 韦伯斯特语，转引自夏日云、张二勋的《文化地理学》一书。

② 夏日云，张二勋．文化地理学 [M]. 北京：北京出版社，1991.

言，分布在长江及湖南雪峰山一线以北以西的广大区域以及九江至镇江一线的江南沿岸。其他六种南方方言则分布在东南地区：吴方言在苏南（除镇江以西）、上海、浙江地区；湘方言在湖南湘资流域及广西东北角，粤方言在广东中部、西部和广西东南，闽方言在福建（除闽西）、粤东南、海南和台湾大部，赣方言在江西北、中部及湖南东，客方言在粤东北、赣南、闽西及川、桂、台湘部分地区。[①] 进入明清以来，尤其是进入清代以来，帝国疆域辽阔，人口众多，方言丰富。“吾中国地大物博，最难划一者，莫如方言。”[②] 如果州县官他乡任职，上任初始则多会感到方言土音给自己带来诸多不便，即面临不通土音的问题。

明清时期，对州县等地方官任用所采用的回避制度，则使很大一部分地方官员会面临因不通土音而遭遇尴尬。回避制度创立于东汉时期，进入西汉以后，得到进一步的贯彻落实，并成为定式。进入明清时期，回避制度得到了进一步发展，在地方官的授官时多有非常具体的规定。[③] 明洪武元年所颁布的《大明令》规定了“流官注拟，并须回避本贯”的原则。洪武十三年（1380 年），则要求任官北、南、东、西更调：“命吏部以北平、山西、陕西、河南、四川之人，于浙江、江西、湖广、直隶有司用之；浙江、江西、湖广、直隶之人，于北平、山西、陕西、河南、四川有司用之。广西、广东、福建之人，亦于山东、山西、陕西、河南、四川有司用之。”[④] 清朝建立后，继续沿袭了明朝任用地方官的回避制度，如顺治十二年规定：“在外督抚以下，杂职以上，均各回避本省。”康熙四十二年（1703 年）规定：官员做官之处，要离开本地五百里以外，以示回避。如有以近报远、以远报近，设法不行回避之人要给予革职和降级调用处分。这里规定了回避的距离，便将回避地扩大到了接壤籍，比以前以省为范围更加严格。乾隆九年，又对以上规定做了进一步的补充：“现任各官，有任所与原籍乡僻小路在五百里以内者，均令呈明该督抚酌量改调回避。……如应声说回避而不声说并虚捏者，一经查，皆照例议处。”[⑤] 我们看到回避制度规定的地方官任职地点距离家乡是越来越远，而且也更加具体，如还规定禁止同宗和外亲姻亲在同一省任职；特别是，州县官不得与其祖孙、父子、伯叔、兄弟在同一省内任职，也不得与同祖兄弟（堂兄弟）及“例应回避”的外姻亲族在同一省任职。而且，

---

① 参见周振鹤、游汝杰的《方言与中国文化》，上海人民出版社，1986 年版。周振鹤:《现代汉语方言地理的历史背景》，载《历史地理》，第九辑，上海人民出版社，1990 版。

② 参阅民国时叶俊生的《闽方言考》，福建全省通志局，1924 版。

③ 温显贵 . 回避制度考略 [J]. 湖北大学学报，2004，（4）.

④ 《明太祖实录》卷一百二十九，“中央”研究院历史语言研究所校印本，第 211 页。

⑤ 《光绪大清会典事例》卷八十四。

如果某省下列官员——总督、巡抚、布政使、按察使或巡行全省的道元——中有一个是他的同宗或外亲姻亲，他就不得在该省任职。①

明清时期任用地方官员实行回避制度，其本意是促进官员公正无私地履行职责，防止营私舞弊，防止官吏在地方扎根，以免影响官员对朝廷的忠贞。同时，也加强了中央政府对地方的控制，防止地方势力坐大。或许，回避制度在一定程度上实现了明清政府的设置该制度的初衷。但由于实行这一制度，也造成了一些意想不到的新问题。其中，州县官员不通当地方言土音就是较为突出的问题之一，由此又产生了诸多麻烦，对州县官本人以及地方政府的治理活动都产生了影响。

二、明清时期地方官不通“土音”产生的影响

虽然明清时期州县官不通当地土音是一个语言问题，但由于州县官在帝国官僚体制中所处的重要位置，因为不通土音、不懂方言而产生的后果也引人瞩目。明清时期，各级地方政府都是按照同样的原则组成的。从省到州县，都是由中央政府设计、创建。中央政府供给经费、任命官员、指导和监督其活动。包括州县官在内的地方官员则都是中央政府的代表。州县级以下则没有任何类型的正式政府存在。州县官在地方官系列中虽然品秩较低，但在地方行政中扮演着及其重要的角色。州县官是真正的行“政”之官，是“治事之官”，也就是负责实际事务的官员；他们的上司如知府、道台、刑按使、布政使、巡抚或总督，都只是监督官，是“治官之官”，亦即是负责监督官员的官。换句话说，上级官员仅向州县官发号施令并向更上一级长官直至中央各部汇报工作。他们主要通过书面方式监督州县官的工作，执行常规行政事务和上司命令的则是州县官。故州县官总被称之为是“亲民之官”，是接触百姓的官。可以毫不夸张地说，地方行政全在州县官们手中。没有他们，地方行政就会停滞。在帝国中，有两种重要官员：京师的内阁大学士和京外的州县官。州县官则更为重要，因为他对民间疾苦及施政成败有着直接了解。②

在中国传统的社会政治秩序中，州县则是帝国秩序的基础。和城市相比，州县具有更大的支撑社会政治秩序的功能。中国县的生存方式由于资源与农业传统，都具有高度的同质性，构成一个独立的社会系统。这个社会系统，具有很大的传统性，与城市社会系统相分离，以地理连续性和生存的同质性支撑着帝国的社会政治秩序。州县可以视为是帝国的一个缩影。从形式上看，州县的构成与功能非常像一

① 瞿同祖，范忠信，晏锋译 . 清代地方政府 [M]. 北京：法律出版社，2003.
② 瞿同祖，范忠信，晏锋译 . 清代地方政府 [M]. 北京：法律出版社，2003.

个微型国家。明清时期的州县官是一个州县的最高管理者，往往集全县的权力于一身，直接对县的人口、经济、教育、司法、安全与秩序进行集权管理，权力非常像一个“皇帝”。而且，州县对中央集权国家政治秩序产生着重大影响。州县与社会的最基层直接发生联系，而且区域一般较小，其能力往往无法控制住较大的动乱事件，同时州县的地理连续性又容易造成动乱局面的延展，加上它由于处于最基层的地位而往往是中央集权国家控制较弱的环节，因此往往成为秩序动乱的基础。① 由此可见，在明清时期，州县官的职责无论对于地方还是对于整个帝国而言，皆具有举足轻重的作用。故英国学者斯普林克尔指出：“除少量专门事务或技术事宜由衙门里的资深官吏管理之外，就该县所有百姓而言，不管是对城镇居民还是对乡野村民，县太爷本身就是官府。赋税和劳役，归他的衙门；登录人口，登记土地所有权的变更，也都由他的衙门负责；该衙门还负责维护公共秩序，并且也是法律诉讼的一审法庭；在诸如教育与救灾等方面，倘若需要地方供应物资的话，也需要由县官来安排。”② 州县官在处理这些日常事务的时候，不通“土音”事实上形成了一个很大的障碍。

很有意思的是，明清以来来华的外国传教士或学者，也许是对语言交流的重要性有更多的感同身受，对此问题给予了极大关注。美国人弗兰克·古德诺在其《解析中国》一书中指出：“这一套官员在各个省份之间不断调换的体制却产生了另外一个意想不到的效果，由于任何官员都不可能会被任命的地方的方言……中国的方言是极其繁多的，有时甚至相邻的两个村所讲的方言都会互相不能通话，因此官员只能是使用较为通行的官话。”③ 法国人老尼克指出：“还必须注意到，多种多样的方言增加了口语的难度。”④ 何天爵则云：“由于中国政府异地为官的规定，那些在这些方言区做官的人只能通过翻译和他所管辖的人交流。”⑤ 由于地方事务事无巨细皆由州县官处理，而州县官却缺乏专门的知识，加之存在语言不通的问题，故州县官开展工作需要其下属们即辅助集团的协助。对此，瞿同祖先生精辟地指出：“地方政府的职能是非常具体繁杂的，最重要的是税收和司法。从所有这些职能都由州县官一人负责的这一事实来看，他就是一人政府，而他的下属们显然只扮演着无关紧要的角色。在州县官和他的四个辅助集团（书吏、衙役、长随和幕友）之间，没有任何中间权力，四类人都直接向州县官负责。”书吏、长随和幕友都在地方行政中扮演着重要角色，

① 童中心．失衡的帝国 [M]. 贵阳：贵州人民出版社，2001.
② 斯普林克尔著，张守东译．清代法制导论 [M]. 北京：中国政法大学出版社，2000.
③ 古德诺著，蔡向阳、李茂增译．解析中国 [M]. 北京：国际文化出版公司，1998.
④ 老尼克著，钱林森、蔡宏宁译．一个番鬼在大清国 [M]. 济南：山东画报出版社，2004.
⑤ 何天爵著，张程、唐琳娜译．中国人本色 [M]. 北京：中国言实出版社，2006.

而尤以幕友因为是行政事务专家而最为重要。州县官与其助员们维持着两种明显的关系。书吏、衙役是政府雇佣的本地人，与州县官保持着一种正式的、公务方面的关系；幕友和长随，往往不是本地人，是州县官自己聘用的，不作为政府雇员看待。他们与州县官维持着一种私人的、非正式的关系。[①]由此，州县官和书吏、衙役及当地百姓的交流沟通面临障碍，在一定程度上限制了其工作能力的正常发挥。美国学者费正清先生指出，中国官员是在帝国各处流动的一群人，不能扎根于任何单独一块地方。往往一个官员到达新任所时，发现他不懂当地方言，因此更加局限在官署的圈子里。[②]更有甚者，在财政和法律方面，县官分别受制于刑名师爷与钱谷师爷："当县官首次赴任，他完全不知道他要履行的职责究竟是什么，而在很大程度上，他只是一个负有职责的傀儡，任凭训练有素的下属摆布。"[③]

对于一般地方州县官员来说，在处理地方具体事务时，因为不通土音而多有不便。曾任知州知县的汪辉祖对此有深切体会："各处方言多难猝解。理事之时，如令吏役通白，必至改易轻重。"[④]甚至州县官因为不通方言而受到属员们的蒙骗愚弄："如事有可缓者而彼故速，事有宜速者而彼故缓，且事宜销案而彼请追，事宜研究而彼请消。"[⑤]可见，州县官们由于语言的隔膜，只能局限于从通晓当地土音的下属那里获得信息，因而存在严重的信息不对称，容易获得错误信息，导致判断失真。这在州县官审判案件的过程中有十分突出的表现：明清时期能否公正审判案件，在很大程度上取决于地方官及其幕僚的能力。在案件审理中，由于帝国各地方言并不总能互相听懂，而地方官又并不总能通晓自己辖区内百姓的方言，只能靠衙门里的差役来了解证据的译文，这就给差役相当多的机会，在口译过程中进行歪曲。而地方官的刑名师爷在为主人效力的过程中似乎也不可能去防范这种情况，因为师爷的职位往往为一个特定地区的人们所把持，而我们并没有听说学方言是他们才学的一部分。[⑥]故州县衙门里的办事人员利用州县官不通地方土音而上下其手、营私舞弊以中饱私囊的现象多有发生，致使案件审理多不能获得公平解决。而司法审判缺乏公正、腐败丛生则容易导致社会矛盾无法解决，长期积累下去甚至导致地方失序、社会动乱，严重的时候还容易威胁统治秩序。

---

① 瞿同祖，范忠信，晏锋译．清代地方政府 [M]. 北京：法律出版社，2003.

② 费正清，张理京译．美国与中国 [M]. 北京：世界知识出版社，1999.

③ 斯普林克尔著，张守东译．清代法制导论 [M]. 北京：中国政法大学出版社，2000.

④ 汪辉祖:《学治臆说》，第 41 页。

⑤ 无名氏:《佐贰须知》，手抄本，第 25 页。

⑥ 斯普林克尔著，张守东译．清代法制导论 [M]. 北京：中国政法大学出版社，2000.

州县官不通土音问题在边陲军事重地和东南各省如云南、两广以及福建等所造成的负面影响尤为突出。这是因为这些地方的方言更不易懂，信息失真度更大。而这些地方民族关系、阶级关系则更加复杂，一旦遇到非常之事，处理起来就更加棘手。故地方官平定当地的流民盗贼和镇压地方反对势力时受到不通土音问题的困扰。曾任广西右参军、成功平定断藤峡之乱的明人田汝成，面对作乱即遇到应对当地土音的问题：“摘盗之隐而禁盗之萌莫如巡检，但各处巡检，类以流官，不辨土音不谙地理，沿牒迁转，终难责成。”[①] 又如在平定大小金川时，当地的官员亦遇到的不通土音的问题：“上又谕军机大臣曰桂林等奏到土司图内地名颇多舛误，未足为据。……因令……逐一查对，并用清字译出，详注图内，寄交温福桂林。嗣后该处土音为西番字所不能通者，并著询明该处土人用清字对音一并更定。”[②] 由于不谙土音所以在军事地图上标出的地名等都是错误的，不仅贻误战机甚至影响整个军事计划和行动。

三、明清时期解决地方官不通“土音”问题的方法

清朝时期，州县官获得职位的途径有两种：常规途径（“正途”）与非常规途径（“异途”）。“正途”包括“进士”（京试及格者）、“举人”（乡试合格者）、“贡生”（资深秀才选送入国子监者）、“荫生”（因父祖功勋或官职恩荫获国子监生资格者）。出任州县官的非常途径是先捐得“贡生”或“监生”（国子监学生）头衔，然后再凭此捐得官职。一个进士得到官职，最快也要等两三年的时间，有时要等 10 年；举人得到官职，有时甚至要等 30 年。[③] 故州县官能从各级考试脱颖而出致仕，或者一些杂吏生员能从下向上经候补等得以升迁，一般需要相当长的时间，赴任时或已中年或届花甲。他们本身口音难改，遑论还要学习当地方言，故通晓土音难度颇大。如广东顺德人罗惇衍：“道光十五年进士，选庶吉士，授编修。十七年，督四川学政，召对，上以惇衍年少，语多土音，留不遣。”[④] 更有人对家乡方言深有感情，以不改乡音为自豪：“行则为朝士冠冕，青箱有念，土音不忘，克励有心人也。”[⑤]“人世已非存朽斧，土音不改只南冠。”[⑥] 对学习任职当地的方言了无兴趣。古人也留下过关于各地土音的著述，多是追怀当地先贤儒士的著述文章，鲜有关于学习当地方言的指导书。

① 田汝成：《炎徼纪闻》卷二；另见于 韩雍：《藤峡善后疏》，《广西通志》卷九十九。

② 方略馆：《平定两金川方略》，卷十六。

③ 瞿同祖，范忠信，晏锋译. 清代地方政府 [M]. 北京：法律出版社，2003.

④《清史稿》卷四二一，列传第二零八。

⑤ 梅之焕：《麟经古亭世业序》，《湖广通志》卷一百二。

⑥ 方逢辰：《赠樵隐》，《蛟峯文集》卷六。

州县官拒绝学习当地方言，或者没有学习的条件和基础，在这种情况下，处理政务只能无奈地依赖于下级书吏杂役。

书吏，是州县衙门重的四种佐助成员之一，在地方行政中有着独特的地位。至少在雍正十三年之前的时期，与州县官的情形相反，所有书吏都是本省招募的。他们熟悉当地的情形，通晓当地的方言土语。由于他们的长期盘踞和涉身于个人利益之时，必然导致他们的偏私枉法和蒙骗上级。有些地方官员对于书吏杂役是有戒心的，并不信任他们。“凡滑吏作弊比衙役更甚，全赖精明幕友加意提防，不然本官为其所愚。”[①] 故借助书吏的帮助来解决州县官不通土音问题有很大的局限性。到了雍正十三年（1735 年），“各省佐贰杂职驻扎地方在原籍五百里以内者，亦令回避”，[②] 这样连书吏自己也面临不通土音的问题了。

那么“全赖精明的幕友”来提防书吏的地方官员，是否也可以通过幕友来解决不通土音的问题呢？答案是否定的。清朝规定：“各衙门延请幕友，定以五年更换，并不准延请本省人，及邻省五百里以内者。”[③] 也就是说，幕友在面对当地土音时，和地方官员感到同样的陌生，从而爱莫能助。

但州县官不通土音，毕竟对官员处理日常事务造成了困扰。负责任的官员总是想方设法要加以克服。他们对于地方事务兢兢业业，以地方之百姓为重，一己之声誉为念。在他们勤于政务的同时，认真学习当地的方言，以确保能够正确无误地处理各项事务。凭借丰富的经验，曾写下两本堪称地方官指导书——《佐治药言》《学治臆说》——的汪辉祖就是他们中的佼佼者。在汪辉祖面对多难猝解的各处方言时，采取的是虚心学习的态度：“于到任之时，雇觅十二三岁村童，早晚随侍，令其专操土音，留心体问，则两造乡谈自可明析，不致临事受蒙。”[④] 自己花钱请来村童，苦心学习，留心体问，越过滑吏刁役，亲自为断案听讼，这样可以直接接触百姓，自然可以明察秋毫，这样的官员实属难得！

中央政府在制定政策的时候，在某些特殊地区也采取了灵活变通措施，在一定程度上解决了地方官员不通土音的问题。例如在明代的地区回避中，广西就属于例外。正德七年规定：“除布、按二使及知府外，广西大小职事许本省别府、州、县人员相兼选用。此后，四川边远地方的首领官、属官，及湖广永顺宣慰司等少数民族

① 无名氏：《佐贰须知》，手抄本，第 25 页。
② 《光绪大清会典事例》卷四十七《汉吏铨选》。
③ 徐珂 . 清稗类钞（第三册）[M]. 北京：中华书局，1984.
④ 汪辉祖：《学治臆说》，第 41 页。

居住区的经历、吏目等官，许以本省别府人相兼用。”[①] 所以明人田汝成就依此上书呈请:“臣部下土人李升、陆善政、胡扶清、任真二、陆明贵、零扶寨等皆以参行伍，亦效勤劳，至于土俗人情尤善陈说。若量受一职，必能保障此方。”[②] 通过任用熟悉当地情况的本地人，以解决那些地方官不能通晓当地语音进而不能很好地处理当地政务的难题。

州县官是中央政府在地方施政的代表。如何贯彻落实中央政令，克服因为当地方言不通的问题带来的困难，是中央政府所关心的事情。清世宗曾发谕旨:“皇上崇儒育材，广取士之额，举孝廉之行严加等之法。有善必奖，有恶必惩，欠粮包讼万万不可，又恐言语未必竟通，令教官以土音遍告之。”[③] 要求地方官发布政令告示的时候，要重视由于语言不通而导致政令通告传达效果不佳的问题，应采取具体有针对性措施，让本地既通文字又晓土音的教官或本地乡绅在当地广为宣传，务使人人知情。在处理非常事务的时候，也应注意的因不通土音造成的错误。如，永宁的地方官员在处理当地的叛乱问题时，除了军事上的部署外，还特别注意做说服沟通的工作:“与诸蛮朝夕相亲，不时教诫约束，每逢朔望，令通习土音之人宣讲。”[④] 由此可见，不通土音问题的解决对政令的畅通起着很大的作用，对地方社会的稳定与发展亦有很大作用。

明清时期地方官之所以有不通土音的问题，其原因是复杂的。中国复杂的地理形态所造成的地理构成单元的独立性对社会发展的影响，是其中的一个深层次的原因。社会发展的地理单元的相互独立性质，在社会形成的历史过程中，不仅产生了地域社会的相对实体，相对独立的经济生活，而且也形成了各种各样的各具特色的地域习惯与文化；一些地理隔离极大的地区，甚至产生了很难与外部交流的地方性语言。[⑤] 故从根本上解决州县官不通当地土音的问题，需要推广使用官话（普通话），让各个方言区的百姓学习使用官话，从而减少州县官和当地人民语言交流的障碍。清雍正五年，“上以广东及福建人土音难晓，恐备官他省民情不能通达，词讼丛生弊端。特命两省督抚转饬所属有司及教官，遍为传示、多方教导，务期言语明白使人易晓，以八年为限，仿古训方式之义焉”。[⑥] 事实上，州县官的下属们也意识到学习

① 《明会典》卷五，“选官”，“中央”研究院历史语言研究所校印本，第 56 页。
② （明）田汝成:《炎徼纪闻》卷二 。
③ 《世宗宪皇帝朱批谕旨》第一百四十八卷。
④ 《广西通志》卷一百十三。
⑤ 童中心 . 失衡的帝国 [M]. 贵阳：贵州人民出版社，2001.
⑥ 《广东通志》卷七。

官话对他们开展工作是必要的，因而亦愿意学习官话:“（地方）官员只能是使用较为通行的官话，而那些需要与官员们打交道的当地人也发觉非常有必要学会官话，这就使得官话得到了很大的推广。官话这种共同语的推广是有利于促进国家统一的。”① 由此可见，明清时期州县官任职的回避制度，客观上也有利于官话的推广。当然，要彻底解决各地存在方言而交流困难的问题，还需要打破地域之间的封闭状态，大力发展地方经济，促进不同区域之间的政治、经济、文化交流。

参考文献

[1] 费正清，张理京译 . 美国与中国 [M]. 北京：世界知识出版社，1999.

[2] 瞿同祖，范忠信，晏锋译 . 清代地方政府 [M]. 北京：法律出版社，2003.

[3] 童中心 . 失衡的帝国 [M]. 贵阳：贵州人民出版社，2001.

[4] 夏日云，张二勋 . 文化地理学 [M]. 北京：北京出版社，1991.

[5] 徐珂 . 清稗类钞（第三册）[M]. 北京：中华书局，1984.

[6] 周振鹤、游汝杰 . 方言与中国文化 [M]. 上海：上海人民出版社，1986.

[7] 古德诺著，蔡向阳，李茂增译 . 解析中国 [M]. 北京：国际文化出版公司，1998.

[8] 何天爵著，张程，唐琳娜译 . 中国人本色 [M]. 北京：中国言实出版社，2006.

[9] 老尼克著，钱林森，蔡宏宁译 . 一个番鬼在大清国 [M]. 济南：山东画报出版社，2004.

[10] 斯普林克尔著，张守东译 . 清代法制导论 [M]. 北京：中国政法大学出版社，2000.

[11] 温显贵 . 回避制度考略 [J]. 湖北大学学报，2004，（4）.

① 古德诺著，蔡向阳，李茂增译 . 解析中国 [M]. 北京：国际文化出版公司，1998.

国际视域下中国经济发展的历史分析（1949—2014 年）

肖翔（中央财经大学马克思主义学院副教授）
武力（中国社会科学院当代中国研究所研究员，副所长）

摘要：1949 年新中国成立后，它在全球经济中的地位及变化，不仅影响着国内发展战略的选择，也对世界经济和政治格局产生深远的影响。1949—1957 年新中国选择了社会主义工业化战略，并为之建立起单一公有制和计划经济体制，“一五计划”的顺利完成奠定了工业化的基础，缩小了与世界发达国家的差距。但是随后 20 年里，中国的经济发展曲折前行，虽然工业化有所推进，经济总量有较大提高，但是与发达国家相比，差距在拉大，未能实现跨越“贫困性陷阱”的工业化目标。1979 年改革开放后，中国经济实现了 20 多年的高速增长，终于跨越了“贫困陷阱”，中国与发达国家的差距在缩小。2001—2012 年，中国进入了新的增长期，经济总量翻了两番，人均收入从 2001 年的人均 1000 美元提高到 2012 年的 6000 美元以上，跨入上中等收入国家行列。与此同时，中国经济总量在 2010 年超过日本，成为世界第二大经济体。在 2008 年世界金融危机后，中国成为拉动世界经济增长的主要动力。但是从 2013 年起，中国经济发展进入“三期叠加”的“新常态”。未来中国经济发展的主要任务是从经济大国走向经济强国，通过转变发展方式，成功跨越“中等收入陷阱”。

关键词：国际视域；经济地位；历史分析

新中国成立之后，虽然从人口、国土面积，甚至军事力量来看，中国已经成为世界大国，巍然屹立在世界东方。但是由于中国还是经济落后的农业国，从人均收入看还处于贫困状态，因此在全球经济中的地位还很低，影响力还很有限。按照麦迪森数据计算，1950 年中国占世界经济的比重仅为 4.5%，中国人口则占世界总人口的 21.7%[①]。于是实现经济发展的赶超就成为新中国政府的重要历史使命。建国 65 年

① 笔者根据 ANGUS MADDISON：*The World Econom HISTORICAL STATISTICS* 相关数据计算。

来，中国经济的国际地位不断变化，不仅影响着国内经济发展战略的选择，而且对世界经济、政治格局也产生深远影响。本文拟对中国经济发展的国际地位变迁进行分析，为未来中国经济建设提供历史启示。

一、1949—1978 年中国经济赶超与经济地位变化

1840 年至 1949 年中国经济的落后和在国际竞争中“落后就要挨打”的惨痛教训，导致新中国在推翻“三座大山”后最迫切的任务是赶上发达国家，实现与中国人口、面积以及悠久文明相称的世界经济大国地位。

（一）新中国初期的经济地位与发展战略选择（1949—1957 年）

洋务运动之后，旧中国开启了近代工业化之路，也取得了一些成效，但是远未完成工业化，与世界列强差距较大。以中国经济较好的 1936 年为例，德国、英国、美国[①]的工业净产值分别是中国的 5 倍、3.9 倍、12.6 倍。[②]1949 年中国经济结构中农业、轻工业、重工业的比重分别为 84.5%、11%、4.5%，[③]许多工业品产量不仅远低于美国，甚至低于印度（参见表 1）。

表 1：1949 年中国主要工业品产量与美国和印度之比较

产品名称	单位	中国	美国		印度	
		产量	产量	为中国倍数	产量	为中国倍数
原煤	亿吨	0.32	4.36	13.63	0.32	1
原油	万吨	12	24892	2074.33	25	2.08
发电量	亿度	43	3451	80.26	49	1.14
钢	吨	15.8	7074	447.72	137	8.67
生铁	万吨	25	4982	199.28	64	6.56
水泥	万吨	66	3594	54.45	186	2.82

新中国建立后，对于中国共产党和全国人民来说，尽快实现从落后农业国向先进工业国转变，摆脱中国在国际上的落后地位，成为完成新民主主义革命任务后最突出、最主要的任务。而中国人民在推翻“三座大山”的新民主主义革命过程中所表现出来的热情和动员能力，以及苏联承诺的全面援助，都使得中国共产党和全国人民具有赶上和超过西方发达国家的信心。

---

① 德国为 1936 年，英国、美国为 1935 年数据。

② 巫宝三，汪馥荪．抗日战争前中国的工业生产和就业 [J]. 经济研究，2000，(1).

③ 马洪，孙尚清．中国经济结构问题研究 [M]. 北京：人民出版社，1981.

在当时，回顾世界发达国家的工业化历史，摆在中国共产党和人民面前的事实是：（1）英、美等资本主义国家抓住工业革命与第一波全球化的先机，通过资本原始积累，经过百年完成工业化，但是时过境迁，已经不能模仿；（2）德、日等后起资本主义国家，通过对外军事扩张来完成工业化的军国主义道路不仅不能再走，在 20 世纪 50 年代也走不通了；（3）苏联在 20 世纪 20 年代通过建立高度集中的计划经济体系，依靠自身积累和社会主义工业化战略，迅速完成了工业化，成为第二次世界大战以后傲视西方的政治、经济和军事大国。因此苏联的社会主义工业化道路对刚刚建立的新中国最有吸引力，也是最可学习的。再加上以苏联为首的社会主义阵营在冷战格局下向中国伸出援助之手，更促使中国选择苏联的社会主义工业化道路。正如毛泽东所指出的“应该在全国掀起一个学习苏联的高潮，来建设我们的国家”。①

1952 年完成国民经济恢复任务后，实行社会主义工业化就成为我国经济发展的指导思想。当时认为“只有建立了重工业，才能使全部工业、运输业以及农业获得为发展和改造所必需的装备”。② 在中国“一五计划”推进的同时，中国还进行了社会主义三大改造，建立了高度集中的计划经济，对资金、物资、就业实行计划管理。③ 高度集中的计划经济体制保障了中国优先重工业发展战略的实施。经过 1953—1957 年的“一五计划”建设，中国工业化取得较大进展，缩小了与世界发达国家的差距。

以钢铁工业为例，中国 1950 年钢铁产量为 61 万吨，仅为英国 1950 年的 3.7% 左右；1957 年中国钢铁产量达到 535 万吨，达到英国 1957 年钢铁产量的 50.7% 。中国 1950 年发电量 46 亿度，不到英国的 10%，甚至低于印度。1957 年中国发电量达到英国的 18%，超过印度将近 40%。（参见表 2、表 4）

表 2：各国发电量（单位：亿度）

年份	美国	苏联	日本	联邦德国	英国	印度	中国
1950	388	912	449	445	565	51	46
1957	7, 164	2, 097	813	946	1, 056	138	193

① 中共中央文献研究室 . 毛泽东文集 . 第六卷 [M]. 北京：人民出版社，1993.

② 中共中央文献研究室 . 建国以来重要文献选编第 4 册 [M]. 北京：中央文献出版社，1993.

③ 林毅夫 . 1999 年将传统计划经济体制归纳为三位一体。参见林毅夫，蔡昉，李周所著《中国的奇迹 发展战略与经济改革》一书。

经过“一五计划”建设，中国经济总量1957年比1953年增长了34.6%①，1957年中国占世界GDP比重上升为5.5%②。中国与美国、英国经济差距有所缩小，增长速度快于同为发展中大国的印度。但20世纪50年代，日本、德国等国家在美国经济援助和与第三次工业革命的推动下，因原有基础好，经济恢复发展很快，保持了高于中国的经济增长速度。

表3：中国经济总量与部分国家经济总量的比较（以其他国家为100）

年份	美国	印度	英国	日本	苏联	联邦德国
1953	9.4	131.6	71.5	174.6	43.6	99
1957	10.3	144.3	72	147.3	43.3	87

尽管新中国前7年的经济恢复和发展速度较快，但是由于中国人口多、底子薄以及西方国家的经济封锁，中国与发达国家经济依旧有较大差距。有学者认为这是“大跃进”的主要原因，利用制度优势和人力替代资本的办法，加快中国经济发展。

（二）中国经济曲折发展（1958—1978年）

经济学家科尔奈曾经指出：社会主义革命者都是在贫困、落后的国家里夺取政权的。在所有落后的国家里，不管有没有建立社会主义体制，都有一种所谓“后来者”的急迫和压抑心态，深切感到严重落后于那些更为发达和富裕的国家。③

虽然1958、1959年中国经济达到了20%以上的增长速度，以钢铁为代表的工业产品产量也大幅增加，但这种发展模式最终难以维持，并使国民经济陷入困境，1961年之后不得不进行国民经济调整。依照麦迪森的估算，1962年中国GDP占世界比重为4%（依照世界银行的数据计算为3.1%）；此后随着国民经济调整见效，中国GDP占世界比重1965年上升到4.7%④（依照世界银行的数据计算为3.6%⑤）。1966年，中国经济发展的进程延缓。而同期世界经济，特别是发达国家和地区抓住新一轮科技革命的机遇，加快了发展。1976年中国GDP占世界GDP总量的比重按照世界银行的数据，下降到2.4%，1978年进一步下降到1.7%左右。⑥

---

① 笔者根据李晓超，严建辉总编：《新中国六十年统计资料汇编》相关数据计算。

② 笔者根据 ANGUS MADDISON：*The World Econom HISTORICAL STATISTICS* 相关数据计算。

③ 科尔奈著，张安等译．社会主义体制：共产主义政治经济学[M]. 北京：中央编译出版社，2007.

④ 笔者根据 ANGUS MADDISON：*The World Econom HISTORICAL STATISTICS* 相关数据计算。

⑤ 考虑到数据权威性、系统性与全面性，本文跨国对比数据从1962年以后主要使用世界银行的数据库。

⑥ 本文数据若无特别指明，均来源于世界银行数据，参见：http://data.worldbank.org.cn/indicator。

中国与发达国家的差距不仅没有缩小，反而拉大。中国占美国GDP的比重从1965年的9.79%下降到1978年的6.29%。1961年日本GDP超过中国，1978年中国GDP仅为日本的14%左右。中国与巴西等拉美国家也出现了经济差距。1965年中国曾是巴西的3.2倍，但巴西在60年代取得了较快的发展，1976年巴西GDP超过了中国。中印之间差距缩小，1965年中国GDP比印度高15%，到1978年仅高6%。1965年中国大陆人均GDP分别为世界、韩国、中国香港人均GDP的16.72%、92.7%、14.4%；1978年下降为7.78%、3.9%、10.6%。1978年中国人均GDP仅为154.97美元，低于世界低收入国家的245.3美元，尚未摆脱贫困国家行列。

1958—1978年，中国在人均收入很低的条件下实现了资本的高积累与工业化率[①]（参见表4），建立起独立完整的工业体系，缩小了基础型重工业产品与发达国家的差距。以钢铁产量为例，1957年中国钢铁产量仅为535万吨，1978年达到3178万吨，增长494%。从数量上来看，中国钢铁产量与发达国家距离缩小，1975年超过英国（参见表5）。但我国工业仍与发达国家存在较大差距。1970年我国工业总产值是日本的41%，美国的10%；1978年我国工业总产值仅为日本的18%，美国的9%，我国远未成为世界工业大国。由于我国推行重工业优先发展战略，一方面重工业吸纳劳动较少；另一方面为促进资本积累高估了工业品价格。所以二次产业就业人数占社会劳动人口比重远低于二产占GDP的比重（参见表4）。二次产业就业人数占比1978年仅为15.2%，远低于美国、日本，甚至低于印度。1978年从事农业劳动人口比重达73.8%，农村人口占总人口比重高达82.1%，农村人口工业化依旧是中国面临的重要任务。

表4：各国人均GDP、资本形成率、工业化率与二产人口比重

	年份	1960	1965	1970	1975	1978
中国	人均GDP（现价美元）	88.72	97.47	111.82	175.87	154.97
	资本形成率（%）	39.46	26.93	33.07	35.44	37.8
	工业化率	44.49	35.09	40.49	45.72	47.88
	二产就业人数占全社会总就业的比重（%）	15.9	8.4	10.2	13.5	15.2

① 工业化率为第二产业占GDP的比重。

（续表 4）

	年份	1960	1965	1970	1975	1978
美国	人均 GDP（现价美元）	2881.1	3664.8	5246.96	7819.96	10587.42
	资本形成率（%）		20.27	21.36	20.23	24.78
	工业化率			35.24	33.24	34.05
	二产就业人数占全社会总就业的比重（%）①			31.17	27.86	24.58
日本	人均 GDP（现价美元）	479	919.78	2003.65	4581.57	8675.01
	资本形成率（%）	.	.	38.84	32.63	30.77
	工业化率	.	.	43.51	39.4	38.73
	二产就业人数占全社会总就业的比重（%）			27.97	26.69	25.43
印度	人均 GDP（现价美元）	83.81	121.7	114.4	161.03	209.35
	资本形成率（%）	14.59	16.41	15.32	18.47	20.01
	工业化率	19.3	20.43	20.48	22.19	24.26
	二产就业人数占全社会总就业的比重（%）				32.99	33.47
巴西	人均 GDP（现价美元）	208.39	258.24	440.64	1143.13	1728.64
	资本形成率（%）	19.68	20.02	20.54	26.84	22.97
	工业化率	37.07	33.58	38.3	40.17	40.13
世界	人均 GDP（现价美元）	444.92	582.87	800.47	1448.43	1991.37
	资本形成率（%）			25.92	24.51	25.74
	工业化率			37.43	36.58	36.71
韩国	人均 GDP（现价美元）	155.60	105.13	291.86	646.17	1468.08
	资本形成率（%）	11.43	15.64	23.98	26.99	31.16
	工业化率	.	22.07	23.56	29.09	33.64

表 5：各国钢铁产量（1950—1978 年）（单位：万吨）

年份	美国	苏联	日本	联邦德国	英国	印度	中国
1950	8, 785	2, 733	484	1, 212	1, 655	146	61
1957	10, 225	5118	1, 257	2,797	2, 205	174	535
1960	9, 007	6, 529	2, 214	3, 410	2, 470	329	1, 866
1965	11, 926	9, 102	4, 116	3, 682	2, 744	647	1, 223
1970	11, 931	11, 589	9, 332	4, 504	2, 832	629	1, 779
1975	10, 582	14, 134	10, 231	4, 041	2, 010	793	2, 390
1978	12, 431	15, 145	10, 211	4, 126	2, 030	1, 002	3, 178

① 美国、日本、印度为工业就业人口占就业人口比重。

（三）对 1949—1978 年中国经济地位变迁的几点认识

1949—1978 年中国选择了优先发展重工业战略，建立起高度集中的计划经济体制，并在这种体制下运行了 20 余年。经过 1953—1957 年的“一五计划”建设，我国与美国等发达国家经济差距有所缩小。1958—1978 年我国经济在探索中曲折发展，与世界经济发展的差距有所拉大。结合当时国内外的历史特点，我们认为：

在冷战格局下，要保证国家安全和实现国家统一，确立大国地位，提升国际话语权，需要有强大的经济实力。毛泽东曾说：手中没有一把米，叫鸡都不来。我们处在被轻视的地位，就是钢铁不够。[①] 为实现工业化的赶超，中国建立起高度集中的计划经济体制，从而在人均收入很低的情况下，保持了高资本积累，建立了独立完整的工业体系。

计划经济和单一公有制，虽然破除了困扰许多发展中国家的“资本短缺”魔咒，却陷入了“低收入—高积累—高投入—低效率”的怪圈，没有达到赶超的预期目标。从宏观上来看，计划“失灵”现象严重，经济波动和产业结构失衡严重；而从微观上来看，单一的公有制经济导致“大锅饭”现象和缺乏竞争机制。

这一时期中国经济发展缓慢，邓小平 1978 年曾指出：“六十年代前期我们同国际上科学技术水平有差距，但不很大，而这十几年来，世界有了突飞猛进的发展，差距就拉得很大了。同发达国家相比较，经济上的差距不止十年了，可能是二十年、三十年，有的方面甚至可能是五十年。”[②]

“20 世纪四五十年代”中国经济落后，技术水平不仅与西方发达国家存在较大差距，与苏联等社会主义工业国也有较大差距，这给中国技术引进和模仿提供了较大空间。但是除了三次大规模的“技术引进”[③] 外，中国没有很好利用这种经济发展与技术水平差距，大规模引进外资和技术。这也是这 20 年里中国经济未能实现经济赶超，特别是与周边国家和地区差距拉大的主要原因。正如邓小平在 1978 年批评的那样：“关起门来，固步自封，夜郎自大，是发达不起来的。”[④]

---

① 马齐彬、陈文斌等．中国共产党执政四十年 [M]. 北京：中共党史资料出版社，1989.

② 邓小平．邓小平文选（第二卷）[M]. 北京：人民出版社，1994.

③ “三次大规模”技术引进主要指 1953—1957 年面向苏联等社会主义国家的技术引进，20 世纪 70 年代初期面向资本主义国家进行的技术引进“四三方案”；1977、1978 年面向资本主义国家大规模的技术引进。

④ 邓小平．邓小平文选（第二卷）[M]. 北京：人民出版社，1994.

二、1979—2000年中国改革开放与国际经济地位变化[①]

（一）1979—2000年中国经济发展历程与国际地位变化

中国经济落后给当时中国共产党较大的压力。邓小平指出："在国际事务中反对霸权主义，台湾归回祖国、实现祖国统一，归根到底，都要求我们的经济建设搞好。"[②]如前所述，传统计划经济体制制约着中国经济的发展。为提高效率和突破资金不足的瓶颈，我国在对外开放和农村改革成功的同时，在城市进行了"价格改革"与"企业改革"为主线的渐进式市场化改革，从而释放了巨大的生产力。以对外开放为例，邓小平就指出："如果我们用外贸杠杆来带动各方面的发展，我不相信我们的技术力量不能追上南朝鲜。"[③]在改革开放的推动下，1980—1989年中国经济保持较快增长，远高于同为社会主义国家的苏联和南斯拉夫。中国经济的快速发展和人民生活的大幅度提高，保证了中国政治和社会的稳定，同时也为中国进一步改革开放积累了经验和创造了良好环境。

表7：中国与苏联、南斯拉夫两国经济发展速度之比较（1979—1989年）

	1979	1980	1981	1982	1983	1984	1985	1986	1987	1988	1989
中国与苏联经济增长速度之差	5.4	3.9	1.2	4.7	6.1	11.7	11.1	6	9.4	6.5	1.1
中国与南斯拉夫经济增长速度之差	0.7	5.4	3.2	8.1	11.3	12.6	12.2	4.7	12	12.9	2.7

20世纪80年代末与90年代初，受国内外形势的影响，中国经济增长速度下滑。1992年邓小平同志南方讲话指出："现在，周边一些国家和地区经济发展比我们快，如果我们不发展或发展得太慢，老百姓一比较就有问题了……低速度就等于停步，甚至等于后退。要抓住机会，现在就是好机会。我就担心丧失机会。"[④]邓小平南

① 这里之所以将改革开放的历史时期分为1979—2000年、2001—2012年两个历史阶段，是因为2001年底中国加入了WTO，开启了中国融入世界经济、充分利用国外资源和市场的新阶段，也是国内解决温饱问题后，需求升级导致进入"重化工业"发展阶段。

② 邓小平．邓小平文选（第二卷）[M]. 北京：人民出版社，1994.

③ 中共中央文献研究室．邓小平年谱[M]. 北京：中央文献出版社，2004.

④ 邓小平．邓小平文选（第三卷）[M]. 北京：人民出版社，1993.

方讲话和中共十四大以后，改革开放进一步推进，中国在世界上的经济地位不断上升。据专家统计，20 世纪最后的 15 年，发达国家在全球经济中的比重存在较大幅度上升，由以前的低于 80% 上升到接近 85%。[①] 但是中国作为发展中国家，却逆势上扬。中国 GDP 在 1979 年仅占世界 CDP 的 1.8%，1992 年为 1.7%，而到 2000 年则达到 3.63%。中国与发达国家的距离也不断缩小，中国占美国、日本 GDP 的比重 1979 年为 6.71%、17%，2000 年为 11.64%、25.32%。在中国经济高速增长的同时，曾经创造拉美经济奇迹的巴西进入 20 世纪 80 年代后却陷入了经济增长失去的“十年”，20 世纪 90 年代经济也乏善可陈。1979 年中国 GDP 总量仅为巴西的 74.8%，1992 年达到巴西的 108%，2000 年则达到巴西的 185.82%。与同样作为发展中大国的印度相比，1979 年中国 GDP 总量为印度的 113.42%，1992 年为 144.12%，2000 年达到 251.36%。中国经济总量开始在发展中国中家居于前列，经济高速增长巩固了中国的大国国际地位。

1979 年中国人均 GDP 为 182.28 美元，而当时低收入国家为 266.64 美元；2000 年中国人均 GDP 为 949.2 美元，而当时低收入国家仅为 280.7 美元。中国实现了邓小平 1980 年的设想：“到本世纪（20 世纪）末，人均国民生产总值达到八百至一千美元，进入小康社会。”[②]

在经济总量提升的同时，中国还逐步成为世界工业大国。中国工业在国际中的地位不断提升。1979 年中国工业总产值占日本、美国的工业总产值分别为 21% 与 9%；而到了 2000 年则上升到了 37.4% 与 22.8%。中国融入世界的步伐也在加快，中国出口额 1982 年分别为世界、美国、日本出口额的 0.8%、6%、10.1%，1992 年则上升为 1.3%、10.8%、18.1%，2000 年又提高到 3.3%、25.7%、54.4%。中国进口额 1982 年分别为世界、美国、日本进口额的 0.6%、4.5%、9%；1992 年则提高到 1.3%、9.6%、21.7%；2000 年又提高到 3%、17.1%、56.3%。至于外商直接投资，1982 年、1992 年、2000 年中国占世界各国吸引外资总额净流入的比重分别为 0.7%、7.3%、2.9%。虽然外商直接投资净流入在 1992—2000 年占世界比重下降，但是绝对量增长了 245.5%，中国已经成为吸引外资最多的发展中国家和仅次于美国的世界第二大外商直接投资国。中国经济不仅比重上升，而且对全球经济增长的贡献率也在不断提高，80 年代中国的贡献率不到 4%。而到了 90 年代，中国的贡献率则迅速上

① 何建武，中国成为全球经济增量最大贡献者 [N]. 中国经济时报，2014-12-2.

② 中共中央文献研究室 . 邓小平思想年谱 [M]. 北京：中央文献出版社，1998.

升至 10% 左右。①

（二）对 1979—2000 年中国经济发展的几点认识

1. 中国进行的市场化改革，释放的“改革红利”推动了中国经济高速增长

中国的“改革开放”像 50 年代前期那样，再次体现出“双轨制”的特征和优点，一方面“计划轨”保持了经济和社会稳定，另一方面“市场轨”激活了经济效率，我们称其为“双轮驱动”。中国通过走社会主义市场经济道路，终于摆脱了贫困国家的行列，国际上的经济地位不断得到提升。

2. 1978 年以后中国逐步融入世界，抓住经济全球化的机遇，充分利用国际市场和国外资源，加快了自己的发展经济全球化的红利

由于中国与西方发达国家在发展水平上差距较大，一方面，中国学习空间很大，技术引进是这一时期中国经济增长的重要因素，在市场优胜劣汰的竞争机制下，大量企业通过技术引进实现了跨越发展；另一方面，中国凭借低成本优势，大量吸引外资，不仅弥补了中国资本的稀缺，而且也带来了先进的技术、管理和经营理念，提升了经济效率。

3.“人口红利”的释放也推动了中国的经济增长

随着计划生育政策的严格执行，1978 年我国社会少儿人口比重由 1978 年的 37.3% 下降到 2000 年的 25.6%。劳动力比重由 1978 年的 57.8% 上升到 2000 年的 67.53%。② 社会抚养负担较轻可以增加储蓄，而劳动人口增长为中国经济增长注入活力。城乡壁垒逐步松动，大量原本隐蔽失业的农村劳动力涌入城市，更让中国劳动力成本优势凸显。此外，对外开放也提升了中国的人力资本，大量人员通过留学和劳务出口等形式，开阔了眼界，提升了技能，对国内新兴产业的发展起到了很大推动作用。

4. 政府主导型经济发展仍是这一时期经济增长的重要特征

在经济与政治双重激励下，地方政府之间也开展了竞争，并通过压低土地、资金、环境等要素价格，促进了中国的资本积累，在刺激了经济外延式增长的同时，也增加基础设施投资，改善了投资环境。

三、2001—2012 中国作为经济大国的崛起

20 世纪 90 年代后期，中国告别了短缺经济，1997 年以后内需不足成为困扰中国

---

① 何建武，中国成为全球经济增量最大贡献者 [N]. 中国经济时报，2014-12-2.

② World Development Indicator 2013，参见：http://data.worldbank.org.cn/indicator.

经济的重要难题。中国政府采取积极财政政策、推动城市化[①]、发展房地产业等措施刺激需求。2001年底中国加入WTO，外需增长迅速。经过十年的高速发展，中国成为世界经济大国。

（一）2001—2012年中国经济地位的上升

进入21世纪之后，中国经济在保持了原有20年高速增长的基础上，依靠投资和外需拉动，继续保持了12年年均10.16%以上的增长速度，不仅远高于世界经济2.60%、美国1.76%、日本0.75%的速度，也高于印度7.23%、俄罗斯4.75%、巴西3.35%的速度。即使在2008年、2009年世界金融危机的冲击下，中国依旧保持了9%以上的速度增长。同一时期美国经历了连续2年的负增长，2009年甚至达到–2.80%，成为美国自1960年以来经济增长最差的一年。日本也连续2年负增长，2009年甚至达到–5.53%。俄罗斯甚至2009年经济增长率为–7.82%。

中国经济总量迅速上升，按照现价美元计算，2007年中国GDP超过德国位居世界第三，2010年超过日本成为世界经济第二大国。2012年中国GDP占美国比重达到50.7%，超过日本38.6%。中国在全球经济中的比重也大幅度上升，由2000年的3.7%上升到2012年的11.6%。在中国经济地位发生变化的同时，人均GDP也提高迅速。2008年中国人均GDP超过3000美元，进入中等收入国家行列。2012年突破6000美元，进入上中等收入国家行列。

在中国经济高速增长的同时，工业化率保持在45%以上，主要工业品在世界居于前列（参见表8）。从工业生产总值来看，2006年中国超过日本，2011年超过美国，成为世界第一工业大国。

表8：中国主要工业品产量在世界各国中排名（2001—2011年）

项目	2001	2005	2009	2010	2011
粗钢	1	1	1	1	1
煤	1	1	1	1	1
原油	5	5	4	4	4
发电量	2	2	2	1	1
水泥	1	1	1	1	1
化肥	1	1	1	1	1
棉布	2	2	1	1	1

① 中国城市化2001年为37%，2012年则提高到51.9%；2001年世界平均水平为47%，2012年为52.5%；2013年中国城市化率超过了世界平均水平达53.2%。

这个时期中国对世界经济的影响力也日益增强。中国出口2004年、2010年、2012年分别超过日本、德国、美国成为世界出口第一大国。2001年中国出口占世界比重为3.6%，2012年达到10.2%，成为“世界工厂”；中国进口占世界比重从2001年的3.3%上升到2012年的8.7%。中国外商投资占世界比重从2001年的6%上升到了2012年的18.8%。中国对世界经济的增长贡献也越来越大，在2008年世界爆发金融危机之前的8年里，中国对世界经济增长的贡献率已经由20世纪90年代的10%左右提高到17%，仅比同期美国的贡献率低1.7个百分点。金融危机爆发之后，中国成为拉动世界经济增长的主要动力，2008—2012年全球经济增量接近40%来自中国，而同期美国对全球经济增量的平均贡献只有10%左右。2012年美国对全球经济增量的贡献恢复至过去几十年的平均水平，达到25.3%；但是仍然比中国低3个百分点，美国自战后以来一直是全球经济增长贡献率第一的地位目前已经被中国取代。[①] 在中国经济增长同时，人民币国际化稳步推进，提高了中国经济的国际地位。2008年12月，中国与韩国之间签署了中央银行之间的第一笔双边互换协议。这是中国为承担全球危机救助责任而迈出的重要一步。

（二）2001—2012年中国经济发展存在的问题

在中国经济高速发展的同时还存在一些问题。

1. 中国经济呈现出高消耗、高污染的特点

中国单位能耗所产生的GDP水平较低，不仅低于美国、日本等发达国家，还低于印度等发展中国家。由于能源利用率偏低，中国工业化过程中对能源需求量巨大。2009年中国能源消耗量超过美国成为世界第一大能源消费大国。

表9：各国每千克石油当量的能源消耗所产生的按购买力平价计算的GDP（2001—2011年）

年份	韩国	德国	美国	日本	英国	印度	中国
2001	5.34	8.63	5.87	8.02	8.45	6.11	4.16
2005	5.85	9.06	6.34	8.32	9.62	6.95	4.09
2008	6.18	9.83	6.72	9.00	10.85	7.39	4.83
2011	5.99	10.75	7.09	9.50	11.71	7.96	4.95

① 何建武，中国成为全球经济增量最大贡献者[N]. 中国经济时报，2014-12-2.

表 10：能源使用比重

年份	中国占世界比重（%）	中国占美国比重（%）	中国占日本比重（%）
2001	12.01	53.20	232.35
2005	16.36	78.26	345.79
2008	17.50	91.30	423.94
2011	20.77	122.73	585.09

中国二氧化碳排放量 2001 年是美国的 62.26%，2006 年超过美国。中国 2002 年占世界二氧化碳排放总量的 13.73%，2010 年则占世界二氧化碳排放量的 24.7%。在低碳经济时代，中国经济的减排压力巨大。

2. 人口红利逐步消失，劳动力成本提高

劳动力占人口的比重从 2009 年开始逐步下降，2012 年比 2009 年下降了 0.3%；而同为人口大国的印度 2009—2012 年则上升了 1.2%。中国老龄化是一个长期趋势，社会抚养比将越来越高。随着人口红利的消失，劳动力成本不断提高，中国劳动力的国际竞争优势受到挑战。

3. 当前中国技术水平与世界发达国家相比仍然有较大差距

从专利使用费来看，中国 2012 年仅为美国的 0.8%，远远低于英国、日本、德国等发达国家。在高科技领域研发投资情况来看，中国也不仅低于发达国家，甚至低于韩国。（参见表 11、表 12）

表 11：中国与发达国家专利使用费比较（2005—2012 年）

	中国占英国的比重（%）	中国占美国的比重（%）	中国占日本的比重（%）	中国占德国比重（%）
2005	1.18	0.21	0.89	2.20
2006	1.41	0.25	1.02	2.95
2007	2.13	0.35	1.48	4.05
2008	3.86	0.56	2.22	5.24
2009	3.33	0.44	1.98	2.38
2010	6.01	0.77	3.11	5.53
2011	5.27	0.61	2.56	5.02
2012	8.32	0.84	3.26	7.48

表 12：2012 年中国与发达国家高技术领域研发投资比较

国家	高技术产业（%）	飞机和航天器制造业（%）	医药制造业（%）	办公、会计和计算机制造业（%）	广播、电视及通信设备制造业（%）	医疗、精密仪器和光学器具制造业（%）
中国	1.68	7.28	1.60	0.77	1.78	1.99
美国	19.74	18.76	23.63	14.49	21.20	16.17
日本	10.50	2.90	16.40	7.61	8.90	16.98
德国	6.87	8.65	8.27	4.46	6.28	6.28
英国	11.10	10.70	24.92	0.38	7.56	3.63
法国	7.74	5.20	8.69	7.94	12.24	7.08
韩国	5.86	9.02	2.51	3.93	6.65	2.16

中国经济发展过程中过度依赖工业，中国第三产业比重不仅低于发达国家美国、日本，也低于世界水平和中等收入国家平均水平。过度依赖工业的发展模式所带来的高投入与高消耗的弊端随着中国总量扩大日益凸显。

表 13：中国与世界及其他国家的人均收入、第二产业比重、第三产业比重（2001—2012 年）[①]

国家或区域	年份	2001	2005	2009	2012
世界	人均收入（美元）	5304.20	7159.70	8654.72	10351.31
	第二产业比重（%）	28.34	28.41	26.15	26.68
	第三产业比重（%）	67.74	68.22	70.76	70.22
高收入国家	人均收入（美元）	22198.64	30062.43	33915.81	38389.51
	第二产业比重（%）	26.76	26.31	23.95	24.52
	第三产业比重（%）	71.37	72.11	74.66	74.03
中等收入国家	人均收入（美元）	1294.86	1936.87	3189.39	4582.44
	第二产业比重（%）	35.71	38.11	36.27	36.06
	第三产业比重（%）	51.79	51.05	53.55	53.93
低收入国家	人均收入（美元）	258.31	339.06	506.85	634.88
	第二产业比重（%）	21.05	22.94	23.13	23.48
	第三产业比重（%）	46.14	48.50	48.88	48.96
俄罗斯联邦	人均收入（美元）	2100.36	5338.41	8615.67	14090.65
	第二产业比重（%）	35.70	38.08	33.64	36.71
	第三产业比重（%）	57.71	56.96	61.67	59.37
美国	人均收入（美元）	37285.82	44313.59	46998.82	51755.21
	第二产业比重（%）	22.30	22.19	19.58	20.15
	第三产业比重（%）	76.52	76.60	79.30	78.60

① 由于数据受限，世界、高收入国家、美国第二产业比重及第三产业比重为 2011 年数据。

（续表 13）

国家或区域	年份	2001	2005	2009	2012
日本	人均收入（美元）	32716.42	35781.17	39473.37	46548.27
	第二产业比重（%）	29.26	28.05	25.94	25.64
	第三产业比重（%）	69.29	70.73	2.90	73.15
印度	人均收入（美元）	466.21	740.11	1147.24	1503.00
	第二产业比重（%）	25.08	28.13	27.76	26.21
	第三产业比重（%）	51.99	53.06	54.50	56.27
中国	人均收入（美元）	1041.64	1731.13	3748.50	6092.78
	第二产业比重（%）	45.15	47.37	46.24	45.27
	第三产业比重（%）	40.46	40.51	43.43	44.65

4. 中国消费需求、城市化水平仍然有待提高

从居民需求支出占 GDP 的比重来看，中国不仅在国际上处于较低水平，而且存在下降趋势。投资比重则保持较高水平，并且在这一时期保持上升趋势。2001 年之后，随着中国加入 WTO，中国出口占 GDP 比重逐年上升，2006 年曾经一度达到 39.1%，此后虽然有所下降，但仍然是中国需求的重要组成部分。2012 年中等收入国家居民消费占 GDP 比重为 51.92%；而中国则仅有 36.66%。过度依赖投资导致中国经济发展方式转变任务艰巨，过度依赖出口将给大国经济稳定带来隐患（参见表 14、表 15、表 16）。

表 14：各国居民消费支出占 GDP 的比例（%）（2001—2012 年）

年份	世界	高收入国家	中等收入国家	低收入国家	美国	日本	俄罗斯联邦	印度	中国
2001	61.02	61.09	60.15	80.31	66.89	57.32	49.39	65.02	45.08
2005	59.54	60.19	56.33	78.63	67.13	57.78	49.94	58.29	39.45
2009	58.90	60.78	53.30	78.25	68.27	60.05	54.64	57.23	36.25
2012	57.53	60.07	51.92	78.03	68.64	60.72	49.55	57.07	36.66

表 15：投资占 GDP 比重（%）——中国与世界及其他区域对比（2001—2012 年）

年份	世界	高收入国家	中等收入国家	美国	日本	印度	中国
2001	22.55	22.00	25.18	22.04	24.30	25.57	36.27
2005	23.23	22.10	28.45	23.22	22.47	34.28	42.10
2009	20.88	18.84	30.48	17.51	19.67	36.30	48.24
2012	21.82	19.76	31.52	19.05	0.79	34.70	48.66

表16：出口占GDP的比重（%）——中国与世界及其他区域对比（2001—2012年）

年份	世界	高收入国家	中等收入国家	低收入国家	中国
2001	25.12	24.78	26.85	18.49	22.60
2006	29.06	27.95	34.28	23.19	39.13
2009	26.34	26.06	27.80	21.07	26.72
2012	30.26	30.42	29.68	23.17	27.32

四、从经济大国向经济强国迈进的几点思考

经过新中国65年的经济高速增长，中国已经成为经济总量第二的世界经济大国。但是以往的发展方式在当前受到越来越多的挑战，越来越不能持续下去。从2012年开始，中国经济增长速度开始下降，2012年为7.65%，2013年为7.67%，2014年预计为7.5%，连续三年增速低于8%，进入“增长速度进入换挡期、结构调整面临阵痛期、前期刺激政策消化期”的“新常态”。而完成中国共产党“两个一百年目标”，[①]就需要通过全面深化改革，充分发挥社会主义和大国优势，转变经济发展方式，推动中国完成从经济大国向经济强国转变。[②]

（一）提升自主创新是中国完成经济大国向经济强国转变的当务之急

随着中国与发达国家的差距逐步缩小，技术模仿的边际效应也在逐渐递减。缺乏核心技术创新能力导致中国被锁定在价值链的低端，最终陷入出口与利润未能同步增长的“悲惨增长”。正如十八大报告指出：“科技创新是提高社会生产力和综合国力的战略支撑，必须摆在国家发展全局的核心位置。”[③]未来中国应当发挥社会主义大国优势，培养自主创新能力，推动中国从“成本优势”向“创新优势”转变。一方面政府应当注重对原始创新、集成创新和引进消化吸收再创新的扶持，延伸中国产业的价值链；另一方面中国未来应当尊重企业创新的主体地位，促进科研机构与企业的联合，释放创新活力。

---

① 即中国将在中国共产党成立100年时全面建成小康社会，在新中国成立100年时建成富强民主文明和谐的社会主义现代化国家。

② 魏礼群．由经济大国到经济强国的发展战略[J]．新华文摘，2013，（12）

③ 胡锦涛．中国共产党第十八次全国代表大会文件汇编[M]．北京：人民出版社，2012.

（二）重塑政府和市场关系是中国完成从经济大国向经济强国升级的重要保障

新中国成立60多年来，中国的国情和经济赶超的需要，形成了政府主导型经济。在1949—1978年，政府主要是通过直接的高积累、高投资推动经济增长；1979—2012年，政府在积极推进市场化改革的同时，主要通过压低要素价格，促进资本积累来保证经济增长。在旧有的政府主导模式下，中国经济的弊病之一就是“高投资、高能耗、高污染、低效率”，虽然这种外延性增长具有工业化阶段性特征，但是随着中国经济总量的增大，这种发展方式越来越受到环境、资源、能源与成本等方面的约束，不可持续下去。正如十八届三中全会报告指出：“经济体制改革是全面深化改革的重点，核心问题是处理好政府和市场的关系，使市场在资源配置中起决定性作用和更好发挥政府作用。”[①] 未来中国要完成从经济大国向经济强国的转变，需要对旧有的政府主导型发展模式进行改革，在充分发挥市场机制作用的基础上更好发挥政府作用。未来，政府一方面应当完善市场机制，消除价格扭曲，推动资源的合理配置；另一方面又应将环境污染、资源耗竭的成本融入价格之中。政府还应当进一步推动国有企业改革，通过混合制经济发展，提升企业经营效率。通过政府有所为与有所不为，寻求政府与市场的合理边界，以推动经济发展方式的转变。

（三）大国产业结构调整是中国经济大国向经济强国转变的重要内容

中国过去65年经济发展过程中，工业一直是国民经济的重要支柱。工业的发展不仅巩固了中国的国家安全与大国地位，也推动了经济高速增长。当中国成为世界第一工业大国之后，旧有的工业发展方式，势必带来能源、资源的巨大压力。并且随着中国进入中等收入国家行列之后，经济成本不断提高，中国工业竞争力将受到严峻挑战。未来要完成中国从经济大国向经济强国的转变，亟需进行产业结构调整。一方面，第二产业内部需要转型升级，高附加值、低污染的高技术产业需要快速发展，而传统的重化工业需要进行淘汰、改造与升级；另一方面，第三产业需要较快速度发展，通过挖掘小、微企业的潜力，推动人才密集型的高端服务业的发展。

---

① 《中共中央关于全面深化改革若干重大问题的决定》，《党的十八届三中全会〈决定〉学习辅导百问》，第3，4页。

（四）挖掘大国消费潜力是中国迈向经济强国转变的重要动力

随着中国经济总量不断扩大，依赖投资拉动的传统经发展方式势必带来物质资源的紧张。当前中国外需的竞争力一方面受到东南亚等发展中国家低成本的挑战；另一方面高端的市场遭到美国和欧洲再工业化的冲击。同时国际上贸易保护主义的干扰导致国际贸易摩擦不断，更使中国前一阶段过度依赖外需的发展方式难以持续。挖掘中国国内巨大的消费潜力应当成为经济发展新阶段的重点。未来一方面应当通过改革调整初次分配秩序，强化政府二次分配作用，扩大中等收入阶层比重，以扩大居民消费；另一方面应当通过新型城市化来促进居民消费升级，实现中国经济健康发展。

参考文献

[1] 邓小平 . 邓小平文选（第二卷）[M]. 北京：人民出版社，1994.

[2] 邓小平 . 邓小平文选（第三卷）[M]. 北京：人民出版社，1993.

[3] 胡锦涛 . 中国共产党第十八次全国代表大会文件汇编 [M]. 北京：人民出版社，2012.

[4] 林毅夫，蔡昉，李周 . 中国的奇迹 发展战略与经济改革 [M]. 上海：上海人民出版社，1999.

[5] 马洪，孙尚清 . 中国经济结构问题研究 [M]. 北京：人民出版社，1981.

[6] 马齐彬，陈文斌等 . 中国共产党执政四十年 [M]. 北京：中共党史资料出版社，1989.

[7] 逄先知，金冲及 . 毛泽东传（上）[M]. 北京：中央文献出版社，2003.

[8] 中共中央文献研究室 . 陈云年谱一九〇五——一九九五（中卷）[M]. 北京：中央文献出版社，2000.

[9] 中共中央文献研究室 . 邓小平年谱 [M]. 北京：中央文献出版社，2004.

[10] 中共中央文献研究室 . 邓小平思想年谱 [M]. 北京：中央文献出版社，1998.

[11] 中共中央文献研究室 . 建国以来重要文献选编第 4 册 [M]. 北京：中央文献出版社，1993.

[12] 中共中央文献研究室．毛泽东文集（第六卷）[M]. 北京：人民出版社，1993.

[13] 科尔奈著，张安等译．社会主义体制：共产主义政治经济学 [M]. 北京：中央编译出版社，2007.

[14] 高海红，余永定．人民币国际化的含义与条件 [J]. 国际经济评论，2010，（1）.

[15] 魏礼群．由经济大国到经济强国的发展战略 [J]. 新华文摘，2013，（12）.

[16] 巫宝三，汪馥荪．抗日战争前中国的工业生产和就业 [J]. 经济研究，2000，（1）.

制税权·政体·税收制度——中、英、法三国封建社会财税体制与政体路径分析

马金华（中央财经大学财政学院教授，经济学博士）

摘要：本文从制税权、政体、税制三者关系的角度，分析比较了封建社会时期中国、英国、法国三国财税体制及国家政体发展路径的异同。认为：制税权的归属决定了未来国家政体的发展方向；制税权的变化，造成国家政体的差别；制税权与一国税制结构变化息息相关。一个现代化国家要向民主化迈进，必须进行政治制度建设，必须重视税权、税制问题。

关键词：制税权；政体；税制

马克思说过，赋税是喂养政府的奶娘，国家存在的经济体现就是捐税。所以，国家政权每时每刻都离不开财税的支持，在国家诸多的政治力量中，决定征税的权力掌握在谁的手里，谁就有权决定税收的种类、数量和征收对象，而这就是制税权。因此制税权的归属以及不同的分割形式则反映了各种不同利益的组合，决定着各具特色的财政体制和未来国家政体的发展方向，也是决定一国税收数量、种类的重要因素。至于具体化的税制，则是不同类型经济体制的体现和反映，并始终与其相配套的财政模式和政体之运作方式息息相关。本文从制税权、政体、税制三者关系的角度，分析比较封建社会中国、英国、法国三国财税体制及国家政体发展路径的异同。

一、从制税权来说，在王朝家国一体的政治体制下，中国的制税权无可争议地归属于皇帝。虽然会受到官僚集团的牵制，但大权紧紧握在皇帝一人手里，税率、税种的变更可以由其恣意而为，具有“强权收入”的特征

中国早在春秋战国时期，周王及诸侯国就拥有比较充分的征税权，为后世中央集权专制制度的政体形成奠定了财政基础。秦始皇灭六国后，建立了高度统一的

中央集权的专制国家，所以秦汉两朝税权高度统一，分别由治粟内史和少府掌国家财政和皇室财政，实行高度集中的统收统支的财政政策。随着封建社会的进一步发展，人们对于以征税权为核心的财政在国家政权中的意义和作用有了更为清晰的认识。唐朝德宗年间的宰相杨炎就曾说过："财赋，邦国之本，生人之喉命，天下治乱，轻重系焉。"正因为如此，隋、唐、宋、元诸朝都对赋税征收和财政管理给予前所未有的关注与控制。至明、清两代，财政体制更加完备，财权更加集中，明代州县地方政权有赋税征收、地方治安、宣扬教化、生产建设四大职责，其中以赋税征收为地方官的第一要务。因此，以控制税权为核心的中国封建集权专制政权经过两千年的强化，在明清时代达到它的巅峰状态，从而在税权归属上呈现出东方专制的特点，那就是皇帝拥有征税的绝对权力。户部是否有限制皇权的作用呢？没有。户部本来应该是国家的财政管理机关，但由于皇帝大权独揽，多数时间，户部尚书扮演着皇帝的财政顾问的角色，"而皇帝是最终的裁决者，事无巨细，都由皇帝来处理，甚至某县需要从产地运进多少食盐这样微不足道的小事都要由皇帝决断"。①

至于中国税制，尽管自公元前2023年至公元1911年经历了徭役地租制、田租口赋力役制、租庸调制、两税法和一条鞭法等五大主流税制的变化，但在实质上却始终没有脱离自然经济税制的大格局。从赋税结构来说，农业税始终是中国古代最重要的收入来源。中国早在春秋时代业已形成土地税占据主导地位的格局。公元前685年齐国"相地衰征"之前，春秋各国以及东周王室即多行助、彻之法，以田赋作为税收的主体。之后，随着各国赋税改革，田赋率在其他税率未变或变化不大的情况下扶摇直上。在中国古代，土地税、人头税和工商税等几种主要税项比例无定，消长无常。大体上说，从秦汉经魏晋至唐初，人头税在赋税结构中居主导地位，但其变化的基本趋势是日渐削减；土地税变化却与人头税呈相反趋势；工商税的变化趋向与人头税大体一致。一条鞭法推行后，连门摊税、酒醋税、房地契税等商税都摊入田赋，使一些原来由商人承担的税收改由农民负担，直接扩大了农业税额。清代实行地丁银，将明代贯彻一条鞭法后未摊入田亩的部分丁税全部摊入田亩征收，意味着原丁税由商人负担，现转由农民负担，从而转变为农业税。因而使政府财政更具倚重农业税的直观性外，税收结构基本维持了明朝的格局。

那么，为什么封建社会的中国在增加财政收入、调整赋税结构时一直围绕着农业税做文章呢？这是因为农业税是中国封建社会最可靠最稳定的收入来源，重农抑

① 黄仁宇. 十六世纪明代中国之财政与税收 [M]. 北京：生活·读书·新知三联书店，2001.

商和国家专卖的思想深刻地渗透入封建肌体中，这就使得重商主义在中国始终没有发展起来，刚性的财政体制使得每当出现捉襟见肘的财政困境，其财政体制毫无腾挪转身的余地，量入为出的财政原则使国家的机动开支很少。中国整个税收结构和税收指导思想仍以农业税为主导。仅仅在1840年即第一次鸦片战争以后才出现了诸如海关进出口税一类的近代市场经济税制的萌芽，但近代的关税更多的是充当了外债的抵押品而受西方列强的控制，却没有承担起促进近代经济发展的财政动力。

二、在英国，由于税权分散，君主就难以建立像中国封建社会皇帝那样的集权专制政体

9世纪以前，英格兰王国建立了君主政体，但君主的收入主要限于个人的领地，偶尔征收全国性的赋税，还必须征得某一权力集团的同意。由于国王征税税权有限，财力十分单薄，导致君权软弱无力，以至无法形成专制政体。自11世纪以后，英国国王的权力不断加强。13世纪，约翰王统治时期（1199—1216年），经常增加额外的捐税，对外战争经常失败，还干涉封建法庭的权力，使国王与贵族的关系日趋紧张，分离倾向日益明显的强大贵族势力乘机联合教士、骑士和城市市民开始了反对国王的斗争。1215年，约翰王被迫接受了他们所拟的大宪章。大宪章保证贵族和骑士的领地继承权，由贵族和骑士组成王国的“大会议”，只有得到这个会议的同意，国王才能向封建主征收额外的税金。这就意味着在英国长期以来至高无上的专制王权，受到了约束。大宪章由此被称为是“英国自由的奠基石”。亨利三世（1216—1272年）时期，进一步确认了议会制税权；1297年，爱德华一世被迫签署补充条例《无承诺不课税法》；英法百年战争期间，1339年和1344年，议会两次拒绝国王增税的要求，并迫使国王让步，同意成立一个委员会用来监督王室的支出。这样，经过近一个半世纪的演变，到14世纪中叶，国王征税应由议会批准的原则最终确定，议会征税权在实践中也为全国各阶层人士所接受。虽然后来的都铎王朝和斯图亚特王朝的专制君主与议会不断展开较量和斗争，但始终未能撼动议会掌握制税权的原则。“光荣革命”后确立了议会至上的原则，牢固确立议会在开增新赋税方面的绝对权力，不经议会同意国王不能征税。为限制国王和官员将征上来的税收挪作他用，英国议会每次都对税款的用途做严格的规定，从而遏制王权走向全面专制，限制了官僚队伍的膨胀。这就对政治制度的发展产生了深远的影响，使英国的王权不能无限扩张，为英国发展出君主立宪政体奠定了基础。

议会制税权的发展，也使得英国的财税体制能够向公开、公正、有序、有效的

现代财税体系过渡，这一点对英国的税制转型和近代化具有重要意义。在英国，税制结构演变的基本趋势是农业税日益减少，商税取代农业税而居主导地位。从 11 到 15 世纪伊始，英国主要有三种税：土地税、动产税和商税。其中前两者占据主导地位。13、14 世纪，土地税在英国税制中的地位明显下降。首先，卡路卡奇（12 世纪中叶土地税名称）的征收因经常遇到封建主的抵制，且征收量小，在日益浩繁的开支中可有可无，乃在完成 1224 年征收后宣告废止。尔后，土地税的课征仅仅偶尔为之，不成常例，税额日减。至 14 世纪末 15 世纪初，土地税征收不再具有纯粹意义，多数情况下是作为动产税的补充或附加形式征收。动产税是在纳税人与国王的斗争中逐步下降的。1215 年《自由大宪章》的颁行导致了税权从国王之手向贵族会议的转移，这意味着动产税征收次数的减少和税额的降低。1237 年机构改革，1258 年《牛津条例》，以及 1302 年赋税改革等无不导致了动产税的下降。以动产税为主体的农业税数额下降之后，政府必然将课税重心转移到其他税项。而依据当时的具体条件，这种税项只能是以关税为主体的商税。商税以关税为主体，主要有三项：古关税、新关税和补助金。三项税名各异，但征税物品大体相同，都主要是羊毛、毛皮和皮革。土地税、动产税下降的同时，商税各项税率均有较大提高。三项商税均单独课征，互不为代，保证了一个较大的商税税量，避免了因诸税混杂而可能导致的间接税总额的下降。这样，商税在税收结构中的地位逐渐突出。14 世纪末叶，商税税额已超过动产税。在玫瑰战争期间，商税一直是王室收入的主要来源。16、17 两个世纪都铎王朝建立后，英国赋税征收发生了一些变化。1514 年，政府设置了一种新税，称补助金。征收对象为包括商人在内的全体国民，所征物品非常广泛，一次征收所得超过了同时期商税的征收量。都铎王朝时期，关税所征，连同新补助金与 1/10 和 1/15 税的工商业部分，构成了英国财政收入的主体，而到斯图亚特王朝，仅关税一项即构成了财政收入的主要部分。16 世纪，随着英国开征商品税和消费税，英国国家税收持续增长并且以间接税为主。此外，英国还通过国债制度，特别是国家银行英格兰银行的成立，找到了解决政府支出的渠道，成功实现了税制结构的近代转型。

三、在法国，由于税权分散，君主也难以建立像中国封建社会皇帝那样的集权专制政体

但是它与英国的君主立宪政体又有不同。9 世纪以前，法兰克王国同英格兰王国一样，也建立了君主政体，君主的收入主要限于个人的领地，偶尔征收全国性的赋税，还必须征得某一权力集团的同意。由于国王征税税权有限，财力十分单薄，导

致君权软弱无力，以至无法形成专制政体。9 世纪以后，陷入严重地方割据局面。法国国王仅有王室财政，而与之并存的则是众多的封建主的私人财政，在他们的领地内，封建主就是政府，掌有征税权，在财政上并不服从国王的调度和控制。这种财政的分散状况在中国历史上任何一个时期都没有出现过。13、14 世纪之交，法国与英国一样，封建政体也发生了重大转变，造成这一转变的基本原因是也形成了被称为议会的等级代表会议，而议会又控制了国家的征税权，从而牢牢控制了财权，并以此进一步控制了王权，从而形成了西方封建社会独具特色的等级君主制。但由于英、法两国对以征税为核心的财权处理方式的差异，分别走过了不同的历史道路。与英国国会成功地利用了财权，并通过财权的行使进一步获得了立法等方面的权力不同的是，法国全国三级会议没有始终如一地控制征收税收的财权。在英法百年战争期间（1337—1453 年），为了取得战争胜利，全国三级会议将课税权拱手让给了路易十一国王，而三级会议的本身也成了法国王权的累赘。国王很快通过停开全国三级会议而将国家政体从等级君主制转化为专制君主制。1789 年，由于法国王室国库空虚，社会矛盾积重难返，面对严峻的财政问题，从国家利益角度来看，的确需要增加税收，法王路易十六被迫重开三级会议，但是专制王权下国王直接征税的合法性极端低下，一旦国王意图强行征税，就招致法国三个等级的共同反对，因此法皇走了查理一世的老路，解散了国民议会，最后引发法国大革命。因此确切地说，法国大革命也是一场税收争议引发的革命。

税制结构上，与英国不同，法国没有土地税，所以不存在土地税的减少和转化问题。但法国也以动产税为主，以交易税为辅。法国这一时期的动产税包括犹太税、僧侣什一税、人头税、财产税等。这些税项收入多来源于农业，税额亦居税收总量之首。商税的征收尚未形成定制，税量很小。进入 11 世纪后，法国税收结构也出现了由以农业税为主向以商税为主转化的倾向，这种倾向表现为政府设置了许多新的商税税项，从而导致了商税比例的骤然增长和主要来自农业收入的动产税的相应下降。腓力四世即位后，设战争特别税。该税开始为一临时性商税，税率为每出售价值一镑的商品缴纳一便士，至腓力六世统治时期，这种临时税变成一种常税，称为商品交易税。税率由每镑一便士上升为 4 便士。至查理七世统治时代，进一步上升为 5%。瓦罗亚王朝建立后，政府始设盐税，征收量很大，构成了政府岁入的很大部分。除此之外，政府还设置了商品出口税、进口税，这些税项的征收虽无定制，数额也不大，却有助于说明政府税制的发展趋向。设置商税的同时，政府也设置了新的动产税——炉灶税。商品交易税、炉灶税和盐税并称当时法国的三大税，它们构成了旧制度下法国政府的财政基础。路易十一统治以来，炉灶税的征收趋于固定，成为常税，税率由政府决定，征收额迅速增长。政府财政总收入中除了炉灶税、盐税、交易税，还有关税、包税的份额。关税为商品税自不待言，包税人主要负责国家授予他的某项商品如烟草、酒类的税收，某种商税如进口、出口税的征收。由此可以推断，政府已将工商税或间接税作为国家倚重的对象。

四、从三国财税历史的简要分析中，可以得到如下分析启示

（一）制税权的归属决定了未来国家政体的发展方向

纳税人及其代议机构与王权之间的利益博弈，最终导致了议会制税权的取得，以及对国王增税权的严格制约。而这种制税权和监督权，确定为国家政体不可移易的基础。与此完全不同的是，中国封建社会时期，没有出现如西方的“中间阶层”（市民阶层），所以中国古代没有出现制约皇权的代议机构，即便古代历史有御史制度和监察制度，也不过是皇权内部专制性制约的“虚置化”。同时，中国古代皇权制度的特点，在于它实施的是一种全能性统治，于是，代表皇权的各级官吏都可以利用这种高度统一的权力结构，天然地享有制税权和司税权，皇权的专制性和掠夺欲大大突破了制度预设的限制。

（二）制税权的变化，造成国家政体的差别

在文化背景、现实条件基本相同的英、法两国，由于课税权发生的变化，导致政体的巨大差异，从而使实行等级君主制的英国有可能在封建专制制度比法国专制君主制薄弱的情况下，在公元1688年率先取得了17世纪资产阶级革命的胜利，第一次在欧洲的一个大国里推翻封建制度，确立资本主义制度，标志着世界近代史的开端。可以说，由于税权差异，形成了英、法两国不同的政体，对两国此后几个世纪的经济和社会发展所产生的影响是十分深远的。法国历史上，由于三级会议一度将财权拱手转让给王权，而使自身“成为国家机器特别是王权的赘疣。结局是可以预见的，三级会议停开了，而王权却因时移事易不再恢复会议产生前的老样子，国王摆脱了身上的紧箍，开始向专制的方向大踏步迈进”。[①]英国国会则因手中一直紧握征税大权，故而成为遏制王权走向全面专制的重要力量。正是这种力量使得都铎王权的绝对主义统治处于相对有限、相对薄弱的境地，使得英国国会在一次次与王权的冲突

① 马克垚．中西封建社会比较研究[M]．上海：学林出版社，1997.

较量中逐步占据上风，不仅保全了自己的存在，而且也最终确立起立宪君主制政体。

法国的专制君主制与中国封建皇帝的中央集权制度的集中程度还是有差异的，因为法国国王摆脱了全国三级会议对征税权的控制，却没有挣脱地方三级会议的羁绊，国王要征税仍须征求地方三级会议代表的意见，而地方三级会议的代表中不少人就是纳税人，征税涉及他们的切身利益，他们绝不会轻易同意。所以说，即使在法国王权处于巅峰期的国王路易十四时代，其以课税权为核心的财权集中的强大程度远不如中国封建皇帝，从而也决定了资本主义因素在法国不仅易于萌芽，而且从封建社会向资本主义社会过渡的历史进程也远较中国迅速。

（三）制税权与一国税制结构变化息息相关

英国议会的一项重要权力就是对税收的批准。每一笔税赋收入的数量，王权都须与国会反复讨价还价之后方能获得，实属不易。尽管伊丽莎白女王深得国民拥戴，也不得超越成例。而查理一世破坏了这个原则，因为要求征收税收被议会否决，结果采取解散议会的极端做法引起双方的战争。在斯图亚特王朝之后，经历了光荣革命之洗礼，重新确定议会在上的原则后，税收开始明显地、不间断地提高，其税收汲取能力大大高于专制王权时期。在相当长的时期内，英国“更多依靠间接税而不是直接税，但它的具体特点却使人民不大怨恨。英国的土地税在18世纪大部分时间里是主要的直接税，没有任何特权阶层能免交，对社会上多数人来说也是‘看不见的’；各种各样的税都是经过选举产生的，议会讨论后批准的”，[①] 故而不易激起社会内部冲突与矛盾。

法国专制王权在征税时，常常是以国家需要为原则，多多益善，必要时甚至可以竭泽而渔，以求暂渡难关。往往从最易征收、最易管理的直接税，即人头税、炉灶税和交通税等税种下手，不断地把以往一些临时税改为永久税，不断花样翻新地设置一些新税。法国王权凭借强大的官僚队伍和规模巨大的农业经济，运用包税制增加赋税以及对外借款、卖官鬻爵等各种敛财手段支撑国家财政的运行。由于教士和贵族享有免税特权，故沉重的税赋皆由市民和农民构成的第三等级来承担。结果社会内部的裂隙愈来愈大，最终导致第三等级的大规模反叛，专制帝国的大厦轰然倒塌。

中国封建社会里，土地资源本身有限，经济收益基本上是固定的，统治者与农民之间是一种零和博弈，在税制演变中，只可能有统治者无尽的贪欲与赐予子民一时喘息的相对轻徭薄赋这两极之间的相对调整。这就决定了其发展结果必然总是，

① 保罗·肯尼迪. 大国的兴衰 [M]. 北京：世界知识出版社，1990.

随着皇权盛衰周期的运行，税收制度也就越来越转向诛求无度，当苛捐杂税超过正税而成为国家赋税的主要部分的时候，对于梦想长治久安的王朝肌体来讲，已经在内部开始酝酿着巨大的威胁了，每一次的农民起义基本都是从抗拒苛捐杂税开始的，于是农民起义—统治初期轻徭薄赋—财政大为好转—国家经济繁盛—统治者骄奢贪逸—财政危机出现—苛捐杂税繁重—农民起义爆发。这一发展模式，就如一个拧紧的发条使得整个封建社会的发展越来越走向狭路最后以致覆亡。

因此，笔者认为，一个国家的税权归属问题，不仅仅是一个简单的交税与谁的问题，更是一个国家政体取向和民主化问题。一个国家税制结构问题不仅仅是一个简单的税收汲取能力的问题，更是一个制度建设问题和国家政策合法化的问题。一个现代化国家要向民主化迈进，必须进行政治制度建设，必须重视税权、税制问题，必须树立民众对国家的认同感。

参考文献

[1] 马克垚 . 中西封建社会比较研究 [M]. 上海：学林出版社，1997.

[2] 吴承明 . 中国的现代化：市场与社会 [M]. 北京：生活 · 读书 · 新知三联书店，2001.

[3] 黄仁宇 . 十六世纪明代中国之财政与税收 [M]. 北京：生活 · 读书 · 新知三联书店，2001.

[4] 翁礼华 . 纵横捭阖——中国财税文化透视 [M]. 北京：中国财政经济出版社，2004.

[5] 翁礼华 . 利华财经历史散文 [M] 杭州：浙江文艺出版社，2000.

[6] 卡洛 · M · 奇波拉 . 欧洲经济史第二卷 [M]. 北京：商务印书馆，1988.

[7] 保罗 · 肯尼迪 . 大国的兴衰 [M]. 北京：世界知识出版社，1990.

[8] 陆建芳 . 英国议会征税权的形成和发展 [J]. 扬州大学税务学院学报，2005，(3).

[9] 王晋新 . 近代早期英国国家财政体制散论 [J]. 史学集刊，2003，(1).

[10] 顾銮斋 . 中西中古社会赋税结构演变的比较研究 [J]. 世界历史，2003，(4).

世界经济中心的形成条件与启示：一个历史的视角

俞成森（中央财经大学经济学院博士生）

摘要：在世界经济格局发展过程中，出现了不同的中心国家（区域）。本文从一个历史的视角，通过分析和比较这些中心国家（区域）的形成与发展过程，总结出了成为世界中心的条件。虽然在不同的历史时期，这些条件在不断发生变化，但通过梳理这些条件，能对我国未来经济发展提供积极的借鉴意义。

关键词：世界经济中心；形成条件；历史视角

2010 年，中国 GDP 超过日本成为世界第二大经济体。2013 年，中国货物贸易总额超过美国，成为世界第一大贸易国。这些变化引发了学界关于世界经济中心向中国转移的热议，但是主流的观点都认为中国目前还只是一个“经济大国”，并非“经济强国”，还没完全具备成为世界经济“中心”的全部条件。那么究竟成为世界经济中心需要具备哪些条件？中国是否已经具备这些条件？对于这些问题的研究，不仅有助于促进关于世界经济中心的理论研究，而且对于我国“经贸强国”战略的实施具有重要的指导意义。

历史上，英、美等国先后在世界经济体系中发挥了“中心”的作用，对其他国家的经济甚至是整个世界经济产生了重要的影响。本文通过研究它们发展的过程，探寻世界经济中心形成的一般条件，并在此基础上，为我国今后的发展提出建议。

关于世界经济“中心”，并没有一个明确的定义。普雷维什（1949）提出的“中心—外围”理论，将世界经济体系分为两个部分，一个是“大的工业中心”，另一个部分是“为大的工业中心生产粮食和原材料”的“外围”。沃勒斯坦认为 16 世纪开始，一个以西北欧为中心的世界经济体系逐步形成，在这个体系中存在中心—半边缘—边缘结构。中心区域利用边缘地区提供的原材料和廉价劳动力，生产加工制造品，向边缘地区销售。而边缘地区是原材料、廉价劳动力的提供方和加工制品的销售地。半边缘地区则介于两者之间。这些研究成果，给出了世界经济体系的中心区域或国家的功能定义，对研究世界经济中心提供了基础。

英国在“工业革命”后成为世界经济的中心的观点得到了许多欧美学者的一致认同，但是围绕为什么英国以及西欧能够在 18 世纪后超越世界其他地区，学术上的争论和分歧还是很大的，这引发了对世界经济中心形成条件的更多探索。许多的研究从西欧或者英国的内部去寻找它们兴起的原因。琼斯（1981，1988）认为，工业革命发生前，欧洲在人力资本和物资资本方面已经远远领先与世界其他地方，这些领先导致欧洲最终走上工业化的道路。布罗代尔、沃勒斯坦以及诺斯等则从文化、科学理性、社会制度、市场、公司等角度来解释欧洲的兴起，他们认为欧洲的文化和制度安排更有利于经济的发展。但也有学者从一个更广阔的视角去研究世界经济中心的转移。彭慕兰（2003）则认为资源约束的不同解决方法导致了世界经济中心的转移。他的研究表明中国江南地区与西欧在工业革命前夕，在技术条件、社会制度等方面并没有明显的差距必然导致后来东西方的“大分流”，而是欧洲后来通过非洲、美洲的资源以及煤炭的利用突破了其所面临的资源约束，最后成为世界经济体系的新中心。弗兰克（2008）认为世界经济中心的转移是经济长波周期运动的结果，他强调了世界贸易和国际分工在世界经济体系中心转移过程中的作用，指出欧洲只有在融入主流经济循环中以后才有了成为经济中心的可能，在此基础上，他认为当时欧洲在技术的供给与需求、资本积累等方面具备了导致技术发生突破性发展的条件。

在亚洲经济地位日益提高的背景下，国内学者不断展开对世界经济中心形成条件的研究。林进成（1994）认为世界经济增长重心要具备的条件有五个，分别是：经济规模大，市场容量大，金融实力强，技术实力高，政府的政策符合经济发展的要求，并指出世界经济增长重心应当是生产增长中心、贸易中心、金融中心。赖洪毅（2003）则认为与世界经济中心国资源互补，经济规模大的国家经济增长潜力大，甚至能够成为新的中心国。李向阳（2011）提出能否主导国际经济规则的制定是判断一个经济体是否是世界经济重心的重要特征，因为规则具有很强的外部性、一定的约束性和非中性的，通过制定规则，一个经济体可以影响其他经济体乃至整个世界经济体系。他在分析世界经济重心东移前景的基础上，提出亚洲要成为世界经济的重心，必须实现制造中心和金融中心的融合。

上述的研究从不同的角度分析了成为世界经济中心的一些必要条件，在此基础上，我们可以结合英美等国的发展历史，更加全面地总结世界经济中心的形成条件。

一、世界经济中心形成的一般条件

现代世界经济体系，形成于第一次“工业革命”完成以后，在世界经济体系的发展过程中，19 世纪的英国和 20 世纪以来的美国，先后成为世界经济“中心”的角色，我们通过分析他们的历史表现，梳理出以下世界经济体系中心国家的形成条件。

（一）经济总量大

世界经济中心国家需要有影响他国以及全球经济的能力，就必须具备“大国效应”，其经济总量大，在世界经济总量中占据一定的份额，能够对国际市场供需产生影响。

据麦迪森的统计数据，1500 年以来，在西欧各国中，法国、德国、意大利等国的 GDP 总量一直高于英国。然而，18 世纪下半叶，英国首先开始了“工业革命”，通过新技术的应用，英国的生产力水平大幅提高，经济总量快速上升。1820 年，英国 GDP 跃居欧洲各国首位，占全球的 5.2%，到了 1870 年英国的全盛时期，其 GDP 总量更是达到了全球的 9%，仅次于当时亚洲的中国和印度。

美国在独立后开始走上发展之路，18 世纪末开始的“西进运动”，不仅带来了领土的扩张，而且获得了丰富的工农业资源，为经济发展提供了良好的基础。19 世纪后半期，在“第二次工业革命”的推动下，美国迅速完成近代工业化，产出水平大大提高。1872 年，美国 GDP 总量超过英国；1890 年，美国的 GDP 总量已居全球首位，而到 1950 年时，美国的 GDP 总量达到了全球的 27.32%，是名副其实的全球第一大经济体。

（二）世界制造中心

工业革命以后，国际分工在工业和农业之间开始，农业国主要从事粮食的市场和原材料的供应，进口工业品，而工业国进口粮食和原材料，出口工业品。世界经济中心国作为国际分工的主导者，必然是在工业领域拥有竞争优势，在国际分工中处于价值链的顶端，控制着全球的分工体系。

18 世纪，英国各行业的生产力水平都显著提高，特别是工业产出能力更是大大增强，棉纺、钢铁、煤炭等成为支柱行业。1850 年，英国生产了全球一半的金属制品、棉织品和铁，煤炭产量更是达到了全球的 2/3；1860 年，英国生产了世界工业品的40%—50%，欧洲工业品的55%—60%。[①] 是名副其实的世界工业霸主。“这样的例子不胜枚举，不过这也足以说明不列颠在国际上的经济地位主要依赖于它的生产力和掌握工业技术的工业人口。”[②]1870年，英国的人均GDP已经超过荷兰，成为当时全球最高的国家。同时，英国国内的产业结构随着工业化的推进，发生了巨大的变化。其工业的就业人数比例从1700年的22%上升到1820年的33%，到了1890年则达到了43%。

“南北战争”以后，美国的工业化快速推进，到20世纪初，美国的生产力水平大幅提升，1913年，美国的人均GDP超过英国。其工业产出总量也快速上升，美国人马耳霍耳在他的著作中提到：“1840年，美国的制成品价值占第五位，1860年占第四位的美国是怎样地在1894年就已经列于第一位。那时，美国生产了等于英国两倍，等于欧洲各国的一半的产品。”到了1890年，美国工业产值占全世界比重达33%，列全球第一，成为“世界工厂”。当然，在工业化过程中，美国的产业结构也发生着变化，从1860年到1900年，美国的产业工人由330万人增加到530万人，[③] 虽然农业产出也在增加，但是煤、钢铁、水泥等工业产品的产量在总产出中的比例大幅提升。据Robert E.Gallman（1960年）统计，1869年美国农业产出比例是53%，而制造业、矿业与建筑业的比例是47%，而1899年，农业产出只占33%，制造业、矿业与建筑业的比例占到67%，并且这一趋势仍在继续。

（三）世界贸易中心

能利用全球的资源，并向世界各地销售自己的工业品是经济中心国的一个主要特征，这就要求经济中心国必须是一个对外贸易的大国，突破本国资源禀赋的约束和市场规模的限制。

18世纪的英国拥有了海上霸权，航运能力快速增长，为其对外贸易奠定基础。1700年，英国航运量占世界五分之一多一点，到了1820年，英国航运量占世界航运能力40%以上。[④] 同时为了适应国内工业扩展和经济发展的需要，英国在19世纪实行了自由贸易政策，先后于1846年和1849年取消了《谷物法》和《航海条例》，其殖民地国家也都实行了自由贸易政策，英国还与包括中国在内的许多非殖民地国家

---

① 唐晋.大国崛起[M].北京：人民出版社，2006.

② W·H·B. 考特.简明英国经济史[M].北京：商务印书馆，1992.

③ 唐晋.大国崛起[M].北京：人民出版社，2006.

④ 安格斯·麦迪森.世界经济千年史[M].北京：北京大学出版社，2003.

签订了自由贸易条约。正如马克思所言，这“事实上创造了以前只是潜在的世界市场——一些以农业为主或纯粹从事农业的国家，均围绕着一个巨大的工业中心——英国：英国消费它们大部分过剩原料，同时又满足它们对工业品的大部分需要。因此，无怪乎英国工业获得这样巨大的空前的发展”。随之而来，英国的工业品大量进入世界市场，而世界各地的农产品和工业原材料源源不断来到英国。当时英国的首相帕默斯顿在 1865 年留下遗言说道：“北美和俄罗斯的平原是我们的谷仓；芝加哥和敖德萨是我们的矿区；加拿大和北欧半岛为我们种树；澳大利亚为我们牧羊；还有阿根廷为我们养牛；秘鲁送来了白银，南非进贡了黄金；印度人和中国人为我们种茶，地中海是我们的果园；至于我们的棉花种植园正在从美国南部向地球一切温暖的地方扩展。”在这些因素的作用下，英国成为世界的贸易中心，1850 年，英国对外贸易占全世界贸易总额的 20%，10 年后达到了 40%。[①]

随着工业化进程的发展，美国的对外贸易也快速增长。19 世纪早期，美国的出口是以农产品为主，主要为欧洲提供粮食以及工业原材料。内战结束后，美国工业迅速发展，工业品开始出口，并最终超过了农产品。“由于它基本上是处在一个原料丰富与机器不断改进的环境里，因此就产生了制成品的过剩，必须在国外寻找市场。而且当工业发达以后，就必须促进对外贸易。”[②]1929 年，美国出口总额已达 51.57 亿美元，远远超过英国的 35.5 亿美元，成为第一贸易大国。[③]与此同时，美国进口也在不断增加，满足国内消费和工业生产需要。“进口的主要原因是我们需要某些自己不能出产的如像咖啡和天然橡胶等类商品，也由于我们需要用我们的某些商品去交换一些奢侈品和精制品等类产品，这些产品是由外国受过更多训练的匠人和用更为低廉的劳动成本制成的。”[④]此外，在取得了工业制造的竞争优势以后，美国也积极推行自由贸易政策。二战后，为了消除国际贸易壁垒，推进贸易自由化，美国主导发起设立了关贸总协定，后来发展成为全球性的贸易组织。

（四）世界金融中心

一国经济的发展离不开金融的支持，同时全球经济联系必然要求有便利的国际结算和支付服务，跨国间的资本流动也必然要求有国际金融市场的存在。历史上，

---

① 唐晋. 大国崛起 [M]. 北京：人民出版社，2006.

② 福克纳. 美国经济史 [M]. 北京：商务印书馆，1964.

③ 安格斯·麦迪森. 世界经济千年史 [M]. 北京：北京大学出版社，2003.

④ 福克纳. 美国经济史 [M]. 北京：商务印书馆，1964.

英、美等国的金融体系都非常发达、开放，能充分利用国内外的资金，寻求资源的全球配置，为经济扩展提供支持，并且先后成为国际金融中心。

16 世纪中叶，为了筹集探寻海上贸易之路的资金以及分散风险，“股份公司”在英国应运而生，“这种‘以股份有限公司从民间融资，然后由民间经营外贸’的模式，不仅保证商人有其独立经营海洋贸易的空间，也为英国后来的工业革命做好了公司组织形式上的准备”。[①] 同时，英格兰银行成立以后，政府开始发行公债，为战争以及公用事业融资。各种股票和证券的发行和交易，促成了英国资本市场的发展，英国国内出现了许多区域性的证券交易所。成立于 1802 年的伦敦证券交易所，开始是为了交易政府债券，最后发展成为国际金融的中心交易场所。英国的资本市场不仅对国内工业投资提供支持，而且为国际资本流动提供平台。19 世纪，许多外国的政府和企业通过英国的资本市场融资，英国投资者对海外金融市场有着巨大的影响力，一位美国的议员曾说：“美国金融市场的晴雨表总是悬挂在伦敦交易所。”据统计，1865 年到 1914 年的英国投资中，本土只占 30%，其他 70% 在国外，到一战前，英国几乎占世界总投资额的一半，大量的资本输出使伦敦成了全球金融中心。[②] 伴随着英国海外贸易与国际投资扩张，金本位制下的英镑也成为国际货币。

19 世纪，美国的资本市场在国内经济社会发展需求的刺激下快速发展。运河、铁路等基础设施的建设得到了资本市场的强力支持。西部金矿的开发，使美国的黄金供应不断增加，美国的证券受到欧洲投资者的青睐，加速了美国资本市场的发展。“南北战争”的政府融资导致纽约成为美国最大的资本市场，仅次于英国伦敦。第一次世界大战给美国的资本市场带来了历史性的发展机遇，来自欧洲的订单促进了美国的经济快速增长，同时大量欧洲证券到美国发行、销售，许多避险资金涌入美国资本市场，极大地刺激了美国资本市场的繁荣。“到战争结束时，美国是唯一真正的赢家……美国经济体系中最大的收益者莫过于华尔街了，他已经成为世界金融体系中的太阳，而环绕其左右的是全球其他金融市场，包括伦敦。”[③] 显然，战后的纽约一举成为世界新的金融中心。此外，“二战”后美国主导建立了“布雷顿森林体系”，美元与黄金挂钩，其他国家统一使用美元作为国际支付手段，美元成为国际货币。虽然后来美元放弃了与黄金的固定兑换，但是作为国际货币一直延续下来。

---

① 陈志武 . 金融的逻辑 [M]. 西安：西北大学出版社，2014.

② 唐晋 . 大国崛起 [M]. 北京：人民出版社，2006.

③ 约翰·S·戈登 . 伟大的博弈——华尔街金融帝国的崛起 [M]. 北京：中信出版社，2011.

（五）世界技术创新中心

技术创新是经济持续增长的主要源泉，从传统产业生产效率的提高，到新兴产业的发展壮大，都需要技术的不断创新。英国和美国在工业化过程，都说明他们的崛起以技术领先为基础，因此一个国家要成为世界经济的中心，必须具备很强的技术创新能力。

日本科学史家汤浅光朝（1962）的研究发现，如果把科学成果数占当时全世界25%以上的国家定义为“世界科技活动中心”，那么英国在1660年至1730年，美国在1920年以后都是当时世界的“科技活动中心”，这个时间与他们作为世界经济中心的时间大致吻合。“工业革命”开始前，英国的工程师完成了许多的技术发明，从1698年托马斯·塞维利的蒸汽机到1769年詹姆斯·瓦特改良式蒸汽机，从1733年凯伊·约翰发明飞梭到1764年詹姆斯·哈格里夫斯发明珍尼纺纱机，正是这些发明的推广使用，才迎来了人类的机器时代，也开启了英国崛起并发展成为世界经济中心的道路。

到了19世纪后半期，美国的技术创新能力大大提高。安格斯麦迪森认为，美国在开发20世纪的新技术方面发挥了主导作用，“技术创新的动力从19世纪开始发生变化，其特征是个人发明的作用降低了，美国开创的应用科学研究得到了更大的重视。美国以一种英国从未尝试过的方法使技术创新制度化”[①]。这种制度下，各种机构展开了的应用科学的研究。据麦迪森统计，1913年，美国的制造业中，研究机构有约370个，员工3500人。1946年这一数据分别为2300个和11800人，制造业中每1000人就有4名科技工作者，这是英国的5倍。同时，美国政府的资助在农业、采掘业方面发挥了重要的作用，企业与大学之间的联系更为紧密。因此，美国成为全球新的“科技研发中心”，并在电子计算机、通信、材料等新兴产业中形成全球领先优势，成为战后世界经济体系新的中心。

（六）海上军事强国

自“大航海”时代以后，海上贸易是全球经济联系一个最重要途径，海上军事实力和运输能力决定了一国在世界经济中的地位。历史上，无论是以军事战争和殖民统治为特征的帝国主义时代，还是在二战后的和平竞争时期，军事实力的上升都是国家经济实力的体现和保障，世界经济中心国家的崛起都离不开强大的海上军事实力。

英国是伴随着战争而兴起的。1780年到1784年与海上霸主荷兰的战争，英国

---

① 安格斯·麦迪森．世界经济千年史[M]．北京：北京大学出版社，2003.

取得了胜利，不仅获得了荷兰的海外殖民地，同时大大提高了英国商贸力量。19世纪初反法战争的胜利，使得英国打败了当时最大的竞争对手，军事力量达到了顶峰，特别是英国的海军力量，在这场战争后的近一个世纪里无人能与之匹敌，有力地保证了后来英国经济的海外扩张。据统计，1790年英国海军总吨位48.59万吨，第二位的法国为31.43万吨。到了1815年，英国总吨位达到了60.93万吨，法国仍为第二，总量减少到22.83万吨。俄国第三，16.73万吨，西班牙第四，仅6万吨，英国超过了其他三国的总和。①

美国的崛起同样也离不开海上军事力量增强。19世纪末，马汉的"海权论"提出制海权是国家实力的关键，认为只有那些拥有强大海军的国家，才能实现世界霸权政策，美国的发展必须建立在制海权的基础之上。在一段时间里，这成为美国对外政策的一条原则。美西战争中，美国的海军发挥了重要的作用，为美国打开了的对外扩展之门，通过占领国外的殖民地和签订不平等条约等方法，为国内工业找到国际市场和原材料的供应地。二战后，美国的军事力量跃居世界首位，特别是海军，"它在一个既没有人敢向英国皇家海军权威挑战而又奢望生存的时代里诞生，而到1945年底时，它已经建成了一支历史上无与伦比的舰队，无人能与之匹敌——既是海上霸主，又是空中的霸主"。②

二、世界经济中心与中国

有着悠久历史的中国，曾取得过经济发展上的高度成就。弗兰克（2008）认为在11世纪和12世纪的宋代，中国无疑是世界上经济最先进的地区，即使到了1400年至1800年的明清时期，"整个世界经济秩序当时名副其实地是以中国为中心的"。但是由于种种原因，在近代工业化的进程中我国的经济发展落后于近代西欧以及美、日等国，国家也遭受了被侵略和殖民的磨难。新中国成立以来，为实现中国民族的伟大复兴，我们奋起直追，经过几代人的共同努力，我国的经济发展取得了举世瞩目的成就。2015年，中国GDP占全世界的14.84%，仅次于美国，为全球第二大经济体，中国商品出口占全球13.8%，世界第一；进口占全球10.06%，世界第二。当前，中国的经济还在保持中高速的增长水平，在世界经济中占据了举足轻重的地位，"我们比历史上任何时期都更接近中华民族伟大复兴的目标"。③

① 唐晋．大国崛起[M]．北京：人民出版社，2006.

② 斯蒂芬·豪沃思．驶向阳光灿烂的大海——美国海军史[M]．北京：世界知识出版社，1997.

③ 习近平2012年在参观《复兴之路》展览时的讲话。

“以史为鉴，可以知兴替。”在这重要的机遇面前，我们不能忘记历史的经验和教训，这将有助于我们认清自我的定位，把握未来的趋势。从前面总结的世界经济中心形成条件看，我们要完成从“经济大国”到“经济强国”的蜕变，绝非朝夕之功，还要从以下几个多方面做进一步的努力。

（一）提升在国际分工体系中地位

随着经济的发展和技术的进步，国际分工继续深化，工业制造按照技术含量进一步细分，同时服务业在分工体系中的重要性越来越大。因此，世界经济中心国要主导全球分工体系，其产业结构的要求也在发生变化，高端制造业和服务业占比相对要高。

改革开放以来，我国产业结构发生了巨大变化，二、三产业增长明显。1980 年和 2015 年我国一、二、三产业的比例如表 1 所示。与发达国家相比，我国第三产业整体比例不高。2014 年，美国第三产业占比为 75.3%，法国 72.4%，日本 68.1%。而且我国的第二产业主要集中在劳动密集型、资源密集型行业领域，技术含量不高，人均产出水平还比较低。据 IMF 数据，2015 年我国人均 GDP 为 7990 美元，远低于美国的 55805 美元，全球排名 76 位。

所以，调整产业结构，努力提高第二产业中的技术含量，加快发展第三产业，是我们提高国际分工地位的必由之路。

表 1：1980 年、2015 年我国三大产业占比情况

	第一产业	第二产业	第三产业
1980 年	30.2%	48.2%	21.6%
2015 年	9%	40.5%	50.5%

（二）打造国家技术创新能力

由中国科学技术发展战略研究院发布的《国家创新数据报告 2015》显示，2015 年，我国国家创新指数为 68.6，全球排名第 18。全球创新排名前十的国家情况如表 2 所示。由此可见，我国的创新能力还有待进一步提高。

表 2：2015 年世界各国创新指数

国家	美国	日本	瑞士	韩国	丹麦	德国	瑞典	英国	荷兰	新加坡
创新指数	100	93.7	88.9	88.2	75.3	75.2	74.2	73.6	73.4	72.8

因此，全面加强国家创新能力建设，让技术创新成为经济增长的主要动力，是

我们成为经济强国的必然选择。

（三）建立开放稳定的金融体系

由于存在资本项目的管制，我国资本市场开放程度较低。倪权生，潘英丽（2009）比较了G20国家的资本账户开放程度，结果显示，虽然在这些国家中都存在不同程度的资本管制，但我国属于资本项目的开放度较低国家之一。根据国际货币基金组织发布的《汇率安排与外汇管制年度报告（AREAER）》表明，2014年，15类资本流入和16类资本流出指标中，中国相应对其中的14类和15类进行了管制，管制覆盖面非常广。此外，作为一个经济大国，人民币国际化使用程度还不高。《人民币国际化报告2016：货币国际化与宏观金融风险管理》显示，到2015年底，人民币国际指数RII为3.6，其他主要国际货币情况如表3所示。人民币的国际化程度远低于美元和欧元。

表3：2015年主要国际货币国际化指数

货币	美元	欧元	英镑	日元	人民币
国际化指数	54.97	23.71	4.53	4.29	3.6

在未来的发展中，我们要以更加开放的姿态，融入和引领世界，在保证金融安全和经济稳定的前提下，逐步开放资本账户，提高金融市场的国际化水平。同时，我们还应积极推进人民币的国际化进程，提高人民币在国际支付、结算以及储备中的占比。

（四）发展海上军事力量

建国以来，我国的国防能力建设不断加强，海上军事力量已经取得了巨大的进步，在国际上的地位也不断提高。但与美国相比，我国的海上军事力量还相对比较薄弱，特别是在远洋战略能力方面。据公开资料显示，无论是在海军人员的数量，还是航母、巡洋舰等主力舰艇的数量，美国海军都远远超过中国海军。因此，为了有效保障我国经济发展成果，创造和平发展的国际环境，我们必须努力发展海上军事力量，提升远洋战略能力。

“他山之石，可以攻玉。”英、美两国兴起的历史为我们未来的发展提供了重要的借鉴。我们不仅要立足于本国的实情，充分发挥制度优势、文化优势，更要充分吸收他国的成功经验。这样，我们终将走出一条通往民族复兴光明大道。

参考文献

[1] 陈志武 . 金融的逻辑 [M]. 西安：西北大学出版社，2014.

[2] 胡鞍钢 . 中国崛起之路 [M]. 北京：北京大学出版社，2007.

[3] 彭慕兰 . 大分流 [M]. 南京：江苏人民出版社，2003.

[4] 唐晋 . 大国崛起 [M]. 北京：人民出版社，2006.

[5] W · H · B. 考特 . 简明英国经济史 [M]. 北京：商务印书馆，1992.

[6] 安格斯 · 麦迪森 . 世界经济千年史 [M]. 北京：北京大学出版社，2003.

[7] 弗兰克 . 白银资本 [M]. 北京：中央编译出版社，2008.

[8] 福克纳 . 美国经济史 [M]. 北京：商务印书馆，1964.

[9] 戈登 . 伟大的博弈 [M]. 北京：中信出版社，2009.

[10] 龙多 · 卡梅伦 . 世界经济简史 [M]. 上海：上海译文出版社，2012.

[11] 斯蒂芬 · 豪沃思 . 驶向阳光灿烂的大海——美国海军史 [M]. 北京：世界知识出版社，1997.

[12] 约翰 · S · 戈登 . 伟大的博弈——华尔街金融帝国的崛起 [M]. 北京：中信出版社，2011.

经济理论演变中的供给侧：萨伊定律、供给学派及中国的供给侧结构性改革

苏雪串（中央财经大学经济学院教授，经济学博士）
吴琼（中央财经大学经济学院硕士生）

摘要：作为市场经济的两个基本方面，供给侧和需求侧的相对重要性是西方经济学理论演变围绕的一个主线。本文梳理了自古典经济学以来供给侧分析的理论演变。1929年的大萧条发生之前，以萨伊定律为代表的古典经济学强调供给侧，重视增加生产能力。“大萧条”之后，凯恩斯革命转向需求分析，认为由于有效需求不足，使得小于充分就业的均衡或非自愿失业的存在是一种常态，需要政府调节需求，实现充分就业的稳定增长。西方国家经济在60年代末陷入“滞胀”的泥潭后，经济学研究的重点又转向供给侧和长期增长问题。供给学派把增加供给视为解决“滞胀”的关键，并主张通过减税，促进就业和资本投入的增加从而总供给的增加。随着经济信息化，供给学派的主要代表人物吉尔德提出的新型经济学依然坚持供给决定论，特别强调在信息经济中应重视知识和创新对增加供给和促进经济持续增长的作用。在中国经济新常态下，根据经济运行的特点和实践中面临的突出问题，借鉴西方经济学供给分析的观点，通过创新和产业升级促进供给结构优化是我国供给侧结构性改革的根本和政策核心。

关键词：供给侧；供给学派；萨伊定律；供给侧结构性改革

经济思想的发展演变主要是围绕几个问题：供给和需求的相对重要性、市场机制和政府干预的相对重要性以及短期稳定和长期增长的相对重要性。对这三个焦点进行归类，供给、长期增长和强调市场机制的作用具有一致性，而强调需求、短期稳定和重视政府干预具有一致性。本文拟从供给的视角，梳理在古典经济学和新自由主义时期以及信息经济背景下各种经济学理论关于供给的分析，以期对中国供给侧结构性改革提供启示和借鉴。

一、萨伊定律：古典经济学的供给决定论

（一）崇尚市场机制、重视生产能力或供给的增长是古典经济学的核心思想

任何一种经济理论和思想都必需置于所处的经济发展阶段和文化背景下来理解。经济发展阶段和水平决定了经济理论需要解释和解决的经济问题，经济理论都产生于特定的经济背景下，古典经济学主导的经济理论与发展水平相对较低的经济背景相适应，因而强调生产能力的重要性：比如，斯密认为，国民财富的增长决定于劳动和资本使用量及其效率；李嘉图指出，不用愁产品没有销路，只需愁能否把产品生产出来；穆勒强调一切卖主必然而且最终都是买主。其中萨伊定律是古典经济学供给决定论的经典理论。

萨伊定律由法国经济学家萨伊1803年在其《政治经济学概论》一书中提出，核心思想是“供给创造需求”，认为任何一种产品的生产，都会给其他产品打开销路，因而供给能创造出对其自身的需求，即不会出现生产过剩。萨伊认为，劳动者通过就业获得收入，而收入是用来购买产品的。或者说，生产行为同时创造了收入和购买能力，因而不会出现需求不足，即使发生资源配置不当而导致某种商品的过剩，也只是暂时的。萨伊定律忽略了总需求在宏观经济中的作用，否认商品市场非均衡的可能性，强调充分就业的均衡是市场经济中的常态。

（二）货币只有交易媒介的职能及货币中性是萨伊定律存在的条件之一

萨伊定律的经济逻辑是：每一项生产活动，必然产生一个等量的收入，收入的花费，就产生了等量的需求，即不会发生需求不足的情形。可见，其前提条件是，卖和买同时发生，不会有现金的囤积，或者说，如果发生现金囤积，将会使萨伊定律失效。但在古典经济学中，货币仅仅具有交易媒介的职能，货币本身不会影响实际经济部门，这就是实际部门和货币部门的古典两分法的本质，意味着货币是严格中性的。囤积现金本质上是非理性的，这成为萨伊定律存在的条件之一。萨伊指出：“在以产品换钱，钱换产品的两道交换过程中，货币只是一瞬间起作用，当交易最后结束时，我们将发现，交易总是以一种货物交换另一种货物。”[①] 因此，一个商品的卖主同时也是另一个商品的买主。任何一种产品的生产，都会给其他产品打开销路。总供给必然等于总需求，即供给能够创造自己的需求（Supply creates its own demand）。

① 萨伊. 政治经济学概论 [M]. 北京：商务印书馆，1963.

只要有供给，就必然产生相应的需求，市场经济不会受到需求不足的约束。

李嘉图、穆勒、马歇尔等古典经济学家都认同萨伊定律。根据古典经济学的分析，在市场经济中，工资和价格具有弹性，可以灵活变动，从而形成了一种自我矫正机制，使得经济能够迅速恢复充分就业，实际产出等于潜在产出水平。其政策含义是，调节需求的经济政策只能影响价格水平，而不会影响实际产出水平。或者说，实际产出水平决定于供给方面。

（三）“大萧条”对古典经济学的冲击：凯恩斯革命把重点转向需求侧

经济实践的变化推动经济学理论的发展，新的经济问题或经济现象往往会激发出新理论。在经济发展水平和供给效率较低的时代，以萨伊定律为核心的古典经济学一直占据统治地位。萨伊定律强调供给的决定作用及市场调节的有效性。1929 年发生在西方国家的经济“大萧条”，出现大规模的失业和生产过剩危机，萨伊定律的解释力下降，导致了经济学领域的“凯恩斯革命”。1936 年出版的《就业、利息和货币通论》，不仅标志着宏观经济学的产生，并且凯恩斯从根本上否定了萨伊定律，提出了“需求决定论”，根据三个基本心理定律——边际消费倾向递减、资本边际效率递减及流动偏好，凯恩斯得出结论：需求不足导致小于充分就业的均衡是一种常态，总需求水平决定了均衡的国民收入水平，充分就业的稳定增长需要政府政策调节总需求得以实现。凯恩斯从总需求的角度揭示了经济危机的原因，提出调节总需求的政策增加就业、促进经济增长。之后的几十年间，凯恩斯主义的有效需求理论主导了西方经济学，其以调节需求为核心的政策成为美国等国家政府的主要政策工具。

二、供给学派对萨伊定律的复活：从凯恩斯主义的需求分析转向供给

事物的认知规律表明，传统与创新，是一种历史的承继。在经济学领域，旧理论的积累必然会促进新知识的拓展。新理论往往也需要借助原有理论的概念、工具，对新的经济问题进行思考和论证。凯恩斯主义统治西方经济学大约 40 年之后，西方国家经济陷入高失业与高通胀并存的“滞胀”的泥潭，于是，凯恩斯主义衰微，出现了反凯恩斯主义诸理论流派，其中，供给学派侧重于供给分析，认为储蓄和投资不足从而供给不足是经济“滞胀”的主要原因，主张通过减税等政策增加总供给，减少失业和降低通货膨胀。

（一）供给学派对凯恩斯主义“有效需求理论”的批判

根据凯恩斯的理论，导致失业的原因是需求不足，而通货膨胀的原因是过度需求，因此，失业与通货膨胀之间存在替代关系，不会出现并存，更不会出现二者同时增长。因此，面对“滞胀”，凯恩斯主义的理论解释力下降。作为反凯恩斯主义思潮之一，供给学派以自由主义为经济哲学基础，承继了古典经济学的基本理论，同时对凯恩斯主义进行批判和否定。

供给学派否定凯恩斯主义，揭示了凯恩斯主义关于失业的理论和政策的谬误，认为凯恩斯主义违背了“资源稀缺性”这一经济学基本前提，忽视了市场机制对资源配置和利用的调节作用。只要市场机制能够充分发挥作用，价格具有完全弹性，那么，通过价格调节，资源必然能够得到最优配置和充分利用。二战以后，西方国家政府以凯恩斯主义为依据，采取需求管理政策，导致了高失业与高通胀并存的“滞胀”。因此，供给学派强调，失业不是需求不足引起的，而是凯恩斯主义的政策造成的，只有摒弃凯恩斯主义，重申萨伊定律，才能使美国经济走出“滞胀”的泥潭。

凯恩斯主义从需求的角度分析失业产生的原因，认为总产出水平决定于总需求水平，失业的原因是需求不足，解决失业问题的对策是政府通过扩张性经济政策增加总需求。供给学派认为，凯恩斯的需求决定论把供给和需求之间的逻辑关系颠倒了，并且也不认为30年代的大萧条是需求不足所致。吉尔德指出，萨伊定律的重要性在于，“它把注意力集中在供给、集中在刺激的能力或资本的投资方面。它使经济学家们首先关心各个生产者的动机和刺激，使他们从专心于分配和需求转过来，并再次集中于生产手段。”[①] 拉弗认为，萨伊定律包含了一些列至关重要的经济真理，确信供给是支持实际需求的唯一源泉。吉尔德在其《凯恩斯与萨伊的对立》一文中指出，“就全部经济看，购买力会永远等于生产力，经济具有足够的能力来购买它的全部产品，不可能由于总需求不足而发生产品过剩。从整体看，生产者在生产过程中会创造出对他们的产品的需求”[②]。所有的供给学派的经济学家都认同萨伊定律包含的经济学真理，萨伊定律成为供给学派理论观点和方法论的基础。

（二）供给学派的主张：增加供给是解决“滞胀”的关键

供给学派重视供给，认为增加供给的主要驱动力包括储蓄和投资的增长、劳动

① 乔治·吉尔德．财富与贫困 [M]．上海：上海译文出版社，1985.

② 转引自高鸿业，吴易风等编著的《现代西方经济理论与学派》一书。

者的积极性和创造性的发挥以及劳动生产率的提高等。根据总供求模型，总供给的增加能够同时产生价格水平下降和总产出水平增加的效果。因此，供给学派把增加供给视为解决“滞胀”的根本途径。

供给学派继承了萨伊定律重视供给侧的基本观点，并且围绕供给侧，形成了更加丰富系统的理论观点及相应的政策主张。从政策目标来看，长期经济增长是核心，而不是稳定经济周期性波动。促进经济增长的最佳方式是增加供给，而增加供给的根本途径是增加就业和资本投入以及企业家精神。

（三）作为经济政策学的供给学派：主张以减税为核心的政策增加供给

供给学派因成为里根总统竞选纲领的理论依据和政策内容而被广泛关注和接受，从而成为西方经济学领域的主流经济学学派，因而其特点之一被称为“经济政策学”。供给学派的经济哲学基础是崇尚市场机制，认为政府支出会扭曲经济，因而政府应尽可能少干预经济。市场而不是政府应成为调节经济活动的主要手段，因此，政策应着眼于对劳动者和企业的微观激励，而降低所得税的边际税率是促进就业和增加投资的最有效的政策手段，甚至认为减税还会增加政府财政收入。供给学派崇尚自由，认为高税收进行的收入转移是对自由的威胁，政府支出使得集体判断代替了个人判断，也是对自由的威胁，因而政策主张的核心是减税。强调通过减税激励人们工作、储蓄和投资的积极性，以解决经济增长缓慢、生产率下降问题。税率是通过对要素的税后报酬的影响而作用于经济的，因此通过降低税率提高劳动、储蓄、投资等生产性活动（growth activities）相对于闲暇和消费性活动的报酬，将促进就业和经济增长。即较低的税率会提高劳动和资本的税后收益，较高的税后收益又会促进劳动和资本供给的增加，而投入和创新的增长会导致潜在产出的增长，总供给增加。

三、信息经济中的供给决定论：供给学派理论的新进展

随着技术进步，特别是信息技术向经济体系的渗透，作为供给学派的主要代表人物吉尔德提出需要构建与信息经济相适应的新型经济学，提出了信息经济时代的供给决定论。

（一）吉尔德对古典经济学的批判：未能把企业家的创造力置于核心地位

从学科之间的关系来看，某些学科的研究成果或规律的发现，会成为其他领域创新的条件或方法。17 世纪的一个重要的智力成果是微积分的发明，之前的物理学

主要研究炼金术、天文现象等，内容较分散。牛顿等人运用微积分方法，把宇宙视为一台庞大的机器，创造了具有数学秩序的新物理学，发现了宇宙运行的规律，提高了人类认识世界及预测的能力。受牛顿17世纪提出的“世界体系”（system of the world）的启发，亚当·斯密探寻经济学领域的规律，提高经济事件的可预测性。亚当·斯密在其《国富论》中致力于研究当时那些增加财富的商业行为和商业组织，试图构建一个类似于物理学体系的经济学体系。提出了分工与效率、国际贸易比较优势等理论。古典经济学认为经济活动中“看不见的手”类似于物理学中“重力”的角色和作用，宏观经济体系就像一个庞大的机器，其内部的各部分由“看不见的手”调节，可以有序地运行，从而形成了古典经济学的理论基础和核心思想，并且至今都是市场经济赖以发展的基本原则。但是，企业家精神在经济发展中的作用被忽略，亚当·斯密指出，企业家是存在的，但是这些企业家很少聚在一起，进行会谈时，不是策划出一个对付公众的阴谋，就是炮制出一个掩人耳目的提价方案。企业家的创造力没有受到重视，被吉尔德认为是古典经济学的缺陷之一。

（二）信息论对经济学的渗透：以知识和创新为核心的新型供给经济学的形成

吉尔德强调，研究人类行为的社会科学（比如经济学）和研究自然客体的自然科学（比如物理学）之间存在无法弥合的差异。即物理学研究客观规律，而经济学研究的人类具有自由意志和创新思维。对于企业家的重要性，吉尔德指出，“如果经济学仅仅以市场体系为基础，也就是说只考虑市场的作用，却忽视人的作用，那就会存在根本性的，或者说致命的缺陷”[①] 因此，“经济学这个学科并没有随着时间的流逝而出现很大的进步。如今，经济学已僵化成一个严重脱离现实的学术科目，异变成一个充斥着复杂公式的数学体系，却仍然幻想着利用牛顿式的规则去分析错综复杂的人类行为。经济学家们痴迷于机械的市场模型，却忽视了一类重要的市场主体，即具有自由意志的人类”。[②]

根据计算机网络技术及其背后的信息论，吉尔德开始研究信息论对经济学的影响，逐渐偏离了古典经济学的影响。在古典经济学中，亚当·斯密及其追随者们提出了均衡理论和自发秩序原理，探寻市场条件发生变动，特别是价格变动以后，市场赖以恢复秩序和平衡的机制，在经济学领域构建一个有秩序的体系。但是，近年来的经济危机，包括理论危机和实体经济危机，都源自信息危机。而经济学家缺少

---

① 乔治·吉尔德：知识与权力 [M]. 北京：中信出版社，2015.
② 乔治·吉尔德：知识与权力 [M]. 北京：中信出版社，2015.

对无序和随机的系统研究。因此，吉尔德重视研究以非均衡和无秩序、信息和噪声为基础的新型经济学，以此凸显人特别是企业家的作用，并且认为新型经济学才是理解经济发展的关键路径。

在这一过程中，逐渐开始以一种新的方式思考经济学问题，特别是知识与权力问题，试图创立一种新型供给经济学。其中的一个主要信条是：市场经济是一个信息体系，而不是激励体系。“经济增长的关键不是为了追求货币激励而去获取新事物，而是通过学习和发现去扩张财富。”“一个经济体就是一个智能圈，所谓智能圈，就是一个以智力为基础的体系，是一个由思想、态度、目标与灵感构成的主观范畴，决定着经济体内一切支出能够带来的价值”。“信息中排除了冗余后的平均信息量称为‘信息熵’，也可以称为‘知识’。这种新经济学将会像转变世界经济那样转变经济学这一学科。”①

（三）创新和企业家才能是信息经济中增加供给的关键驱动因素

1. 信息经济中，“供给依然决定需求”

在信息经济中，“供给决定需求”依然是新型供给学派的核心观点，这是因为，第一，生产成本下降，商品价格下降，导致需求增加。第二，供给是市场之源。企业创新，形成新产品的供给，扩大了市场，消费者产生对新产品的需求。比如，智能手机的出现，扩大了消费者对手机的需求。

2. 供给的增加主要源于学习、信息和创新

与经济学研究理性经济人（homo economicus）不同，吉尔德提出并强调“现代智人”（homo sapiens），认为信息经济中，经济增长不是源于激励，而是源于学习、信息和创新。“学习曲线”或“经验曲线”表明，每当产品或服务的销量增长一倍，其制造成本就会下降约 20% ～ 30%。这被认为是工作经验积累即学习的结果，因此特别强调财富的增长主要是通过技术发明和创新获得的。因而主张政府的经济职能是营造一个低熵的社会环境，包括实现法制、维护社会秩序、保护产权、监管的可靠性和约束性、政府支出的透明度以及维持金融体系的稳定性。因为低熵的社会环境是高熵的创新所必需的。

四、优化供给结构：中国供给侧结构性改革的核心

经济社会发展的新阶段需要新的理论和政策。从 2010 年开始，我国经济增长

---

① 乔治·吉尔德：知识与权力 [M]. 北京：中信出版社，2015.

速度开始下降，经济发展进入了“新常态”，供给侧的产能过剩、产品供需错配、生产成本提高、高端产品缺乏等问题凸现，因此，需要通过供给侧结构性改革促进经济可持续发展。中国当前的供给侧结构性改革，虽不是西方供给学派的翻版，但是，我们可以从西方经济学理论演变中关于供给侧的分析获得启示和借鉴。

（一）从需求启动转向供给侧结构性改革：中国经济发展的战略转型

前已述及，以萨伊定律为代表的古典经济学、供给学派及其在信息经济中的新发展等西方经济学理论都论证了市场经济中供给侧的重要性，这些理论给我国的启示主要在于：经济长期增长不能单纯或过度依赖需求的增加，而需要既关注需求侧也重视供给侧。根据我国当前经济发展面临的主要问题：国内收入差距扩大抑制了消费需求增长，也引致了消费结构升级；2008 年金融危机后，净出口对 GDP 的贡献率不断下降，因此，需求对经济增长的带动作用减弱，我们需要形成新的经济增长驱动力，跨越“中等收入陷阱”，实现经济可持续发展，这就需要战略转型，实施供给侧结构性改革。增加总供给、优化供给结构、实现供给与需求的协调。

（二）创新和产业升级是优化供给结构根本途径

借鉴西方供给侧理论，结合中国实际，我国的供给侧结构性改革应探寻适宜的供给侧的动力机制。促进创新和产业升级从而优化供给结构，是我国供给侧结构性改革的根本途径和政策核心。

我国经济的供给侧面临的主要问题是高端产品供给不足、产业链和产业结构层次均较低，因此供给侧结构性改革的重点之一是优化产品和产业结构。在中国经济新常态下，知识和创新成为影响经济发展的两个最重要的驱动力。通过创新增加供给、优化供给结构并促进产业结构升级以适应需求结构，是中国经济供给侧结构性改革的关键，也将成为我国经济政策的核心。

市场经济中供给侧和需求侧的相对重要性会随着经济发展的阶段而不断变化，并因此形成不同的经济学理论及其相应的政策主张。把这些具有多样性特征的理论放在比较的、历史的框架中，梳理供给侧分析的脉络，揭示出信息经济中供给以及创新作为增加供给的驱动因素的重要性，并且通过创新优化供给结构也是我国供给侧结构性改革的关键和政策核心。

参考文献

[1] 高鸿业、吴易风等．现代西方经济理论与学派 [M]. 北京：首都经济贸易大学出版社，2005.

[2] 肖林．新供给经济学：供给侧结构性改革与持续增长 [M]. 上海：格致出版社，2016.

[3] 保罗・罗伯茨．供应学派革命：华盛顿决策内幕 [M]. 上海：格致出版社，2011.

[4] 克鲁格曼 . 地理与贸易 [M]. 北京：中国人民大学出版社，2012.

[5] 罗伯特・阿特金森著，杨晓、魏宁译．美国供给侧模式启示录：经济政策的破解之道 [M]. 北京：中国人民大学出版社，2016.

[6] 乔治・吉尔德．财富与贫困 [M]. 上海：上海译文出版社，1985.

[7] 乔治・吉尔德：知识与权力 [M]. 北京：中信出版社，2015.

[8] 萨伊．政治经济学概论 [M]. 北京：商务印书馆，1963.

[9] 森图姆著，冯炳昆译．看不见的手：经济思想古今谈 [M]. 北京：商务印书馆，2016.

[10] 约翰・米尔斯著，高湘泽译．一种批判的经济学史 [M]. 北京：商务印书馆，2005.

从社会演化视角看社会经济危机的必然性

乔恒（中央财经大学经济学院副教授，经济学博士）

摘要：本文使用社会演化的思路从斯密的市场交换理论出发尝试构建能够解释20世纪直到今天的世界经济格局的演化路径，讨论了斯密式的经济效率和强制之间的动态不稳定平衡关系是解释众多国家发展现象的一个重要线索。通多上述理论的探讨，逐步将其应用于对于发达国家的轮替，不发达国家的长期停滞等重要现象的分析之中，验证了该理论思路的广泛的适用性。

关键词：社会演化；斯密式市场；制度惯性；强制

一、引言

有关如何正确理解西方国家过去发展的经验的争论[①]中，有一个重要的理论问题，认为第三世界国家会大致重复西方国家的经验，这种观点在20世纪70年代以及之前非常流行。但是在今天的学术界，这些认为存在某种“标准道路”的观念已经很大程度上被抛弃或者改头换面了。但是这些思想还是在很多教学和研究中发挥着很大的作用。例如，经济学教科书中仍旧按照“成功国家”的经验来推演“一般的”经济发展的“道路”，而在经济发展中，这种倾向被“强迫”地用于大量后发国家，而且当遇到困难的时候就提出各种固定的模式，被认为是一种标准模式的变体，来进行各种应用和理论的探讨。这些强迫式的方法论很大程度上应归结为对于理论方法论的忽视，而不是简单的不自信的问题。

如何正确理解社会发展和演化，是一个极为宏大的历史和社会经济方法论问题，可能能够在较长时段通过理论和实证相结合的方法不断验证并提出正确的观点，学术界围绕这个主题的研究在多种角度上已经取得了很大的进展，但是就整体而言仍旧没有建立统一的方法论体系。但是显然这个问题已经完全超出本文的能力。本文

① Evans P, Stephens J D. Studying devel · pment since the sixties[J]. The · ry and S · ciety, 1988.

仅仅是各种围绕这个主题研究的一个较小的分支，旨在阐明不同经济体演化发展的一般的特点，尤其强调了每个经济体都必然会经历的危机和转折以及其内在的不可避免的机制问题，也即危机为演化发展的必经道路。

二、首要问题：为什么沿着惯性就会走向一种危机

在策略性群体演化竞争环境下，经济体中具有主导政策制定的一方如果仅仅基于个体理性组织和制定政策，必然导致严重的危机，无论对于个体还是代理组织都是如此。任何一个社会的组成部分，从其自身出发做出的最优决策，难免对于其他组成部分加以无意识或者有意识的忽略，从而形成或多或少，甚至严重的苦难。这一简单的规律对于整个社会演化具有重要的意义。这种危机既是社会演化中落后者的下降点，也是替代者上升的通道，从而在竞争中形成社会演化的洪流。这种惯性总结如下。

制度惯性：在人类集体意识决定社会发展和决策的制度条件下，个人意识的觉醒如果不能促成集体意识的觉醒，则人类的社会决策仍旧存在巨大的惯性，使得社会革新的发生存在迟滞。

因为这里得出结论的基础是集体意识通过决策决定社会走向，所以只要集体意识是最高的决策基础，那么任何以集体意识为基础的制度设计都必然存在同样的结果。进一步来说，今天看到的大部分制度安排都是以集体意识为基础的，所以上面的结论可以说是不依赖制度选择而改变的。所以人们想通过制度选择来绕过社会演化的机会近乎为零。这就意味着，先进国家和落后国家在面临社会演化时是平等的，并不存在先进的富裕国家可能从已有的发展成就中获得任何避免潜在危机的特权。但是在这种“平等”竞争中的确存在差异，导致在竞争中可能被淘汰的几率在不同的经济体中是“不均衡”分布的。本文重点讨论在较长历史时期中，可能成为优势的个体差异性，以及这些差异为什么成了社会演化中避免淘汰的决定性因素。为了讨论社会运行效率的典型代表经济效率的达成，我们通过斯密提供的框架来试图窥探最优的发展状态。

三、斯密式的讨价还价机制并不占优因为“同情心”的假设还没有足够成立

如果从上述角度来观察，我们就更容易了解亚当·斯密的思想越是到了近代就越是引起人们的重视，那是因为尽管在任何时代交易的达成都是两方或者多方讨价

还价的结果，但是人类社会到了晚近的年代使得更多的人拥有了较为平等的讨价还价的能力，或者说这种斯密式的讨价还价市场如此被社会各方所重视。越是这种平等的讨价还价的能力在世界得到广泛的实现，那么斯密的均衡理论就越是能发挥其“看不见的手”的自动调节效能[①]。似乎，斯密希望使用“道德哲学”的成果来矫正其经济理论，也就是希望证明“同情心”在世界是广泛存在不容抹杀的。从斯密的角度，如果这个假设成立，那么加上市场均衡的框架，则经济效率必然达成，没有什么忧虑了。[②]但是这仅仅是18世纪末期知识分子的愿景。到了19世纪开始，随着经济的急速发展，不断被证明的现实是“同情心”的假设的确不能在现有机制中发挥其“应有”的效能，如果不进行必要的行动加以规制的话。缺乏议价能力的劳动阶层，不能在市场交换中分享经济发展的成果。此时的繁荣仅仅被锁在有限的阶层和民族中。在19世纪这种矛盾变得极为尖锐。关于英法等工业化过程中劳动人民的苦难的描述，足以证明，同情心并不能广泛应用于市场的分配中。为了缓解因为看到不良的环境而引起富裕阶层的不适感，阶级和种族的隔离成为一种通常的做法。这可能是同情心起了很大作用的地方。但是只要不亲眼看到，享有别人的成果又有什么难堪的呢？[③]这事实上也是同“同情心”同样重要的人类本性之一，而且这种趋利避害的心机在人类的经济和政治生活中可能发挥的作用远大于所谓同情心的范围和深度。

要对上述机制加以充分阐明，我们必须进一步讨论两个关键的问题：

（1）斯密式的讨价还价是如何逐渐占据更大优势的。

（2）在发展进程中不断加强的强制，一方面创造了“同情心”的弱化，另一方面也竟然最终创造出“同情心”的强化。这二者几乎是同步进行的。我们需要了解这样的进程是如何在产生强制的国家中并存的。

在讨论这两个问题之前，我们简述一下我们的立场。

---

① 尽管如此，对于资本和劳动双方的财富调节作用却并不能在市场得到自动解决，这是另一个问题了。

② 如果按照这样的理想框架推演，世界上将不会有激烈的优胜劣汰式的竞争，而渐进式的演化可能在任何地方发生，从而后发国家也将沿着先进国家的老路顺利地“趋同”。

③ 在现实中经济成果和科技成果总是被隔离在有限的国家中，呈现出地理分布的不均衡。无论时间上还是空间上的财富不均匀分布，或者说从较长期来看财富被死锁在特定的空间地理区域中，证明了趋同在现阶段不会自动发生。

四、基本方法——演化的进程

所有的利益既有者为了维系原有的利益，不惜创造出一种或者多种思想的和组织的手段，甚至竭尽可能发动战争来捍卫自己的利益。这几乎是直到现在的人类历史不断重复的内容。这种尽力的捍卫，从社会演化的角度是有着非常重要的意义的，因为如果不如此，那么一种代理人以及其代表的制度就可能轻易被历史淘汰，那么历史也就失去了其演化的最严肃的部分——优胜劣汰。这是人类本性的一种表现，但却如此深刻地影响着人类历史和人文变迁。如果我们简单从这种循环式的淘汰中得到“原地循环”的结论，或者仅仅对失败者报以嘲讽而对胜利者心怀敬畏的话，那么我们同样失去了研究社会进化发展的基本意义。[①]

从这些竭尽全力却失败的尝试中，我们应该能得到重要的发展的启示，因为正是这种惨烈的失败向我们展示了历史进步的车轮。当我们提到旧制度[②]和新制度的时候，最简洁的总结就是，在旧制度的框架下旧的代理人群体并不能完成这种复杂的利益分割决策了。代理人总是把自己的利益放在最前面的做法，并没有发生丝毫变化，发生变化的是更多的代理人开始轮番或者以更多可能的形式进入到我们的视野中，这就是政治的变迁。在这种复杂演化中，并不是一定会沿着既定的路径发展的，但是错误在相当大的程度上可能被周边国家的演化进程所打断，甚至直接纠正。但是不同的演化进程，也有不同的历史使命，因此表现出很大的多样性。这种演化发展让我们了解到似乎有很多潜在未发现的规律。但是确定的是，人类迄今为止认识到的规律还并不足以把握甚至主导影响进程，因此从这一角度上来说，人类还在其不能自决的幼年，背后的不可见的监护人还在引领人类的共同命运。总结而言，个体的理性是导致旧框架必须不断变化的根本，而代理人或者权力的更替必然带来巨大的消耗。而旧制度的弊端不能显现，就不能激起力量来替代他们。从欧洲国家的形成来看，特别是法国大革命时期频繁的社会变化，展示了一幅极为生动的社会演化发展图景，典型的代表不同利益的代理人轮番出场，而广大的民众被激发起来，社会轻易地从一个代理人手中转到另一个手中。在这种轮替之中，整个社会承受了巨大的痛苦代价。然而悖论是，如果没有培养出足够痛苦的民众，如何证明旧制度就一定是坏制度呢？这个问题是解决上述人类社会发展课题的关键之一。从不同角度可能给出不同的答案。下面的几个方面可能构成了一般演化进程的基本条件。在

---

① 引言部分，“标准道路”的假说就是最主要的一种现代循环论的表现。

② 来源于托克维尔著《旧制度与大革命》1856 年的版本。

演化中推动社会进步，一方面是既有利益者的尽力的求存以及各种行动或者强制的出现以及不断加强，一方面由所存在的足够深广的痛苦和灾难来驱动。这二者就形成了基本的演化动力。平衡是非常难于达到的，或者说社会演化中恢复平衡的力量是通过相互竞争的个体来完成的，而并不是原有个体的自发性调节就可能单独完成。个体的自发性调节基于个体的理性，而这种理性对于整体演化的进程而言，不可能总是最优的。尤其是在被关键事件验证之前个体很难判断。

最后，道德风险不会影响演化的进程。在演化进程中，近代可以观察到强烈的“道德风险”问题。一部分国家内部的群体，可能因为看到只要发起运动就会提升自己的地位，那么大大小小的群体都会很轻易被鼓动起来，为了争取更大的份额而脱离生产，进入战斗。在较落后的小国这种状况长期持续。这样的结果就是，可能部分国家被斗争淹没了，来不及正常发展，却长期处于政治动乱中。这可能是部分非洲、中东或者拉美国家的教训。这背后可能存在大量的资助斗争的投机的外在力量。他们可能是搅乱发展进程的一种负面的影响。但是如果对他们的复杂的资助体系不存在了，可能也仍旧会有别的替代性的财源来继续支撑各种斗争的力量。总之，脱离基本的生存状态而进入战争状态，不是人类的发展的诉求和方向。这种发展的选项在动机扭曲条件下增加了，似乎带来的仅仅是混乱，而缺乏实质性的演化成绩①。因此，这可能是部分人类群体演化的一种“陷阱”。但这不是主流，他们往往是边缘群体出现的暂时的混乱。当然就一个群体而言，如何避免发展的陷阱，也是特别需要关注的问题。当然上述状况我们在后文将以另外一种角度加以解读。

五、为何斯密式的讨价还价结构越来越重要

前面方法论的讨论有助于我们了解斯密式市场的优势。在斯密的市场结构中，交易双方竟然在互通有无的本性的基础上达成交易，而似乎完全没有感受到相互之间的议价能力的大小，甚或其他的权利或者威胁带来的不平等的影响。然而在现实中我们看到的国内或者国际的交易都掺杂了太复杂的情感和力量。我们推崇斯密式的理想模式的原因是，似乎只有这种理想化的甚至非利益化的交易中才能展现某种天性甚至公平。在现实中，我们看到的是垄断、权力和强制规定了交易的过程甚至结果。这种划分深深印上了政治的烙印，也因为如此，战争，强制和发生在相关方

---

① 本质上来说，很多这类群体耗费精力提供的多样性的选择都不具有效率的基本优点，因此可能被有些简单的观察者称为是一种演化的浪费。但有时这种浪费并不是没有意义的，因为可能在其中产生有意义的自组织结构，成为未来发展的楷模。

的每一笔交易都发生了深刻的关联[①]。每一个强制或者权力的代理人，都需要小心地在二者之间取得平衡：一方面是使用强制来从交易中获取足够的经营强制的资源，而过度的摄取必然导致被强制一方的衰弱，这种衰弱是经济乃至政治上的衰弱，一般的社会影响就是直接导致失去他们的支持。而这两个方面就正好形成了前述的进化发展的两种基本条件。既需要不断强化自我的力量，又不能过度削弱弱者的力量，使他们倒戈。这二者就形成了制定所有强制规则的基本背景。越是能灵活协调二者的机制，就越是被证明，具有更顽强的演化的生命力。于是最终演化的方向事实上指向了斯密式的市场构架中，尽管似乎这是一个理想化的永远不可能完全达到的状态，但是在稳定（没有战争）和繁荣（资本迅速积累）的背景下，成为决策者追求的一种最优的选择。这几乎是经济学家想象的最可能是最优的路径了。因为它极有可能对于稳定和繁荣具有持续的强化作用，从而形成一种向上的循环。但是这可能是一种并不稳定的平衡关系，稍一不慎，就可能忽然偏离，并且长期难以恢复。仍旧是因为人类本性使然。不如此，人类将失去演化的动力。一个微小的扰动，代理人就可能抛弃这种选择，稳定和繁荣也同时不能继续。

关于上述的从一种稳定状态向偏离状态转化的例子，可以通过每一次居于全球谈判顶端的最有权势的国家的衰落过程的研究一窥究竟。英帝国的繁荣、衰弱以及让位于现有的世界格局，是一个较为完整的案例。历史上的案例很多，但是因为年代久远所得的细节已经很少。而当前的美国的发展，据一些学者的观察，认为可能正处于“失去”这一“平衡”的过程中。但是因为未来还并不明朗，我们很难做出明确的判断。但是从英国为中心移动到美国中心的过程而言，我们看到的是强制的不断加强而不是弱化。漫长的历史时期中，不列颠经历了粗放到不断“完善”的治理的过程，但是当这种治理达到完善的时候，也几乎就是其让位给一个充满潜力的“未完善”的美国的时候。美国在接手这一世界管理者的时候，其政府的规模处于同等国家中几乎规模最小的状态，而在其战后的发展中这种强制迅速发展，在晚近的2008年大萧条中其财政悬崖已经不可逆转，到2017年川普上台前，其政府规模又进一步扩大了。这也验证了第二部分所谓的“制度惯性”。如果今后美国的决策代理人能着手减小这种“强制”的规模和强度，那么有可能带来很大的发展潜力。但是这种依赖自身结构的逆向的革新，是极为困难的。并不是缩小政府的规模就完全做到了这种自我革新。严重的问题并不仅仅表现在财政，而是表现在系统性的强制制度

① Tilly, C. Coercion, Capital and European States: AD 990–1992. Wiley–Blackwell, 1992. 有关强制，在欧洲的多国历史背景下展现得更加清晰。

在经年累月中已经损害了斯密式市场的效率问题。之后才表现出财政的问题。

六、现实世界的两种问题

既然我们已经能清晰了解演化的基本方向，那么就比较容易分析偏离最优路径的两种方向。第一种是在经济膨胀中容易导致的弱化对方的发展路径。第二种是强制下形成的经济停滞或者萎缩。用经济学的角度来分析（尽管这可能是并不全面的一种概括，但是比较直接地切入了问题的关键），就一般而言的关键问题，第一种发生在需求侧，第二种发生在供给侧。这并不是说一方发生问题另一方就可能完全没有问题，而是说问题的爆发是发生在某一方。下面的章节将主要就上述两种问题展开历史回顾。

直到20世纪初，经济总量有了巨大的扩张，但是资本和劳动二者在如何划分经济取得的成果上，因为制度惯性，劳动所分得的份额一直没有实质意义上的提高①。其所带来的后果是需求一侧经常陷入脆弱和不稳定状态，导致整个经济体不能顺利度过发展的障碍。一种直接的表现就是周期性的经济危机，这一阶段每一次经济危机都表现出贫困民众的生活更严重的恶化。这种危机下，促进了社会改革运动，但是集体意识的觉醒是到凯恩斯经济学开始占据主要决策的时候才真正对世界经济产生了实质的变化，而这种变化就发生在两次世界之间以及之后。

因为第一种状况发生在主要的经济大国，所以更为人们所关注。因为他们无论政治还是经济上都处于世界媒体的焦点。而第二种状况却更经常发生在其余的也是大多数的经济低发展或者萎缩的经济体中。在大多数落后国家中，经济发展的膨胀期或者说机遇期都是较为短暂的。大部分时间他们的主要活动都集中在维系基本的社会稳定，而这一点在经济未发展国家常常是如此的困难，以至于大多数低发展国家都放弃了或者没有采取能极大促进经济发展的政策。这其中有必然的原因，主要的原因仍旧是斯密式的经济结构在他们是难以构建的，尽管如此理想。他们被问题困扰，从而往往放弃了解决经济问题的优先地位，而将维系基本的结构稳定放在首位。而这就导致了强制的盛行。这些低发展国家的强制具有长期的历史惯性，从而无论从各个角度来看都很难在短期发生实质性变化。

工业革命之后，从未经历经济长足发展的国家仍旧是所有国家中的大多数。但是有一些例外，那就是经历过一段繁荣之后又进入停滞的国家。这些国家在经济学

① Piketty,Th · mas, Capital in the twenty–first century, CITIC Press. 2014.

上发明了“发展陷阱”来描述他们的经历，尤其是拉美国家。从今天来看，这些曾经有过一段富裕经历的国家大多都处于一种输入性的强制状态。他们的经历是特殊的，但却是具有普遍意义的。特殊是因为案例并不多见；普遍是因为凡是在他们这样的发展阶段的国家都需要经历类似的考验。

最后回到发达国家，在最近的 20 年间同时陷入了发展的停滞期，毫无例外的，他们的发展停滞也是因为日益增加的强制导致的，他们的强制不仅仅是国内的强制，而且是对待其他国家的僵化的强制的惯性导致了严重的危机。这种危机表现在发达国家同众多国家的关系陷入空前紧张的状态，恐怖主义盛行。这种强权在外导致的强制造成了其经济发展出现严重停滞。经济持续的发展不仅依赖国内市场，而且在近世国际市场才是促成经济扩张的主要动力，如果在国家之间的强制不能合理分配经济成果，那么同样会造成严重的发展停滞。

七、低发展国家的发展道路

首先，我们讨论一下劳动者和本国资本的依附关系。在任何国家，弱势劳动者都具有对资本的依附性。在建立了较为健全福利制度的国家，这种对于弱势的劳动者的保护也相应加强了弱势劳动者的依附性。而对于落后国家而言，强制保护下的资本自动产生了大比例的弱势劳动者，他们不具有强竞争性，从而也依赖于这些弱势的本地资本。弱势的劳动者和弱势的资本合流，导致落后国家中生产效率的长期低下。而富裕国家的强制性增强，也同样会产生类似的效果，从而增加弱势资本和弱势劳动者的比例。

低发展国家需要解决的问题比发达国家的问题更加复杂，要想构成斯密式的市场架构增加了一层新的难度。在本国的资本和劳动之间的分配问题上，他们出现了新的问题，就是外国资本。外国资本如何同本国的资本同本国的劳动进行分配。一个问题顿时变为三个问题，因此他们经济发展的难度顿时增加了很多。就斯密式的市场结构而言，本国资本本身处于体量和经验上的弱势，在国际市场上又受到经济和贸易上的排挤。因此本国资本是处于劣势的。因为资本的趋利性，因此本国资本会积极同外国资本合作，在不能合作时候选择各种斗争的方式，无论经济还是政治和军事，都是长期和难以禁绝的。对于劳动者而言，对于全球化较为积极的国家，有能力的劳动者可能得到更多的工作的机会，无论来自本国还是外国的资本都有助于流动性强的劳动者的基本生活的改善。对于排斥全球化的国家，劳动者可能遭受更多的限制，从而使自己选择的机会大大减少，从而获取的利益也相应减少了。全球化有利于国际资本，而不利于本国资本。因为这些本地的资本大多依赖强制的政策获取收益，在面临竞争的条件下，会产生被削弱的效应。

低发展国家在发展中几乎不能选择斯密式的发展道路从上面的论证中可以明显看出，核心的原因是落后的本地强制资本和本地的弱势劳动者形成了坚强的堡垒，从而强化了强制而不是开启发展的道路。一种发展的例外是，一个国家的强制资本被瓦解了，主要是因为外来的力量太强大了，这样的状况存在于很多小体量的经济体。他们的政治独立不是建立在本国资本的基础上，而是游走于国际资本的间隙。大量的西方化的国家，尤其是小国，具有这种特点。他们的独立建立在国际协约和现实的利益划分之上，他们的独立是依赖国际社会的舆论的，而不完全是依赖本国的力量。他们的资本和国际资本融合，或者说仅仅出于附庸的状态。他们采取了欢迎的态度，而没有任何抵抗的能力。从而被国际资本吞噬了。对于同国际资本文化融合较好的富裕国家，他们维系了较好的稳定；而更多的完全开放的国家处于半遗弃状态，主要的原因是社会稳定问题得不到保障，因为原有的文化上和政治上同国际资本的冲突被黑社会化了，从而导致了长期的动荡。这样的状况，就是所谓的“发展陷阱”。发展陷阱的根源是输入型的强制，同长期存在的本地强制力量的内在冲突。

从低发展国家的实践来看，几乎没有一个国家处于国际资本完全成功，或者本地资本完全成功的状态。即使是那些战争中处于战败的国家，其本国的力量也仍旧不能被完全革除从而使得外国的势力获取全面的成功。这种全面的成功，意味着该国能够获得适度的发展从而使得无论母国还是附属国都有较好的经济和政治稳定状态。从这种意义上讲，大英帝国在众多国家的实践中的确有一些成功的经验，例如澳大利亚和新西兰等。但是就二战之后的经验而言，这种在殖民地时代的经验已经完全不能奏效了。而这些少数国家成功的经验，重要的一点是人口的稀少导致的政治环境和社会结构的简单。而资源是否丰富也带来了经济发展的一些基本条件，但不是成功的必要条件。观看印度及周边地区就可以了解这种成功背后的自然因素是非常重要的。大多数的经验是，该国长期处于混乱和斗争，经济上的发展被强制的现状所替代，强制不断加强却不能最终战胜。在全世界，强制都没有取得彻底的胜利，反而使得本地的混乱更加恶化，例如阿富汗、伊拉克等，都是典型的案例。

八、市场中的强制力量和危机的必然性

强制产生于任何自我强化的代理人格局，无论任何一方都可能产生足够的强制力量，从而遏制斯密式的市场结构。在市场的构架下取得基本的合作的基础就是斯密所描述的交换的动机，无论斯密怎么从道德哲学角度来阐述这种动机同动物性之间的显著差异，就长期的经验而言，这种合作的基础是动态的而且是不稳定的。资本的分化导致的严重性被20世纪的经验所证实。低发展国家内部的资本强制性之间的斗争从来没有停止过，而劳动者在这二者之间的选择反而在较多国家处于次一级的地位。这种次级地位的形成是劳动对资本的依附性加强的表现。而矛盾的主体却表现在不同的资本带来的不同的强制性之间的冲突。在低发展的非洲国家中，一种显著的现象就是，市场和资源在被国际资本蚕食之后，本国的强制力量紧紧把握住所剩无几的有限的资源和权力，这些低发展的资本和人口被紧紧束缚住，既没有进一步的经济发展，也不能解决基本的社会稳定问题。社会长期处于一种低水平的萧条状态。匮乏成为常态。既没有稳定的货币作为交易手段，也不存在稳定的信用和对等的讨价还价的市场。这种状况就是让外国资本全然撤出，也很难恢复。因为有时候战争让资本大部分撤出来，但是留下的仍旧是一个无法放松的强制和难以恢复的市场。我们从这里看到了强制的另一种面貌，强制不仅仅是通常我们见到的资本带来的市场力量，可能在更多的历史时段强制就是强制，作为一种单独的力量形成的强制，例如军事组织、政治势力等等。尽管这些都和经济力量紧密相关，但是强制一旦形成就是一种现实的力量。因此，制度惯性就突出表现为现有的强制。

如果我们把发达国家和低发展国家放在一起，就可以显然看出低发展国家在决定未来格局上不具有决定的意义，因为他们在外来的强制下被挤压在较小的利益空间之中不断加强着强制，而没有放松强制的决定权力。另一方面强制在所有发达国家内部和外部在不断加强。这种趋势从制度惯性的角度而言是无法自我放松的，因为个体理性使然。演化的下一步必然是竞争的加强，从而导致通过突发事件来决定未来的格局的走向。而最有可能建立较小的强制格局的一方，具有最大潜力建立更有效的斯密式的市场结构，从而能最大限度释放未来的发展潜力，也因此最有可能在未来的竞争中获得全面的管理权。因此危机过后，将是全面新秩序的重建。而危及的到来是不可避免的。

九、结论：关于演化的再讨论和重建的希望

人类除了斯密讨论的交换的本性之外，还表现出两种惊人的适应力。一种是在繁荣背后慢慢增长的自我强化的力量，在繁荣的市场下，潜在的强制力量在积累自己的力量，在第一次世界大战之前资本强化自己的表现常常是赤裸裸的，这种粗犷的扩张自己的利益的方式极容易引起其他利益方的背离。尽管在二战之后这种粗犷的方式缓和了，但是自我强化的动力却始终没有放松，经过半个多世纪的积累，终于产生了显著的贫富的分化。第二种力量，是在斗争后，基于利益的考量重新合作的能力。在尖锐的斗争过后，无论欧洲还是亚洲，无论美国还是苏联，相互敌对的双方都渐渐恢复了近乎斯密式的贸易和往来，在经济发展中似乎什么都没有发生过。这两种惊人的适应力，正是人类作为演化的群体得以不断进展的有力的保障。而人类演化的进程，通过这两种力量的清晰的走势，就鲜明地展现出来。

从演化的角度来解释人类社会发展的走势，较容易解释社会发展的变迁转折。当我们想了解为什么经济发展为主流的社会发展会遇到严重的社会动乱甚至战争的打断等类似“灾难事件”的时候，我们很难从局部的进程的内部逻辑来解释这些“突发事件”。但是当我们从整体的演化进程角度来审视的时候，就比较容易找到其中的逻辑线索。演化进程给我们的重要的启示之一是，演化是居于优先地位的，这种优先地位超越了国家和个体的发展，而占据了整个社会发展的优先地位。或者说，如果某个国家或者经济体的发展同整个发展进程比较，哪个会占有优先顺序的话，那么整体的进程会是更重要的。整体的进程往往会打断某些国家的进程，而顾及到整体的发展。其中重要的原因是整体的发展，既依赖个体的进程的进度，也依赖不同进度进行的程度。一旦可能开启一个新的格局的时候，任何个体的现有的发展都不再重要，进入新的格局就变得超出任何优先地位获得了优先的地位。但是这种时机却高度依赖各方发展的进度。

中国区域经济理论研究的回顾与发展

宋一森（中央财经大学经济学院副教授，经济学博士）

摘要：理论研究总是不能脱离现实而存在的。中国区域经济理论的深化和推进，同样离不开社会实践提出的挑战。当前正值深入推进区域协调发展的关键时期，中国蓬蓬勃勃发展的区域经济实践中，有许多问题需要解答，有许多操作需要理论的支持。极有必要回顾历史、审视未来区域发展面临的挑战，结合区域发展的实践积累，继往开来。时代已经为区域经济理论研究提供了广阔的用武之地和实现大发展的良好机遇。

关键词：区域经济；理论研究；中国

一、区域经济理论在中国的发展

区域经济理论在中国大地得到了较快地发展，一是因为中国国土广大，类型多样，具备产生新的理论的优良土壤和基础；二是中国难得的社会稳定、改革开放、创新创造的历史机遇与环境也极大地催生了新的理论。在这种氛围下，中国在经济发展上倾注了极大的精力，特别是改革开放以后，以经济建设为中心，更是激发了全国上下、各个地区的积极性，区域经济理论如鱼得水，各种理论和模式以及战略层出不穷。

区域经济理论的开拓在国际上首推德国经济学家杜能和韦伯。19世纪初，杜能（Tunen，1826年）从区域地租出发探索因地价不同而引起的农业分带现象，创立了农业区位论，奠定了区域经济理论的学科基础。随后，韦伯（Max Weber，1909年）发表《工业区位论》。20世纪30年代初，德国地理学家克里斯塔勒（Christaller，1933年）根据村落和市场区位，提出中心地理论。而另一德国经济学家勒什（Losch，1940年）利用克里斯塔勒的理论框架，把中心地理论发展成为产业的市场区位论。该时期主要运用成本效益分析方法，探寻农业区位、工业区位的发展规律；为区域经济理论的开创或奠基时期。

区域经济理论在中国不同的历史阶段，形成了不同特征的主流理论观点。

（一）均衡发展时期：理论模式的学习借鉴

20 世纪四五十年代，以马克思主义的劳动地域分工理论为指导，主要学习借鉴苏联生产力布局的经验和模式（如地域生产综合体），结合 20 世纪四五十年代的政治经济形势，提出了均衡发展的生产力布局理论。这一思想 / 发展战略充分体现在毛泽东的《论十大关系》中。

在 20 世纪 60 年代中国、苏联关系破裂之前，我国是以苏联为首的社会主义阵营的成员。为借鉴苏联经验，开展社会主义建设，我国较为系统地从苏联引入了传统的社会主义生产力布局学，包括生产力布局的规律以及生产布局的原则和方法。

苏联的地域生产综合体理论（社会主义生产力布局学）是苏联地理学家巴朗斯基在 20 世纪 30 年代提出的。该理论以开发特定地域丰富的自然资源为基础，体现国家的意志和力量，运用计划手段，通过统筹安排各种生产、生活等基础设施，使其内部各部门、企业对资源达到合理的综合利用。这一理论在当时的社会主义阵营得到了广泛的应用。从 20 世纪 50 年代中期后，苏联运用该理论在西伯利亚地区，开展了包括水利、煤炭、油气、铁矿、森林、木材大规模的资源开发，建立了 10 多个大型工业生产综合体，收到了明显的效果。

在中国，马克思主义的劳动地域分工理论、社会主义生产力布局学被大量的引进和运用到实际工作中。战略上采取了均衡布局的形式，规划操作上，实施了以 156 个项目为主的工业布局，规划建设了一批新兴的工矿城市，如四川绵阳市，陕西西安市（机电）、宝鸡市（机械），东北地区的哈尔滨市（电机、机械制造）、长春市（一汽）、吉林市（吉化）、抚顺市，内蒙古包头市（包钢），湖北武汉市（武钢），安徽的蚌埠市、淮南市，河南洛阳市（冶金、机械制造），甘肃兰州市（石油化工），云南的个旧、白银等，奠定了中国生产力的基础。

但是，此期均衡理论的运用与实践也出现了意想不到的严重问题，一是重内地轻沿海，人为地抑制了中国东部地区的发展；二是片面强调建立“地方工业体系”，忽视了发挥各个地方的独特优势；三是操作上项目过于分散，缺乏有机联系，难以迅速形成生产能力；四是发挥了政府力量（指令性计划），忽视了市场力量（个体私营），实际上影响了总体经济效率和效果。

（二）非均衡发展时期：理论模式的多样化

改革开放初期，中国面临的基本现实是，基础薄弱、贫穷落后；资源有限、效率低下；人口众多、人力剩余；区域多样、差异巨大。如何破解发展这个命题？走什么样的道路？是一个巨大的挑战。走老路均衡发展已被证明不能有效解决问题，寻求新路，路在何方？“摸着石头过河”是这一时期的真实写照。

1978 年，随着改革开放的启动，邓小平一改“均衡发展”的老路，提出的“让一部分人、一部分地区先富起来”的重点发展设想，催动人心，调动起地方积极性，体制上开始从计划经济向市场经济转型。我国的区域经济实践随即从新中国成立后的均衡发展方式开始向效率导向的非均衡发展方式转变。区域经济理论也随之沿着这样一种思路进行了研究探讨。20 世纪 80 年代开始较为系统地引入西方区位理论，虽然现在这方面的研究在一定程度上是苏联生产布局学与西方区位理论中国化的混合体，但是，进入 20 世纪 90 年代以来，随着中国成功实现了向市场经济转型，其主流是扎根于西方区位科学之中的。由于思想上的解放，区域经济研究也呈现出百花齐放、模式纷呈的局面。回顾这一时期的理论，可以看出，既有引进，也有创新；既有强调东部重点的理论，也有关注西部发展的理论；既有理论的升华，也有模式的探索。例如：既有梯度推移理论及在此基础上形成的不同重点开发论，也有增长极思想在中国的应用和发展，包括增长极理论、点轴开发理论和区域开发阶段论等。既有从产业关联角度提出的国际大循环思路、内地经济双循环战略，也有从系统开发角度提出的区域全息发展战略。其中梯度推移理论与增长极理论应用较广、影响较大。

随着改革的深入，非均衡发展的内涵也发生了重大变化。进入 20 世纪 90 年代后，以效率为导向的非均衡发展逐步转向注重协调发展、缩小差距的非均衡协调发展。公平与效率兼顾的发展思想开始得到认可。

在全国层面上，新的认识和思想开始指导实践，如：构建全方位对外开放格局，在沿海开放开发基础上提出了“三沿（沿海、沿江、沿边）”战略，并开放了内陆边境口岸城市和省会城市，形成了全方位对外开放格局；建设若干综合经济区，在东中西三大梯度基础上，提出七大经济区方案，期望推进合理的区域经济布局。尤其是加强对中西部地区的支持力度，使区域政策的重心开始由东部沿海地区的“带状式发展”逐渐向以东部带动中、西部的“轴线式发展”模式转变。

在非均衡发展向非均衡协调发展的转变过程中，各地都在积极探讨适合自身的发展模式，寻求区域突破、地方崛起。此时，经济发展的焦点、亮点主要在东部沿海地区，珠江三角洲和长江三角洲地区高速发展，创造了各自区域经济发展的模式（珠江模式、苏南模式、温州模式）。这些模式为其他地区乃至国家整体经济的改革提供了极富价值的发展经验。

上述三大模式是具有中国特色和地方特色的“区域突破”现象，是中国农村工业化的典型代表，丰富了区域经济理论。事实上，20 世纪 90 年代中期以后，三大模式趋于融合。珠江模式的民营化程度逐渐提高；苏南模式产权明晰化、经济外向化程度加深；温州模式的国际化趋势日益明显。市场化、民营化、国际化渐成三大模式共同特征。

（三）协调发展时期：理论模式的创新发展

经过了新中国成立初期的计划经济体制下的均衡发展阶段，又经过了改革开放的非均衡发展初期阶段，实践上的积累和理论上的反思都为进一步创新提供了必要的条件。尤其是在日益完善的市场经济体制下，区域经济发展由兼顾效率与公平的方向转向更加注重公平的方向。理论界关于区域经济的研究也进入了一个新的“均衡统筹协调发展”阶段，内容上更加倾向于民生福祉、社会公平、人文内涵／底蕴、自然生态、技术进步、要素流动等全面协调统筹发展；层次上更加倾向于微观、中观层面的经济发展研究；手段上更倾向于市场、政府、各种力量综合作用；方法上更倾向于中外结合、定性与定量结合、传统与现代技术的结合。这一时期，区域经济学者主要做了下述研究工作。

1. 梳理区域经济理论框架

区域经济学的理论研究是与国家的经济建设相伴随的，20 世纪 50 年代，以生产力布局理论为代表，主要借鉴苏联的发展模式。改革开放后，西方区域经济学被引入中国，随着市场经济体制的确立，区域经济学在中国的发展日趋蓬勃。主要形成了新经济地理学派、制度学派和管理学派等三个主流学派。主要在区域经济理论、区域发展机制、区域经济关系、区域经济政策和区域开发等五个方面进行了研究。

（1）区域经济学的理论体系

区域经济学的理论体系是建立在三个基石之上的：第一，生产要素的不完全流动性。生产要素包含自然资源和社会经济资源，它们有的不能被移动，如土地、森林、矿山、草原、气候等，有的较难移动（受限制），或移动必须付出成本，如水资源、人力资源、资本和技术等，这就意味着不同的地区具有与其他地区所不同的固有的特殊性，这是塑造区域经济活动的基础和根本；第二，经济活动的不完全可分性。由于生产过程的连续性和市场的完整性，不可能将经济活动进行完全地分割，这就意味着一个地区的经济活动不可能脱离市场环境或其他地区而孤立的运行和存在，合作与分工是必然的，扬长避短成为区域经济的内核；第三，空降距离的不可克服性。在物质生产领域，只要生产要素、产品与服务进行移动，就必须支付相应的运输成本。而在虚拟空间里，空间距离虽然弱化趋于零，其实各种位移也仍然存在，只是位移成本异化为虚拟成本，即使在虚拟空间不支付位移成本，由于虚拟经济与实体经济的必然联系，空间距离依然是难以逾越的。由此，构成区域经济存在和发展必要条件。

区域经济学在发展过程中，形成了自身的学科理论和研究的方法论，其理论体系可以分为三部分，即区域发展理论、区域关系理论和区域政策理论。区域发展理论以区域的自然和社会经济条件为基础，研究一个区域自身的发展问题，主要包括：要素流动与集聚理论、生产布局理论、增长极理论、区域经济增长理论、区域发展阶段理论和区域可持续发展理论等；区域关系理论以区域专业化分工与区域贸易（合作）为基础，研究一个区域与其他区域之间、若干区域之间的相互关系，主要有区域分工理论、区域贸易理论、区域冲突与竞争理论、区际协同理论等；区域政策理论以区域发展和区域关系为研究对象，提出解决这些问题的相应政策与方法。

（2）创新区域开发模式

进入新世纪之后，我国的区域开发掀起高潮，随着西部大开发的启动，对区域开发的研究也进入到新的阶段。实践向区域经济学（者）提出了挑战，要求解决一个区域的发展方向、定位、结构、布局和政策等问题，勾画一个地区的发展的宏观蓝图，把握一个地区的发展方向和进程，并进行发展当中的调控。区域经济学者把如此复杂的任务划分为二大类，一类是区域经济发展战略 / 思路研究；一类是区域规划与实施研究。区域经济发展战略要求揭示本地区的特色与潜力，充分认识自身的优势与不足，充分利用把握市场机会，创造性地提出从资源开发到产业发展，从自然生态到社会发展，从近期到远期的一揽子设想。区域规划是发展战略的具体化，解决具体的时间、地点，发展的部门、规模以及资源的配置等问题，现代区域规划的一个突出特点，是解决发展的实施问题，即具体的操作问题。区域经济学者参与了许多这类战略和规划项目，如京津冀都市圈发展战略、重大区域发展项目评估、各类经济区、开发区规划等。他们坚持科学发展观，以优化国土开发为己任，力求缩小区域发展差距，引导生产要素跨区域合理流动。值得一提的是，创立主体功能区的理论与实践，为区域经济研究和发展做出了贡献。

2. 引进并应用国外区域经济学主要流派

（1）新经济地理学派

与传统的以新古典经济理论为基础的区域经济理论不同，新经济地理学派从运输成本的降低及由此所引起的聚集经济、递增收益、规模经济性、外部性或者说溢出效应（如技术的溢出效应）等角度出发，探讨了企业区位选择及区域经济增长模式等现象和规律。以克鲁格曼、Macha Fujita 等学者为代表的新经济地理学派，形成于 20 世纪 90 年代。其理论基石建立在收益递增、不完全竞争、运输成本三个命题之上；由此设计出区域经济的“中心—外围模型”。克鲁格曼指出，中心—外围均衡的条件，依赖于制成品在支出中的份额、以倒数衡量的运输成本和成反比的均衡规模经济。应当说，这个模型是新经济地理学派对区域经济学的主要贡献。此外，内生增长理论的运用重新对区域经济增长的收敛或发散问题进行了解释，也为区域经济发展开辟了新的思路。

新经济地理学派认为，经济地理学（区域经济学）有五大传统研究领域，并依照这五个方面向前发展；1）区位理论。它分为两个部分：一部分是韦伯的工业区位论，它分析了厂商区位决策的问题。另一部分是中心地理论，由克里斯塔勒和廖估提出，这个理论分析了制造业和市场营销中心的定位和作用，并认为中心地方应当是层级的；2）城市地理学。在城市地理学中，人们借助于物理学的公式，来描述城市地理现象。如“城市位次规模法则”、“城市地理联系”、“城市市场潜力模型”等，城市地理学是区域经济学理论模型化的具体体现；3）积累因果关系理论。即超发展理论。超发展理论是缪尔达尔、赫布曼等人提出来的一种发展经济学理论，中心是“积累循环因果关系”的概念，艾伦·普里德将其应用到分析地区增长问题中去。克鲁格曼认为，超发展理论的思想在区位问题中的应用比在发展经济学中更合适。例如，公司往往趋向于市场规模较大的地区，而市场的扩大又与公司的数量增加相关，这样因果积累，市场规模越来越大，集中的趋势越来越明显；4）当地外部经济。马歇尔所表述的外部经济，其概念是：生产者聚集在一个特定区位有许多优势，而这些优势反过来又可以解释这种聚集现象。外部经济对地区发展的作用很大，但这方面的研究还很不深入；5）地租和土地利用。即杜能的农业区位论思想。杜能设想了一个从中心到外围地租不断下降的模型。克鲁格曼认为，这个模型涉及均衡理论、价值理论、土地价格理论等等，具有广阔前景。但模型只揭示了从中心到外围的扩散效应，而没有揭示同时存在从外围到中心的聚集效应。由此，区位、城市、集中／集聚、外部经济、土地问题是区域经济学研究的五大重点领域。

（2）新制度学派

新制度学派，或者是“区域政策”学派，其研究的中心是将制度要素引入到区域分析当中，研究政府及其体制对区域发展的影响，并通过制定相应的区域政策，协调区域发展。所以，新制度学派的中心是研究区域政策问题。

区域政策主要是解决区域问题和协调区域利益。约翰·弗里德曼认为，“区域政策处理的是区位方面的问题，即经济发展‘在什么地方’。它反映了在国家层次上处理区域问题的要求。只有通过操纵国家政策变量，才能对区域经济的未来做出最有用的贡献”。区域政策的主要特征是积极的区域倾斜和集中化，因而区域政策的内容包括：1）通过政府的干预而导致生产的空间转移。政府可以选定可支持的部门，并由这些部门的分布来影响空间结构，从而提高地区的经济竞争力，改善贸易平衡，发展自身的 R&D 等；2）产业和部门规划是区域政策的重要组成部分。国家通过制定援助规划，促进某些产业和部门的发展，或是延缓其衰退的过程；3）缩小区域差距是区域政策最直接的内容。国家通过财政政策、金融政策等，实现转移支付，帮助落后区域的发展，缩小地区差距，或者抑制地区差距的扩大。

区域政策的主要目标可概括为：1）提高区域内现有资源的利用水平；2）更有效地在区内各种用途间分配资源；3）实现区域内最佳增长；4）在区域间有效地再分配生产要素，以使总收入与总增长最大化；5）区域间增长率的均等化；6）区域间收入的均等化；7）为缓解通货膨胀压力而缩小区域差异；8）减少区内拥挤而造成的外部成本，形成最佳空间结构。上述目标在许多情况下并不是相容的，所以必须依据不同的区域和不同的发达程度做出选择。

区域政策研究将向什么样的方向发展呢？一种观点认为，区域问题反映了资本对空间的控制，形成了高技术水平的职能保留在发达区域，低技术水平的职能集中到不发达区域，分布的不均衡必须运用区域政策来改变。主张从制度的创新上，从政策的创新上来解决区域问题。另一种观点认为，目前的区域政策演化的方向应当是：协调性，消除各国各自制定的政策所造成的冲突与矛盾？选择性，稀缺资源应尽可能集中用于能实现可持续增长的区域，不主张把发展的优先权给予一个国家最不发达的区域？灵活性，政策应有灵活性，以适应区域发展的具体特点和行动需求。

（3）区域管理学派

区域管理起源于人们对 20 世纪五六十年代区域发展和区域问题的认识。由于落后地区和发达地区的对立，人口大量从落后地区流向发达地区，而发达地区的产业部门却很难向落后地区转移，产业结构升级受到阻碍，要解决这一问题，人们认识到，仅有政策和规划是不够的，还必须借助管理学的方式，把区域作为对象进行管理。如日本的国土开发、美国的区域再开发等，都是著名的范例。

区域管理由三部分内容组成。一是区域经济发展管理。区域经济发展管理面对的主要是宏观经济问题，其面临的两大挑战是：经济增长和充分就业。区域经济发展管理是在公平竞争的前提下，通过对区域内、区域之间经济资源的有效协调，使区域经济能够健康有效地发展。这种管理从操作层次上有国家和地方政府（直辖市、省、市、县等），或者地方、区域协作联合体（如跨行政区域的京津冀、长三角、珠三角、港珠澳、长江流域、鄱阳湖、浙江东部四市等合作形式）。区域经济管理的方法包括管理学的方法、法律的方法、行政的方法。方法当中又可分指导性的手段、强制性的手段；二是区域人口管理。区域管理的基本目标是服务于人，人口管理是区域管理的基本问题。尤其是人力资源成为区域财富的创造主体资源，近年来颇受各方重视。区域的适度人口涉及区域内的资源状况、经济发展基础和人口就业的形势。通过对人口的管理和人力资源开发，使区域的发展达到平稳、健康、可持续的状态。区域的发展状况，很大程度上取决于这个区域人口教育水平、科技开发能力和技术创新精神。所以，人口管理和人力资源开发已成为区域管理的重要组成部分；三是区域环境管理。针对粗放的、破坏环境的发展模式，一些学者提出区域环境管理作为应对，以此造就一种资源节约、环境友好的可持续发展模式。这种模式以区域环境容量、质量为经济社会发展的重要前提条件，要求发展不能牺牲人类赖以生存的自然环境，不能吃干榨尽现有的资源。这种模式的行为主体是各级政府，对于处于经济起飞阶段的地区尤为重要，所以更能够突出其功能、效应。

二、中国区域经济学发展面临的机遇与挑战

中国区域经济的发展目前面临很多问题，例如，地区经济发展不平衡，中西部特别是西部地区发展滞后，城乡差距扩大，地区产业结构不合理、区域间、区域贫富群体间差距拉大，两极分化严重；城乡二元结构、地方保护主义、产业结构趋同、资源过度开发等一系列问题等。而这些问题正是发展带来的，也正为区域经济学的理论深化和提升提供了难得的发展机遇。

为了推进区域经济的繁荣和发展，抓住机遇，首先，需要从认识上，明确区域经济研究的使命与方向，然后，才是对于具体领域，集中力量进行深入探讨，以期获得突破。

（一）区域经济研究的中国背景

中国特殊的国情、特殊的发展阶段为区域经济研究提供了丰富的土壤。首先，中国的基本国情是地广人多、区域类型多样，处在城市化的快速上升期，处在经济社会急速转型大发展的时期，处在市场经济体制完善的关键时期。经过30多年的改革开放，许多地方已经开始重新思考下一阶段的发展思路，拟建立和培育有自己地方特色的、可持续的、稳定健康的、以人为本的发展模式。

其次，中国的区域经济发展问题需要在新的形势下进行创新解决，尤其是通过深化改革，进一步解放受到束缚的生产力。如由于制度与文化中对于生产要素和商品的自由流动所产生的制约，在区域层面，表现为严重的城乡分割、区域分割。城与乡的分割，依然是农村劳动力进城务工的制度上的障碍。顽固的户籍制度不仅阻碍了进城务工的农村劳动力本人获取与城市居民同样的就业、社会保障和公共服务，也同时影响到其家庭和下一代子女，因而造成劳动力流动以短期流动为主，且大量是单人迁移。还有，农村土地的使用权也未能充分地通过流转转化为收益，土地成为束缚劳动力流动的保障，而不是促进劳动力流动的资产。这种情景不仅有其政治经济的制度基础，还有其根深蒂固的传统观念和文化的渊源。而区域之间的分割，造成了中国经济版图的割据状态。当前中国实行的是经济分权、财政分灶加政治集权的体制，导致各个地区的经济发展呈现出一种“自我利益最大化”的市场分割状态。可以说，这种区域分割与城乡分割在很大程度上仍是个制度问题。因此，只有对中国区域和城乡问题有充分的认识，对经济分权、财政分灶和政治集权体制下的地方官员的晋升与激励制度有深刻的体会，才是开展区域问题研究的基础。

再次，中国区域发展差距的扩大趋势与不良后果给区域经济研究提出了挑战。区域发展差距主要表现为东、中、西、东北和城、乡两个层面上的差距，在内容上既有发展总量、速度上的差距，也有收入和福利上的差距，还包括发展环境和观念认识上的差距。从地区生产总值来看，2008年地区生产总值中，最高的广东达35696.46亿元，最低的西藏只有395.91亿元，广东是西藏的90倍，是湖南的3.1倍，贵州的10.7倍（3333.40亿元），是青海的37倍（961.53亿元）。江苏2004年为15003.60亿元，2008年为30312.61亿元，分别是安徽的3.1和3.4倍，两地的差距在扩大。就人均地区生产总值来看，2008年江苏、浙江、广东分别为39633元、42214元和37589元，数倍于湖南（1752元）、贵州（8824元）、云南（12587元）青海（17389元）。地区发展差距在地区人均消费水平上得到具体表现。2008年各地区人均消费水平上海、广东、江苏、浙江分别为27343元、14390元、11013元、13893元，而贵州、云南、青海分别只有4426元、4553元、5830元，上海市是它们的4～6倍，东部沿海地区人均消费水平远高出中西部地区。不仅东西部经济存在差距，即使原先是我国工业重要基地的东北地区，也由于东南沿海地区经济迅速崛起，其经济的领先地位开始动摇。广东江浙地区后来居上，不仅在增长速度上超过传统老工业基地的东北地区，而且人均GDP的绝对值上也超过了北方地区，工业重镇辽宁省，近年来经济发展水平已降到全国第10位左右，黑龙江和吉林省的排名也逐步下降。

2000年后，在区域均衡协调发展战略的引导下，各种差距扩大趋势虽有所减缓，但形势依旧严峻。这一问题已经威胁到国家的安全、社会的稳定、协调发展、民族团结和振兴。这警示着我们应提高区域经济发展质量，加强区域福利水平均等化。近年来，中央政府、各地区为缩小区域发展差距，采取了区域协调发展战略，投入了大量财力、物力、人力。总体上看，这些工作多聚焦于经济增长数量的扩张，而疏于增长质量的改善，导致发展进程中社会福利、生态环境、社会治安等方面的问题日益凸显。区域发展差距扩大的原因，是由多种因素造成。有自然环境、政策以及体制等方面的，也有文化、历史、观念的。不同的地区成因不同，各种因素的影响权重不同。区域发展差距有其产生的根源和背景，有其变化的轨迹和环境，有其把控的要素和条件，这些需要区域经济学者来参与揭示。在促使区域差距减少方面，国家和地方依然是行为主体，市场和政府政策依然是主要手段。

那么，是什么原因引起中国地区经济发展差距的扩大？一些学者对中国地区差距进行了研究，尝试解释其形成原因及变化趋势。概括起来，有代表性的主要有以下几种观点：一是地域区位说/区位要素差异说。认为中国各地区的自然地理环境、自然资源禀赋等方面的差异导致地区发展不平衡；二是政策倾斜说。认为国家对东部地区实行的多方面的政策倾斜，是区域差异扩大的主要原因或重要原因；三是体制因素说。认为从计划经济向市场经济过渡时期，各地区体制转轨程度的不同导致的市场化程度差异以及传统体制下形成的要素和产品价格扭曲的延续造成了地区发展差距的拉大。

（二）中国区域经济研究的全球背景

二战以来，世界范围内发生了许多重大变化，其中有较为深厚影响的二大变化是：一个是经济全球化趋势不断加速发展，另一个是科学技术不断加速发展。由此，区域经济发展的内外环境发生了深刻的变化，全球经济一体化影响了区域经济发展方方面面包括经济发展理念、经济增长机制、经济发展模式等；而科学技术的发展同样对区域经济产生了根本性影响，包括经济活动的形态、类型、新兴产业兴起与产业转移、虚拟经济与知识经济以及熨平区域差异与拉平发展起点等。

1. 科学技术的迅猛发展为区域经济学带来了新的机遇

网络技术的强劲发展和渗透，极大地冲击并打破了传统区域经济运行模式，开辟了区域经济发展的新路径。由纵横交错的交互式网络构筑的无形（电子）空间也称网络空间或虚拟世界已经扑面而来，在这个以微电子技术为核心，以信息网络为平台的空间里，各类经济主体进行着信息（包括思想、知识等）的交流和共享，分享着新技术带来的新生活。

飞速发展的网络技术手段在实体空间的基础上拓展了一个新的虚拟空间，此时的经济运行、要素流动已经超越了传统的物质世界（空间），国外风起云涌的新经济、我国初见端倪的知识经济正是这种趋势下的产物。世界正处于这样一个大变革的时代，区域经济的固有领域和对象在分化、肢解和重组，区域经济如果不能正视这种新的事物新的现象出现，不积极关注实体空间之上的虚拟空间，就不能准确地把握区域经济运行的内在规律，区域经济有可能远离最具时代特征、最具创新活力的经济核心，陷入停滞、落后境地。

由“0、1”数字组成的空间，虚无缥缈，无孔不入，潜移默化地影响着各行各业，电子商务、金桥工程、网上新的交易和服务层出不穷，这些方面（包括电子政务在内）使得经济社会运行的内容（要素）、规模、环境和机制发生着巨大变化。从区域经济层面看，在网络技术的推进下，新的产业（研发、文化创意产业）的空间区位选择改变了路径、新的经济形式（总部经济、信息经济、虚拟经济、网络经济）应运而生了，区域产业结构的升级与优化的方式发生了变化、经济发展的平等化平台产生了（网络构建了新的同一起跑线）。可见，一个区域的经济发展已经不能脱离虚拟空间而独立运行，如果区域的实体经济不能与虚拟的网络经济产生有机联系，那只会严重脱离现实，损失实体经济效率。

在以光速运行的虚拟空间中，许多经济现象和经济事物运动轨迹发生了质变，而基于实体空间的区域经济理论已经不能有力有效的解释虚拟空间出现后的一些经济现象，最明显的是区位理论中的距离因素，其重要性在虚拟空间中大打折扣。传统经济理论中的距离成本在虚拟世界中可以忽略不计，如此，几乎要颠覆许多基于距离成本分析的经济原理。我们知道，经济活动的全部链条毕竟不能完全离开实体空间而独立在虚拟空间中运行，但是，在区域经济中虚拟空间已经实实在在地影响着区域经济的发展，它在冲击和发出挑战，如果区域经济理论研究不能及时跟进，有可能失去更新、发展的良好机会。

2. 经济全球化的迅速发展为区域经济学创造了新的发展空间

受经济全球化影响，一方面区域经济空间结构发生改变，由“点空间”变成了“系统空间”。物质流、资金流、劳力流、技术流和信息流的互补流动是国际分工和经济频繁联系的客观反映，这五个方面的互补流动，形成了全球经济相互作用的循环系统。伴随着运输和通信技术的快速发展，不仅距离和空间的阻隔作用日益削弱；而且全球资本流动和贸易自由化程度的加深，世界经济趋向于一种网络化的空间结构。尤其是随着跨国公司的进入，会影响当地产业空间地域结构。跨国公司高强度的投资和竞争，不仅改变区域的社会经济空间结构，而且凭借雄厚实力争夺市场、争夺高端技能的人才和管理者。这样，发展中国家的新兴产业区，既面临着市场争夺的竞争，又面临着大量人才资源流失的威胁，既丧失了本地自主创新能力，又进而更加依赖跨国公司，造成区域经济空间结构对外部的依附性。

另一方面，经济全球化表现在产业领域是一个“并购”与“重组”的过程。这个过程有利于实现区域内产业结构调整或升级，有助于区域引进先进技术和管理经验，通过区域内外产业的融合，形成更具优势的企业管理和经营文化、更合理的产业形态和企业组织，甚至新的技术与制度创新模式。当前，世界经济结构调整正在“国际”和“各国内”两个方面同步展开。世界经济的结构调整呈现出“你中有我，我中有你；优势互补，平等互利”的局面。

三、中国区域经济学界潜心研究的领域

区域经济学不是一门要包打天下的学问，它要在解决区域发展问题中发挥独特的作用。作为一个正在成长、新兴的学科，又遇到了中国复杂多样、迅速发展的局面，应该说，给区域经济学的建设，包括理论体系的完善、学科方法论的创新留下了相当大的空间。当前，如火如荼的区域经济实践，提出了许多前沿性问题，归纳起来，有如下方面：

（一）区域经济学理论体系的完善

区域经济学的未来发展趋势主要集中在三个方向：一是在新的体制下、新的发展阶段下理论体系的构建与创新；需要关注的是，加入“虚拟空间”的区域经济理论将成为一种新的认识观；二是区域经济学与其他学科，特别是新兴学科、新的科

学与技术的不断交融与交互发展；三是中国区域经济学科学习、引进、借鉴世界其他地区的研究成果，参与国际区域问题研究与交流。其实，这三个方面是既有区别，也有联系的。

中国处在新的历史发展阶段，需要解决的区域发展问题已经不同于以往，国际国内政治、经济（金融）、社会、科技、教育环境有了重大变化。这些因素将直接导致区域发展上的新的机会、新的挑战、新的选择和新的调整。由此，建立于传统条件基础上的区域经济理论体系需要重新梳理和突破性革新，重点包括学科基础研究、区域发展机制研究、创新协调研究等方面。

关于学科发展中的新的认识观问题。中国区域经济学的理论体系经过了计划经济体制、市场经济体制初期二个大的发展阶段，融入了苏联以及西方的有关理论，发展到当今，有了自己的体系。但是，适逢新的科学技术迅猛发展，尤其是网络技术的发展，彻底改变了我们原有的生活和生产规则或秩序，开辟出了新经济形态如虚拟经济、网络经济、信息经济，使得原来依托实体经济的区域经济学的许多原理和理论遇到了冲击，许多经济活动不再依靠传统生产要素、不再需要占用大规模的土地和大型的厂房、不再需要消耗大量能源和物资，而是转而依靠知识、智力、智慧、信息，开展创造与创新，依托虚拟空间进行服务与生产，距离不再是重要的限制因素，经济活动的不完全可分性不再灵验，生产要素的不完全移动性似乎失去意义。由此可见，区域经济学赖以存在的三大基石已经受到挑战，新的理论研究势必需要加强。

二战以来，尤其是20世纪90年代以来，现代经济、社会、科技发展迅速，各种学科相应得到发展，新兴学科不断涌现。这种局面一方面极大地开拓了人类认识的视角和空间；另一方面，也给区域经济研究和发展提供了更加广阔的领域。如何借鉴、吸收其他学科的研究成果，相互交融，共同成长，这是区域经济学科健康发展、迎接挑战的一个重大历史命题。

理论体系的完善可以循着两条路径向前推进：一是理论经济学的路径。从理论分析、原理推导和模型化着手，建立一套规范的区域经济学体系，其中心内容是，区域经济学的理论基石、区域经济发展的要素分析、区域发展机制研究、区域经济发展的阶段分析、区域经济的空间结构、区域经济的增长方式以及突变原理等；二是应用经济学的路径。从实证分析的要求出发，形成一套适应实际应用的理论体系。包括区域经济的影响条件、区域产业选择和优势劣势分析、区域产业结构与布局、区域经济的组织结构区域空间结构、区域经济关系、区域合作、区域开发和区域经济政策、制度创新等。

当前，区域经济研究出现了许多热点、焦点和难点。其中，针对体制或制度机制的研究成为难点之一。区域发展与制度创新关系的研究，由于地方政府实力的加强而显得更为重要。其中心点是分析区域经济增长与地方政治、经济、文化制度间的互动关系，探索通过制度创新促进区域经济发展的途径。

区域经济发展中的区域关系也是热点之一。区域之间的相互关系，包括区域之间的合作、冲突与协调。区域分工的产生，带来了区域合作的基础，但区域利益的增加，使区域冲突不可避免。在中国，最引人注目的区域关系，就是东、中、西三大地带之间的关系，如何处理好它们之间的关系，首先要在理论上有所依据，然后才是实践中的应用方法。区域合作是以横向经济联系为纽带，在自愿的基础上，按照互利互惠、共同发展的原则，区域之间不同行为主体在某些领域进行联合的一种组织行为和经济行为。是区域经济关系的中心内容。目前研究的重点是：区域发展差距问题、区域分工协作问题、区域冲突的协调问题和区域贸易问题等。

创新协调研究体现了时代的主旋律，研究集中于区域创新系统的结构模式、要素组成、运行机制、时序进程，以及区域创新系统的构建和评价等方面。近年来，研究方向有所转变，开始关注创新环境建设、创新创意产业培育、创新城市等方面。当前，学者们主要围绕区域不协调的诱发因素和根源、是否协调的衡量判断、是否协调的监测与预警、协调发展的机制建立以及调控和引导措施进行探讨。

国际上，区域问题研究的一些方法和成果值得我们学习和借鉴。中国快速发展的区域经济现象也引起了国际上一些学者和组织机构的关注，彼此需要相互学习交流，并对共同关注的问题开展联合研究。其实，这方面的研究已经有不少成果，如美国学者对中国长江、鄱阳湖地区、西北新疆等地的研究；日本学者对中国西南地区、韩国学者对北京、山东、东北等地的研究；欧盟学者对中原地区、粤港澳地区的研究等。

（二）区域研究中的思维转换——方法论

思维方式的转变应当引起区域经济学者的重视，这里引用一个学者的观点作为启示。首先，需要转变研究的立足点。传统区域发展理论研究在立足点上存在一些偏向，即（1）工业偏向。其实，农业在中国具有十分重要的战略意义，在相当长的时间内，农业在农区发展中有特殊的作用必须给予足够的关注，在某些农区，农业应该成为区域研究的中心；（2）城市和核心区域偏向。为促进经济增长，长期以来城市或经济核心区被放在区域发展的首要地位。但是，这些区域仅仅是众多区域的一部分。其实，在这些区域之外有更多的区域，尤其是弱势区域、贫困区域、问题区域需要得到关注；（3）强势个体大型企业、能人等偏向。长期以来，大型企业是区域经济增长的核心，通过促进大型企业的发展，可以直接或间接地带动整个区域的发展。这种认识上的偏见导致政府在政策制定以及资源分配过程中对强势个体的偏向。因此，为了做好区域研究，区域经济学在研究立足点上应该由过去关注强势群体城市、工业和发达地区为主的格局向两者兼顾或关注弱势群体的格局转变。其次，需要转变研究的思维。（1）内外理论嫁接。在区域研究中，应注重内外理论的嫁接，不同方法的融合。一方面要结合区域的实际情况，选择适宜的研究思路，另一方面要将西方范式中的精华与本土实际相结合，创新思维，发展富有中国特色的区域经济学研究模式；（2）经济、社会和环境统筹。中国的经济、社会和环境之间的矛盾十分突出。资源、生态环境在很大程度上制约着经济和社会的发展。在区域关怀研究的过程中，应该将经济发展、社会进步和环境保护统筹起来。不仅要注重经济发展对社会的贡献，更要注重区域资源环境保护对社会的贡献，并对这种贡献给予相应的经济补偿；（3）区域导向性理论选择。不同区域应该有不同的理论。已有的区域发展理论，都出自一定的区域背景，并且有一定的适应条件。在具体的区域发展研究中，应根据不同类型地区的资源环境和社会经济状况，选择相应的理论支撑框架。注意通过特殊环境条件下的区域发展特殊机理的研究，构建相应的区域发展理论；（4）弱势区域理论构建。应着眼于发挥区域优势，考虑如何最大限度调动区域内行为主体如农区中的农户、农民等的积极性，创造适合弱势行为主体优势发挥的环境，建立不同行为群体之间或他们与环境之间的良性互动。此外，研究区域之间的联系，尤其是与强势区域之间的联系，将外生力量转变为区域发展的驱动力，构建内外因素融合、利于弱势区域发展的理论。

区域经济学家和其他发展研究者应从区域关怀的角度来注重对各种类型区域的发展问题研究。在研究中，应有相应的思维转换，注重不同的理论融合、经济社会和环境的协调，尤其是区域对资源环境的贡献，善于基于区域特殊性构建相关理论，特别关注欠发达区域、弱势区域和问题突出区域的发展机理研究。

（三）区域重大问题研究

在新的历史时期，区域经济发展遇到了一些新的重大问题，一些问题虽是遗留的老问题但有了新的表现，需要突破性研究，加以解决。这些问题集中在环境生态建设、可持续发展、贫困地区开发、区域合作（重复建设）、竞争力塑造、城市化、城市群等方面。

1. 资源开发与生态保护问题——可持续发展与区域突破

随着中国经济总量的不断提高，对资源和环境的压力将不断加大。尤其是如何破解中西部的生态脆弱地区和资源枯竭型城市的转型发展难题将是中国可持续发展的关键。这些问题如果不能得到有效的解决，中国发展中的一个负面效应会日趋扩大，资源、环境、人口与贫富差距形成的因果循环陷阱也将被逐步强化。基于此，低碳经济、循环经济的发展将赋予区域经济学研究的新内涵。此外，海洋、太空等新的领域的开发将得到重视。

中国经过改革开放 30 多年的建设，在区域发展上形成了具有中国特色的“区域突破”现象。研究、总结、借鉴、推广这些“区域突破”的发展经验，不仅有利于加速欠发达地区的市场化改革步伐，更多的引入市场竞争元素，也有利于发达地区不断创新，进一步提升其竞争力，开拓进取。

2. 扶贫与贫困地区开发问题与区域关怀

基于区域经济社会差异在不断扩大、区域之间的矛盾日益显现、中央政府经济实力不断增强且关注区域问题的背景，将人文关怀理念用于区域经济学研究，提出区域关怀概念。区域经济学研究中，要进行思维转换和研究重点的转换，特别应关注不同发展阶段的区域特点，关注欠发达区域、弱势区域和问题突出区域的研究。通过贯彻尊重原则、机会平等原则和合理补偿原则，实现区域间的和谐发展。

3. 重复建设问题

中国区域经济结构不合理突出表现在产业结构同构化、趋同化，不仅表现在省与省之间，甚至地市更小的范围的重复建设，产业同构的现象也非常严重。长三角、珠三角地区中国产业同构系数高达 0.95，仅在各地“十二五”规划中，把石油、化工作为主导产业的有 16 个省，把汽车作为主导产业的有 15 个省，把钢铁作为主导产业有 11 个省，有 28 个城市定位为建成区域或国际金融中心。区域经济结构趋同化从新中国建立后一直存在着，至改革开放后，随着部分经济管理权力的下放，趋同化现象有扩大的趋向。

区域产业结构趋同化带来的危害主要是社会资源的浪费、生产力配置的扭曲、效率的损失以及宏观经济的失控。有学者提出了用财政体制改革的思路来纠正重复建设的问题。主张把目前实行的以增值税、营业税为主的间接税为主的税收体系转变为直接税为主体的税收体系。以消除当前分灶吃饭财政格局的“自我发展”性投资。目前分灶吃饭的财政分配格局，导致任何一个地方都把做大 GDP、增加财政税收和财政收入作为主要目标，各地都上重化工项目，拉大企业和大项目，这能给当地带来财政收入。这种财税体制也使得不仅中央和省市分灶吃饭，甚至省与市县、市县与乡镇也是分灶吃饭，这虽然有利于调动各自积极性，但也导致各自从自己利益出发，在产业结构和投资结构上带来“利己性”的行为。

4. 区域竞争力问题

目前，竞争力研究涉及两大主体，一个是城市，一个是区域。城市竞争力的研究主要围绕竞争的内容、领域、竞争机制、影响因素、评价方法、竞争力提升战略几个方面展开。对于区域竞争力研究也相似于城市竞争力，集中在区域竞争力的基础条件、区域竞争力形成机制、产业集群与区域竞争力关系、特色竞争力、增强竞争力途径等各方面。一些学者在某些具体因素上探讨了竞争力的问题，如探讨地区经济发展差距与资源配置能力的关系，研究不同地区影响其资源配置能力的具体原因，寻找提高落后地区资源配置力的途径以及政策措施，从而协调地区经济发展。

5. 城市化问题

城市化是世界各国普遍遇到的问题。然而，对于中国而言，城市化问题在现阶段表现得尤为突出，中国刚刚达到 50% 的城市化水平，处于社会经济重大转折时期。面临土地、人口、财产、产业、就业、社保、设施等一系列重大问题。换句话说，也是区域经济理论研究的大好时机。其实，早已经有大量学者展开了全方位的研究，主要涉及城市化的路径、城市体系与城市群（带）、各类城市的规模效益、城市化与工业化协调性、城市化动力机制、城乡协调发展、人口迁移与就业、人口城市化与土地城市化、城市化制度安排等。

城市化问题涉及的内容是否庞杂，除了上面提到的以外，还有资源型城市、特大城市、超大城市（中心城市）的发展增长极建设等问题。近些年，资源型城市转型成为一个焦点。20 世纪 90 年代中期实行市场经济以来，许多资源型城市面临“矿竭城衰”的危机，这方面研究集中于资源型城市可持续发展面临的主要问题；可持续发展的定量综合评价；接续产业的选择与培育；促进资源型城市可持续发展与产业转型的对策。关于特大型城市，往往是一个区域的中心城市，也是城市化的主要集中地、实现地。比如东部地区的沪、京、深、穗等超大城市，吸纳了大量的人口、产业和就业，但是它们目前面临着城市承载力极限的巨大挑战。因此，研究如何加快其周边城市群的发展，使周边城市分享其发展成果，并缓解这些超大城市的发展压力就显得十分必要。大城市的发展关联的就是增长极建设，如中国中西部，增长极建设仍处于起步阶段，成都、西安、武汉、长沙等中心城市的现有发展水平不足以带动周边地区的发展。因此，结合中西部地域辽阔之特点，研究如何让推动现有增长极发展，特别是培育一批新的增长中心和增长带，使中、西部增长极的空间分布更为合理，也成为重要的选题。

6. 产业发展研究

产业发展涉及产业选择、产业集群、产业转移等问题。对产业集群的研究起始于20世纪90年代，而大量研究是在2000年以后。国内相关研究主要从聚集经济、专业化分工、后福特制生产方式、知识溢出等角度，分析产业集群的形成过程、形成机制及集群的经济性。

产业选择与产业转移是实施区域经济协调共赢、“梯度推移”“避免重复建设”的关键环节。研究集中在各地如何创新体制，实现价值链、技术链上的分割与衔接，实现投资、项目的市场竞争与合作。东部在新一轮国际产业转移中，关注承接国际高端产业的转移，中西部针对自身的要素禀赋和历史积淀，承接发展新兴产业和自主发展特色优势产业，培育和推动具有区位优势的产业，向集聚化、高端化发展，从而形成高效、有序的现代产业链。

7. 区域发展规划体系的完善

近些年，我国相继密集出台了国家层面的区域发展规划，有力地促进了地方经济发展、区域合作、大都市圈形成与区域经济一体化。但是，对于从国家到地方（全国性、地方性）规划的性质、功能、体系、效力仍然不够清晰。

目前出现的问题是各种规划交织在一起，特别是那些具有法定效力的规划，在一个地方出现不一致的内容，甚至矛盾的方面，使得落实起来出现部门之间的不统一。这些规划有国民经济发展规划、土地利用规划、城市规划、区域发展规划或试验区（开发区）规划以及水利、能源、产业、基础设施等专业规划。因此，完善区域发展规划体系，是决定区域发展战略实施效果优劣的重要环节。对此进行较为深入的研究，是区域经济研究的一个重要课题。

此外，对于区域发展目标的认识与选择研究也是不可忽视的内容。在深入推进“第二个大局”的背景下，区域发展规划内容的调整和协调显得尤为重要。区域发展已经从改革初期局部突破的不平衡发展，进入到了区域公平、均衡的发展阶段。因此，一方面国家如何在全国范围内合理分配有限的政策资源和资金支持是一大难题。另一方面，地方如何着眼于自身比较优势、发展环境以及文化背景，而不是盲目效仿经济较发达区域的发展路径，提出各具特色，而又与其他区域的发展相协调的、多样化的发展规划，从而有效减少重复建设和恶性竞争，提高资源利用效率，更好更快地实现区域经济的协调发展，这同样也是需要解决的重要问题。

还有，对于区域规划内容，在国家层面，一直未被充分利用的海洋区域和资源，如何规划、开发利用也是摆在区域经济学者面前的新课题。

8. 区域经济政策与管理研究

中国区域经济政策研究是近年来的研究热点。2000年以来，我国区域政策研究在两个方面取得了明显成效：一是对区域政策的理论基础、政策程序、作用对象、政策目标、政策工具、效应评价进行了深入分析；二是对西部大开发政策、东北地区经济振兴战略与政策、中部崛起的战略与对策等问题的研究为国家重大区域问题提供了理论支持和决策参考。其中主体功能区划分及其分类政策成为区域经济学研究的热点问题。

对中国的区域经济政策研究，目前存在两种观点：一种观点认为中国目前不存在区域经济政策，要构建中国区域经济政策体系，应当对区域经济政策概念、范畴进行理论的规范；另一种观点认为，中国的区域经济政策应当是经济政策和产业政策的区域化。也就是说，没有必要，也不可能制定专门的区域政策。整个经济政策是一个完整的体系，制定经济和产业政策时，必须充分考虑地方的特点，区域政策的实施是地方政府对这些经济和产业政策的区域化处理和解释。这两种观点虽然有很大区别，但都认为中国目前的区域政策尚缺乏理论的深度。

9. 国际区域经济发展经验教训的研究

世界各国都有自身的发展做法，尤其是在区域经济发展方面需要我们去关注、研究，一些做法值得我们借鉴、学习，甚至引进。其实，随着全球经济一体化的推进，各国各地区之间的联系不断增加，学习交往的机会增多了，相互之间的可比性、参照性也增大了。所以，互相学习、关注、交流是必然趋势。

一方面，应积极参与研究国际经济的协调与合作。经济全球化使世界连成一大市场，各国间相互依赖关系进一步增强，对于如何建立相互协调，求同存异，互利合作的大市场和有效调控机制，急需研究，达成共识。当今世界，经济竞争日益激烈，除了研究区域本身的积极参与外，还要搞好区域间的经济协调与合作，既包括发达国家，也包括发展中国家和地区或欠发达国家和地区；另一方面，需要及时总结和借鉴各国在区域经济实践上的经验与教训。其实，这方面的关注、研究早已经开展，如引入的苏联“地域生产综合体”，到以后引进的“美国田纳西河流域综合治理”“意大利南部地区开发”“德国鲁尔地区的振兴复苏”“加拿大地区发展战略”“大伦敦规划”“大巴黎规划”“大东京规划”等一大批成果研究等。

未来根据国情，关注和引进的重点领域包括：区域经济发展的体制机制、文化教育等传统因素的作用、科学技术进步、金融等要素的正负作用、产业转换更迭、区域发展平衡、基础设施等公共物品的生产、人与社会目标（就业与福利增长、公平平等、环境友好、精神文明）的实现，以及研究方法与手段等。

总之，区域经济学在中国正处在蓬勃发展之中，各种理论、各种观点的同时存在，极大地丰富了区域经济学的理论体系，并为区域经济学理论的发展做出贡献。

参考文献

[1] 杨开忠 . 改革开放以来中国区域发展的理论与实践 [M]. 北京：科学出版社，2010.

[2] 克鲁格曼 . 地理与贸易 [M]. 北京：中国人民大学出版社，2012.

[3] 陈传康 . 区域发展战略的理论和案例研究 [J]. 自然资源学报，1986，（9）.

[4] 姜安印 . 转型经济中区域突破现象的制度解释 [J]. 中国软科学，2005，（8）.

[5] 逯进，陈阳 . 中国区域经济发展 30 年 [J]. 东方论坛，2012，（3）.

[6] 潘胜彩 . 内地经济必须走“双循环”的发展道路 [J]. 特区经济，1988，（2）.

[7] 孙东琪，朱传耿，王振波，等 . 中国区域经济地理学的发展历程、现状与展望 [J]. 人文地理，2011，（2）.

[8] 王建 . 选择正确的长期发展战略 [N]. 经济日报，1988-01-05.

论中西历史上不同的农业和工商业思想及其影响

孙洪升（中央财经大学经济学院教授，历史学博士）

摘要：在工业化社会来临之前，中国和西欧在历史上都是比较典型的农业社会，农业是社会经济中十分重要的产业，社会上绝大部分人口从事农业。随着农业的发展，工商业也开始发展起来。如何看待农业和工商业在社会中的作用、如何处理两者之间的关系，中国传统社会和西欧社会在此问题上有很大不同：中国在战国、秦汉时期即形成了重农抑商的经济思想和经济政策，并长期占据统治地位，直至晚清才在西方资本主义经济的冲击之下开始退出历史舞台，由重农抑商转向农商并重再转变为重商；而西欧则在封建社会解体、民族国家形成的过程中形成了重商主义思潮，并有过较为短暂的重农主义时期。在此基础上，产生了亚当·斯密的自由放任经济思想，而此时也距离英国工业革命为期不远了。由此可见，传统中国和西欧分别走上了不同的发展道路，其深层原因十分复杂，而统治者对农业和工商业采取的不同态度及不同政策，则应是影响中国、西欧社会发展的一个关键因素。本文拟从中西历史上不同的经济思想对社会发展产生影响的角度，探讨中国、西欧分别走上各自发展道路的深层次原因。

关键词：中国；西欧；重农抑商；重商主义；重农主义

在人类社会的历史上，农业和工商业的产生与发展对人类社会文明的发展和进步起到了重要作用。在工业化社会诞生以前，中国和西欧都是比较典型的农业社会，农业在社会经济中占据主导地位，扮演着重要角色；在农业发展的基础上，工商业也随之诞生并得到不断发展。尽管中国在春秋、战国、秦汉时期就迎来了农业和工商业的蓬勃发展时期，并在以后的唐宋、明清时期有进一步发展，但发展的道路上充满了艰难，难以顺利进入工业化社会；相反，中世纪西欧的农业与工商业一度落后于中国，却在经历了几个世纪的准备之后开始崭露头角，不仅做到了后来居上，而且远远地将中国甩在了身后，率先进入工业化社会。中西社会的发展之所以出现如此大的差异，原因十分复杂。其中，对农业和工商业的不同态度及采取的不同措施，是影响中西历史走向的一个十分重要的因素。本文拟从中西历史上统治者对农业和工商业的不同态度及采取的不同经济政策入手，探讨中西社会的不同发展道路。

一、中国传统社会的重农抑商思想

在人类历史上，农业的出现具有重要意义。大约在1.2万年前，部分人类群落不再以狩猎或野外采集为生，而是开始有计划地生产食物。农耕的出现是一个缓慢而分散的过程，它自发地出现在世界不同地区及不同时期，是人们在食物生产中做出无数次筛选的结果。[①] 农业的出现，为人类社会进入文明时期创造了条件。

考古资料显示，我国农业产生于旧石器时代晚期与新时期时代早期的交替阶段，距今有1万多年的历史。夏商周时期（前21—前8世纪），我国由石器时代进入金属时代，发明了冶炼青铜的技术，出现了青铜农具，农业已经发展成为主要产业，是我国古代农业发展的第一个高潮。进入春秋战国和秦汉时代（前7—3世纪）以来，农业进入了一个新的发展阶段。这一时期农业发展的主要标志是，铁制农具的出现和牛、马等畜力的使用。[②]

由于农业在中国传统社会占有重要地位，导致统治者对农业生产十分重视，形成了重农主义经济思想。在中国历史上，重视农业的言论可谓俯拾皆是。在这种舆论影响之下，统治者推行了一系列的重农政策。从周初开始，周天子每年举行盛大的“籍礼”，这是统治者重视农业的具体体现。进入春秋以来，伴随着西周封建制度的逐步解体，各诸侯国采取各种措施大力发展农业生产以增强国力，重农思想成为时代潮流。最为典型的是李悝在魏国推行“尽地力之教”的农业经济政策；商鞅和韩非子推行“农战”政策。其他如管子学派、儒家孔孟等皆重视农业的重要作用。先秦重农思想在秦汉时期被全部继承了下来，并得到新的发展。汉初著名的思想家贾谊、晁错等人注意到发展农业生产、有足够的粮食储备对于国家政权的稳定有重要作用，把发展农业生产提高到了治国安邦的高度。秦汉以后，重农思想遂成为占统治地位的经济思想，历代统治者皆视为基本国策，念念不忘。唐代大诗人白居易亦认为富国须依靠农业；而明代邱濬则视农业为天下的根本；农学家徐光启更是有“民以食为天”的警句，时至今日人们对此依然是耳熟能详、妇孺皆知。

迄至西周以来，历代统治者采取了很多重农措施，诸如设置农业管理机构，指

① 埃德蒙·柏克三世等著，杨彪等译．世界史：大时代[M].上海：华东师范大学出版社，2012.

② 陈文华，中国农业通史·夏商西周春秋卷[M].北京：中国农业出版社，2007.

导农耕；兴修水利，奖励垦殖；蠲免灾荒年份的税赋，赈济灾民；建立粮仓，储备粮食；控制市场粮价，保护农业发展等等。其中，最为重要、对后世产生深远影响的政策则是“重本抑末”。本指农业，末则是奢侈性工商业，或指整个工商业。“重本抑末”思想的产生，与春秋、战国以来的社会发展变迁有关。西周时实行“工商食官”的制度，工商业对农业几乎没有什么不利影响，故春秋以前几乎没有反对工商业的言论。但进入春秋以来，西周封建制度慢慢解体，进入战国后这种解体的速度进一步加快，社会处于急剧的变革、转型之中。在社会经济方面，春秋时期农村公社逐渐解体，个体家庭经济逐渐形成，与此同时，“工商食官”制度逐步瓦解，自由商人阶层开始形成，商人开始成为社会经济结构中的重要力量。进入战国之后，随着人口增加，大量剩余劳动力涌向工商业，促使工商业不断繁荣。而战国时期土地制度和田租形态的改变，则更有利于工商业的发展：伴随着井田制度逐步退出历史舞台，土地私有制开始建立，劳役地租亦变为实物地租，有的地方甚至出现了货币地租，这就解除了很多对人的束缚，农民可以自由安排、使用他的劳动时间，这对家庭手工业的发展是有利的。春秋时期，随着田租形态改变、私营工商业的崛起，城市工商业开始发展；战国时期，商品经济迅速发展，产生了一批著名的大城市，这又反过来促进了商品经济的繁荣。就是在这样的背景下，一部分士人和统治者认为民众弃农经商不利于农业生产发展，意识到商品经济的发展威胁到了农业生产，遂提出了“重本抑末”的思想和政策。

李悝、商鞅、韩非子等人主张“重本抑末”的主要理由是：首先，他们从狭隘的“粟帛”财富观出发，认为只有农民的男耕女织才生产粮食和财富，工商等“游食之民”不生产财富，是社会的寄生虫，这是重本抑末思想的理论基础；其次，他们认为农、商之间进行的是不等价交换，造成农贫商富的后果。这必然诱导人们弃农经商，使工商业占用大量劳动力和生产资料，不利于农业发展；再次，商鞅等人从“农战”战略出发，认为国家必须掌握充足的粮食等战略物资，这当然要依靠发展农业生产，从征收农业租税而获得，为此，必须驱民务农；又次，他们认为重农抑商有利于保持社会良好秩序。指出农民贫而淳朴，商贾富而无礼；最后，他们认为农民对土地的依附性强，便于征调劳役和征发兵役，而工商游食之民流动性大，难以管理或统治。所以，商鞅、韩非子等法家代表人物从“农战”战略出发，特别强调使绝大多数人口从事农业生产，限制、禁止过多的劳动力从事工商业，要求坚决堵塞除了农、战以外的所有其他获得富贵的途径。他们千方百计给工商业发展制造障碍，对工商业征收沉重的赋税；禁止商人经营粮食，以抑制对农民的盘剥；关闭旅店、提高酒肉价格，使行商外出困难；人为提高粮食价格，加重非农人口的生活负担等。与此形成鲜明对比的是，政府制定政策以“重农”：对在“农战”中做出贡献的人，酌情给予奖励：努力从事农业生产，多生产粟帛多的人，免除其沉重的劳役、以粮食换官爵，即“粟爵粟任”，奖励田宅等。“粟爵粟任”政策还可以起到抑制商人的作用，非农业人口买粮食求官时便抬高粮食价格，同时又增加了财政收入，因此受到后世统治者的青睐。[①]

进入秦汉时期以来，伴随着中央集权专制帝国的建立，统治者采取了一系列政治、经济措施对商人和商业活动进行打压，主要措施有：第一，歧视、侮辱商人，贬低商人社会地位。例如，秦始皇三十三年：“发诸尝逋亡人、赘婿、贾人略取陆梁地，为桂林、象郡、南海，以適遣戍。”[②]商人和逃兵、赘婿等人被视为重征劳役的对象，甚至他们的后代也遭受了同样的遭遇。进入汉代以后，又增加了新的侮辱商人的做法：“天下已平，高祖乃令贾人不得衣丝乘车。……孝惠、高后时，为天下初定，复弛商贾之律，然市井之子孙亦不得仕宦为吏。”[③]“贾人有市籍者，及其家属，皆无得籍名田，以便农。敢犯令，没入田僮。”[④]即规定商人禁止穿丝绸类服饰、不许乘车骑马、不许做官、不许购置土地等。汉代之后的统治者多采纳了类似的做法，甚至到明代的时候，朱元璋依然不许商人穿着绸绢。统治者这样做的目的是将商人视为异于普通民众的异类，将经商视为可耻的下贱职业，从而让普通民众远离工商业；第二，向商人征收沉重的赋税。通过加重商人赋税负担的做法，逼迫商人退出工商业的经营活动。用刘邦的话说，就是要“重租税以困辱之”[⑤]。汉代向商人征收的财产税称为“算缗钱”，税率很高；第三，用暴力手段掠夺商人的财产。汉武帝时开支浩繁、财政吃紧，遂把手伸向商人的腰包，通过实行“告缗令”，鼓励人们检举揭发商人的偷税漏税行为而随意没收商人财产，结果富商大贾乃至中等商人皆为之破产；第四，用不断改变币制的做法，变相掠夺商人财富；第五，实行均输平准和禁榷制度，从根本上打击商人。均输平准是指国家实行的统购统销的国营商业政策，禁榷制度则指国家对关系国计民生的重要商品如盐、铁、酒、茶等实行专卖的政策。傅筑夫先生指出，中国历代王朝的统治者确立了三种有效的制度，作为贯彻抑商政策的三大支柱，达到了预期的目的。这三种制度就是禁榷制度、土贡制度和官工业制

① 戴家龙，赵建. 中西经济思想纲要 [M]. 合肥：安徽大学出版社，2002.

② 《史记》卷六《秦始皇本纪》。

③ 《史记·平准书》。

④ 《史记·平准书》。

⑤ 《史记·平准书》。

度。禁榷制度是把最主要的几种商业经营，从私人手里夺取过来，由政府实行统购统销，并完全由政府垄断。这是将私人商业变为公营商业，使私人商贾失去营业牟利的机会。土贡制度是统治阶级把所需要的各种生活必需品、便利品和奢侈品，不通过市场、不经过买卖程序，而直接以贡的形式获得，这样既可以满足各种需要特别是奢侈需要，而又不刺激市场和扩大商业活动的范围。官工业制度是由政府自设作坊或工场，把不能由贡的方式直接获得的物品特别是高贵的、精品的奢侈品以及大量的公用物品和军需品，都自行制造，目的也是为了不通过商业途径，使私人工商业失去最大的和最有利的营业项目。通过这三项制度的实施，真正达到了遏止商品经济发展的目的。①

二、西欧历史上的重商主义

在人类历史上很长的时期内，轻视乃至抑制商业与商人是较为普遍的现象。国家的出现，标志着新的共同体的诞生，出现了收取贡赋的社会，精英阶层使用武力或者威胁使用武力来掌控剩余的资源。在这样的社会里："大多数纳贡精英蔑视非强制的商业交换以及从事这类交换的人。这种蔑视态度在大多数帝国体系的官方价值观——儒家价值体系、印度的种姓制度、罗马人对待商人的态度，以及大多数农业国家商人的普遍的低下地位——中都有明显的表现。"② 而西欧社会在 15 世纪之前则同样如此："商业和赚钱在较早的时代里备受怀疑，遭到轻蔑。……在中世纪，经院哲学家设计了一条狭窄的道路，商人可以沿着它行进而不使自己的得救遭受危险。"③

与中国重农抑商思想长期保持统治地位的情况不同，西欧社会在中世纪之后逐渐产生了重商主义学派。重商主义在不同的国家产生的时间略有不同，大致可以追溯到 1500—1776 年之间，即十五世纪末到十八世纪末约三百年左右。

重商主义的产生，有其深刻的时代背景。在西欧，自给自足的封建社会逐渐被新兴的商业资本主义所取代，中世纪逐渐兴起的城市变得越来越重要。国内与国际贸易日益繁荣，货币的使用更加广泛。西半球金矿的发现促进了贸易量的增长，激发了关于贵金属理论的产生。航海发展促进了地理大发现，地理大发现拓展了贸易的范围。生产规模虽然较小，却有越来越多的商人周旋于生产者与消费者之间。商

① 傅筑夫.《中国经济史论丛》(下册)[M]. 北京：三联书店，1980.

② 大卫·克里斯蒂安著，晏可佳等译.时间地图：大历史导论 [M]. 上海：上海社会科学院出版社，2007.

③ 亨利·威廉·斯皮格尔著，晏智杰等译.经济思想的成长 [M]. 北京：中国社会科学出版社，1999.

业资本家在商业活动中扮演着越来越重要的角色。①

这与中世纪晚期西欧政治、经济发展的形势密切相关。16世纪和17世纪时，西欧国家面临国内统一问题，必须在中世纪的地方主义基础上建立国家权力。在经济方面，这意味着统一的货币制度和货币，全国性的度量衡制度，消除对道路和河流的内部收费，以及全国性的税收和关税制度。这些制度是当时的国家统治者在封建领主的反对声中缓慢地建立起来的，君主在与大贵族的较量中政治权力不断增加，从而为国家经济的建立奠定了基础。在这场斗争中，君主在几个方面有着天然的盟友。最重要的是城镇商业收益的增长。在统一的经济模式中地方壁垒减少，使贸易的扩大成为可能，而商人则可以从扩大的贸易中获益。反过来，商人则为军队提供经费，君主需要这些军队使贵族服从自己，从而巩固君主的权力和地位。君主和商人的利益更趋于一致，他们都从扩大的外贸中获益。商人在对外贸易中赚取利润，甚至可以控制与一个地区的贸易，将利润流向国内，而国内的生产商则收到出口市场的刺激。国家从来自大量贸易的关税、出售贸易垄断权、战略军事工业和人员（造船和船上用品、水手和船长）的发展以及从为国力提供坚实基础的经济增长中获得收入。因此，国家政策的两个基本目标是发展商业，以及随之而来的增加在国际事务中的话语权。从王权、商人、乡绅和专业人士结成的政治和经济同盟中产生的经济政策可以将国家统一在一个强大的统治者之下，发展国家的军事力量，并通过国内生产和国外贸易增加财富。这些政策以及它们的理论基础被称为重商主义，这是现代经济思想中最早的系统化的体系。②

虽然有些重商主义者是政府官员、记者、科学家、哲学家，但大多数重商主义思想是由商人提出的，这一时期的主要经济学家大多是卓越的商人："正是商人而不是道德家取得了法官的地位，来评判商业行为——他自己的行为以及影响经济的公共政策。伴随着这种新的评判而来的是有了衡量行为是否正当的新尺度，而在这些尺度中，在现世中取得权力和财富比在来世灵魂得救开始有了更重的分量。……商人自己僭取的思想权利使他们摆脱了许多束缚，也使追求马基雅弗利主义成为可能，允许做有助于实现目的的所有事情。"③这么多的商人成为经济思想家对经济思想的质量是有影响的。这些商人都受过良好的教育，受过人文主义训练，熟悉多种语言，

① 斯坦利·L布鲁著，焦国华等译．经济思想史[M]. 北京：机械工业出版社，2008.

② 丹尼尔·R.富斯菲尔德著，尚玉卿等译．经济学——历史的解析[M]. 北京：人民邮电出版社，2011.

③ 亨利·威廉·斯皮格尔著，晏智杰等译．经济思想的成长[M]. 北京：中国社会科学出版社，1999.

并且能够引证适合的权威著作支持他们的论证。他们的思想非常实际，并且是政策导向的，主要是基于被认为是对现实的观察的东西，还基于少数一般原则。

重商主义学派的主要观点是：（1）金银是最佳的财富形式。重商主义者倾向于将一国的财富等同于该国所拥有的金和银的数量。早期的一些重商主义者甚至认为贵金属是唯一值得追求的财富形式。他们把金银作为获取权力和财富的主要途径。对于一国来说，贸易顺差就意味着可以获得更多的硬通货；（2）民族主义。一国只有以邻国为代价才能扩大出口和积累财富，只有强大的国家才能攫取和控制殖民地、主导贸易规则、取得对敌战争的胜利，并在国际贸易竞争中获取优势。从经济生活的静态方面来看，整个世界的经济资源的数量是一定的，一个国家只有在减少其他国家资源的前提下才能增加其自身的资源。重商主义者的民族主义观念很自然地导致了军国主义。强大的海军和商业舰队是绝对必需的；（3）对本国不能生产的原材料免征关税，对本国能够生产的制成品和原材料进行保护，并严格限制原材料出口。重商主义者重视出口而不愿意进口，商人的利益超过了国内消费者的利益。商人收到作为他们出口回报的黄金流入，而对进口的限制却使国内可以消费的商品大为减少。结果是金银得到积累，国家的财富和力量被认为得到增强；（4）殖民化和对殖民地贸易的垄断。商业资本家喜欢实行殖民化和保持殖民地对宗主国的永久依赖和屈从。宗主国经济增长和军事实力给殖民地所带来的任何利益都只是宗主国剥削政策的一个偶然的副产品；（5）反对妨碍商品流动的各种国内通行费、税收和其他各种限制。重商主义者认识到各种通行费和税收会扼杀工商业经济并引起一国出口价格的上升。然而，需要着重指出的是，重商主义者不希望别人也能够从事他们所愿意从事的贸易，他们并不赞成自由的内部贸易。相反，重商主义者希望尽可能地获得垄断特许权或排他的贸易特权；（6）强大的中央政府。一个强大的中央政府的存在可以保证实现重商主义者的目标。政府授予从事对外贸易的公司垄断特许权，控制国内商业活动的自由出入以限制竞争。农业、采矿业和工业由于政府提供津贴而得以快速发展，并且由于政府对进口产品征收关税而受到保护。此外，政府严格控制生产的工艺流程和产品质量，从而使该国的产品不至于在国外市场上因声誉不好而被迫减少出口。因此，一个强大的国家政府必须实行全国统一的管制措施。中央政府也必须能够实现各种目标：民族主义、保护主义、殖民主义以及不受各种通行费与过度征税所妨碍的国内贸易；（7）人口众多并且人们努力工作的重要性。人口众多、人们勤奋工作，不仅能够提供大量的为保护国家荣誉和财富而战斗的士兵和水手，并且能够保证劳动力的充足供应从而可以保持较低的工资水平。而较低的工资水平既可以降低出口产品的价格从而增加黄金的流入，又可以减少人们的懒惰，促使更多的人加入劳动大军。人们对于身体健全的人游手好闲和乞讨决不同情，偷窃行为会受到严厉惩罚。一些重商主义者认为，低工资对于减少懒惰和增加劳动力就业来说是必不可少的措施。他们强调了提高工资率的收入效应：由于更高的工资率增加了每小时的收入所得，工人们可以“购买”到额外的闲暇时间。他们会通过减少工作时间来获得更多的闲暇时间。但重商主义者忽略了提高工资率时替代效应所产生的潜在的抵消作用：工资率的提高意味着为了所消费的每一小时的闲暇时间工人们必须放弃更多的收入，暗示闲暇的价格或者机会成本上升了。因为提高工资率的收入效应与替代效应的作用方向相反，所以并不确定工人们将对工资率的提高做出何种反应。如果收入效应超过了替代效应，则工人的数量和工作时间都会减少；而如果替代效应超过了收入效应，则工资的增长会导致工人数量和工作时间的增加。对当今美国的研究表明，收入效应与替代效应大致是互相抵消的。但是有关历史证据表明，更高的工资率确实导致了每周更少的工作时间。自重商主义时代以来，提高工资率的收入效应都超过了替代效应。经济社会的目的是使其成员的福利最大化，而不是使国家金库所拥有的金银的数量最大化。如果社会认为额外一小时闲暇的价值大于额外一小时收入的价值，那么较少的工作时间将会增加社会福利。由此可见，较少的工作时间并非如重商主义者所认为的那样是不好的。①

重商主义学派的观点对商业资本家、国王和政府官员是有利的。它特别有利于那些最强大的、地位稳固的以及拥有最优惠的垄断地位与特权的人。如果法律采取允许垄断地位存在、禁止进口以及管制等措施，那么会使得新加入的生产者和商人很难与已经在该行业存在着的其他生产者进行竞争并取得优势。由此可以推论，掌握权力的政府官员也愿意通过制定这些法规来分配经济租金，以便为他们自己或他们所服务的王室获取利益。许多政府官员、检察官、法官以及执行官都能从重商主义的管制中获利。法国政府从罚款、向商业机构出售特许权、垄断权中获取极大收入。官员们从对政府诸多法规的违反者征收的罚款提取一定比例。而且，重商主义政策带来的金银流入增加了国家的税收收入增强了一个国家通过战争获取经济利益的能力。②

重商主义学说认为金银和各种各样的珍宝是财富的精华，核心思想是贸易顺差是可取的，它是实现国家繁荣富强的钥匙。重商主义的流行观点是：财富存在于金

① 斯坦利·L布鲁著，焦国华等译．经济思想史[M]. 北京：机械工业出版社，2008.
② 斯坦利·L布鲁著，焦国华等译．经济思想史[M]. 北京：机械工业出版社，2008.

钱之中，财富存在于金银之中，而不是存在于物品和服务所具有的价值之中。对此，亚当·斯密提出了批评。斯密不仅提出了一个与重商主义的一些核心原则相反的、具有高度说服力的理论理由，而且他的观点也与舆论氛围的变化相一致。到十八世纪，重商主义对垄断企业的支持已经开始与日益增多的实业家相冲突。这些实业家认为垄断企业是阻挡他们的利益发展的障碍，因此希望消除这些障碍。随着工业的发展，受重商主义鼓励的保护主义也遇到了越来越多的反对声。重商主义者中的大多数人并不了解，要使一个国家变得富有，不仅可以通过使邻国变得贫困来达到，还可以通过在国内发现更多的自然资源、制造出更多的资本货物以及更有效地使用劳动力来达到这一目的。他们也没有理解，通过专业化分工和贸易可以同时增加所有国家的财富，以及给工人支付高工资并不一定会导致工人的懒惰和劳动力的减少。

重商主义虽然夸大了金银的作用，但是它处于中世纪占支配地位的自给自足经济与现代货币信用经济之间的过渡时期，所以还是有其意义的。商业的快速增长需要有更多的货币参与流通，而银行业还没有发展到能够提供这么多的货币。认为贸易有赖于足够的可以为其提供财政支持的货币，这种观点是正确的。因为凡是货币数量的地方，贸易就萧条；凡是贸易数量充足的地方，贸易就繁荣。在中世纪早期，欧洲的繁荣曾经因为铸币严重短缺而被拖了后腿，直到将近 12 世纪末的时候在德国和其他地方发现了白银、从而大大提高了货币供应量为止。而来自新大陆的大量金银供应如何大大刺激了贸易发展，则是有目共睹。当充足的铸币是保证足够的货币供应的唯一途径时，保持国际收支顺差以确保钱币能够不断积累而不致国库空虚，就显得很有意义了。货币是最有价值的东西，因为货币是一种用来驱动贸易的国际交换手段。[①] 随着贵金属的流入，政府征税更加容易了。随着贸易的扩张，货币量增多了，价格就会上升，或者至少不会下跌。不仅产量不断增长，而且自给自足的家庭也会参与到市场经济中来，从而购买和销售相同数量的产品需要支付更多的货币。而流通中金银数量的增加则降低了利率，鼓励了商业发展。[②] 重商主义者正确地认识到了高利率对良好的贸易条件是一种威慑力量，认识到利息是一种成本，利率最低的那些国家将会更富于竞争力。[③]

重商主义者对经济学的长远影响在于其强调了国际贸易的重要性，也对经济学和经济学发展做出了间接的贡献。首先，他们持久地影响了人们对待商人的态度。

---

① 约翰·米尔斯著，高湘泽译．一种批判的经济学史 [M]. 北京：商务印书馆，2005.
② 斯坦利·L 布鲁著，焦国华等译．经济思想史 [M]. 北京：机械工业出版社，2008.
③ 约翰·米尔斯著，高湘泽译．一种批判的经济学史 [M]. 北京：商务印书馆，2005.

中世纪的贵族曾经将经商的人视为可鄙的二等公民。重商主义者指出，如果商人的活动由政府施予适当的引导，商人不仅会使其自身变得富有，也会使其国家及国家的统治者变得富有，从而赋予了商人以尊贵和重要的地位。拥有土地的贵族最终也开始参与商业投机，也并没有因此失去地位和尊严。后来，他们让他们的孩子与商人的后代通婚，从而将贵族血统与巨大的商业财富结合了起来。重商主义思想浓重地反映了当时处于上升阶段的商人阶级的利益的色测。其次，重商主义提倡民族主义，这种影响持续到今天。当出现如下情形时，中央政府的管理将是必要的：需要使用统一的度量衡、货币制度和法律法规时；生产和贸易还没有充分发展到可以依赖竞争为消费者提供大范围可供选择的商品时；当贸易的财务风险是如此之高以至于垄断特权是必需的，因为它能比其他情况降低更多的风险。再次，拥有特权的贸易公司，通过以下措施帮助改造了欧洲的经济组织：引进新产品、为生产出来的产品提供销路以及刺激资本投资的不断增长。最后，重商主义对经济发展也产生了长远的影响：扩展了国内市场，提倡货物不受通行费阻碍而自由流动，建立了统一的法律和税收制度，保护人员与货物在国内国际运送过程中的安全。此外，由重商主义概念衍生出来的那些有关经济政策问题的著作，对于把经济学作为一门独立的学问树立起来发挥了重大作用。①

重商主义者认识到财富通常是通过人类的努力实现的，但如果不鼓励贸易和商业，商品交易也不能使生产者有利可图，就不能实现财富的产生。为此，他们强调贸易和商业的成长是增加国家财富的关键，扩大货币供应量是贸易增长的关键。在那个时代，重商主义者在许多方面都是正确的。他们认为国家财富的来源是商业。在 16 世纪和 17 世纪，欧洲最强大的国家是那些最大限度发展国际和海外贸易的国家。贸易刺激了生产和农业，并为整个国家带来了繁荣、财富和权力。②

三、西欧的重农主义

重商主义者相信私人利益和公共利益潜在的不一致反映了他们狭隘的生产力观点。他们认为同一国家市民之间严格的国内贸易是对财富的转移，它同贸易差额无关紧要。只有那些为出口差额做出贡献的人的工作才创造财富，才真是生产性的。因此，他们得出结论：商人的高贵职业、特别是出口商，即使不是唯一有生产性的

① 斯坦利·L. 布鲁著，焦国华等译. 经济思想史 [M]. 北京：机械工业出版社，2008.

② 丹尼尔·R. 富斯菲尔德著，尚玉卿等译. 经济学——历史的解析 [M]. 北京：人民邮电出版社，2011.

职业，也是所有职业中最有生产性的。[①] 到了18世纪中叶，重商主义者对于贸易和国家权力的专注开始不符合成长中的市场经济体的部分经济利益。从事工业和农业的群体逐渐发现，重商主义政策并不能给他们带来最大利益。这些政策因而受到大量批评，政策所依据的理论也受到怀疑。特别是小企业感到被授予垄断特权的几个大金融和贸易公司所围堵，他们和小农场主对所征收的税款用于维护国家权力感到不满，因为国家权力与其个人利益相抵触。在英国和法国，围绕着重商主义思想展开了激烈的辩论。[②] 在重商主义时代后期的法国，在反对重商主义和法国旧政权封建特性的过程中，产生了重农学派。重农学派的出现可以追溯到1756年，其代表人物之一魁奈在《百科全书》中发表了他的第一篇经济学论文。这一学派结束于1776年，当时杜尔哥失去了他在法国政府中的高官而亚当·斯密则出版了他的《国富论》。在这20多年里他们引导着世界经济思想，但重农学派的影响远远超出了他们的时代。[③] 重农学派的代表人物除了魁奈之外，还有布阿吉尔贝尔、杜尔哥等人，他们在当时的法国宫廷和贵族中都有很高的声誉。

与重商主义关注政府政策的特殊方面不同，重农学派则运用分门别类的方法和抽象的方法对整个经济过程作总的描述。他们的主要观点是：（1）自然秩序：重农学派把自然秩序的概念引进到了经济学思想里来。既然自然规律统治着人类社会，人类所有的活动都应该与自然规律相一致。在经济学的范畴内，自然规律赋予个人以享受自己的劳动果实的自然权利，条件是这种享受要与他人的利益相协调。重农学派的“自然秩序”学说确认了在人类社会中存在着客观经济规律，这一认识被古典自由主义经济学所继承，主张经济活动要遵循客观经济规律；（2）自由放任。“自由放任”的实际意思是让人们去干他们乐意干的事情而不要政府干预。政府除了保证最低的、绝对必需的基本保障如保护生命与产权、维持合同的自由等外，不要对经济生活施加任何干预。因此，重农学派几乎反对一切封建主义、重商主义和各种政府管制，倾向于国内的工商业自由和国外贸易自由。魁奈说：“只有自由和私人利益才能使国家欣欣向荣。”[④] 重农学派虽然认为商业不生产增值物品，但商业自由符合自然秩序的要求。魁奈指出：“必须维持商业的完全自由。因为最安全、最确实，对于国民和国家最有利的国内商业和对外贸易的政策，在于保持竞争的完全自由。”[⑤] 认

① 亨利·威廉·斯皮格尔著，晏智杰等译．经济思想的成长[M]. 北京：中国社会科学出版社，1999.
② 丹尼尔·R. 富斯菲尔德著，尚玉卿等译．经济学——历史的解析[M]. 北京：人民邮电出版社，2011.
③ 斯坦利·L. 布鲁著，焦国华等译．经济思想史[M]. 北京：机械工业出版社，2008.
④ 弗朗斯瓦·魁奈著，吴斐丹、张草纫译．魁奈经济著作集[M]. 北京：商务印书馆，1979.
⑤ 弗朗斯瓦·魁奈著，吴斐丹、张草纫译．魁奈经济著作集[M]. 北京：商务印书馆，1979.

为实行自由贸易，能够降低工业品价格，提高农产品价格，从而促进农业发展，最终促进国民财富的增加。故他们主张自由竞争、自由贸易，要求政府退出经济活动，依靠自然供需来调节、引导经济发展。这个思想已经是自由市场经济的萌芽，是古典自由主义经济思想的起源；（3）重视农业：重农主义者认为一切财富都源于农业和土地，认为工业、贸易和各种职业都是有用的但不是生产性的，只有农业是生产性的，因为他们产生了剩余，产生了超过生产中所消耗资源价值的净产品。正因为土地生产出人们生活必需的产品，才使得土地本身成为财富，并成为一切财富的来源。魁奈说："君主和人民绝不能忘记土地是财富的唯一源泉，只有农业能够增加财富。因为财富的增加能保证人口的增加，有了人和财富，就能使农业繁荣，商业扩大，工业活跃，财富永久持续地增加。国家行政的成功，都依靠这个丰富的源泉。"[①] 重农主义者提出了"纯产品"的概念，所谓"纯产品"就是："扣除用于耕作的劳动费用和其他必须支出后，多余的土地生产物就是纯产品，它构成国家的收入和获得或购买地产的土地所有者的收入。"[②] 纯产品就是财富的增加，是由一定投入成本所产生的增值产品，也就是每年收获农产品中扣除种子、肥料、人力、农具等各项投入后的剩余。"纯产品"学说是重农主义的核心理论，是其政策主张的基石。自然地，重农主义者得出结论：农业是国家繁荣富强的根本，在一国经济中处于基础性的位置，财富的多少关键在于能否从农业中创造出更多的纯产品。在他们眼里，按照重要性来排序，则国民经济各部门的顺序应是农业、手工业和商业。重农主义者轻蔑地称商业阶级和工业阶级是不会生产的阶级，指出商业阶级和工业阶级仅仅是对由农业创造出来的净收益作了再循环利用而已，其在这种再循环利用的过程中并不能创造新的附加值。故在他们眼里，土地所有者应当具有最高的社会地位，其次是在土地上进行耕作的人们，所有以其他形式从事商业活动的人们的社会地位应当最低。循此逻辑，则容易得出国家的首要作用是为农业提供支持的结论；（4）对土地所有者课税：重农学派认为，既然商业阶级和工业阶级被称为是不会生产的阶级，他们不能生产出净收益，则向他们征税则显得不切实际。应该只对土地所有者课税，因为只有农业才产生剩余，并且土地所有者以地租的形式获得了这些剩余。重农学派将农业生产分为土地所有者和土地耕作者两大类，国家应对土地所有者征税，而不应对土地耕作者征税。如果向农业耕作者征税，则将损害耕作者的利益，影响土地耕种和农业生产，从而减少农业产量。重农主义者认为对土地所有者的直接税优于各

---

① 弗朗斯瓦·魁奈著，吴斐丹、张草纫译．魁奈经济著作集 [M]. 北京：商务印书馆，1979.

② 弗朗斯瓦·魁奈著，吴斐丹、张草纫译．魁奈经济著作集 [M]. 北京：商务印书馆，1979.

种间接税，主张取消一切杂税，而改征单一地租税，由土地所有者全部负担。这种主张自然遭到了土地所有者的冷遇；（5）主张大农业经营，积极发展大农场：重农主义主张发展大农业经营，指出大农场主使用马拉犁进行生产耕作，经营规模大，效率高，节约成本，纯产品率高；而小农经营则多用牛拉犁进行耕作，规模小，效率低，纯产品率也低。故重农主义者指出小农经营不可取，主张发展大农业。魁奈说："农业的利益多半决定了土地要集中于大农场，富裕的农场主能将其经营到最佳状态。"[①] 杜尔哥则指出，就增加土地收益来说，最方便的方法是富裕地区将土地出租给富裕耕种者耕种，进行大农业经营："由于富裕耕种者的境况能为土地提供更多的劳力和肥料，从而大大增加了土地的产量和收入，这种方法是最有利的。"[②] 可见，重农主义者认为农业需要集约化、规模化经营，这样利于降低成本，提高产出，具有规模效应。[③]

从重农学派的观点来看，农民将从中获益，因为农民对地主的各种繁重的义务被取消了。按照重农学派的主张，农民将成为大农场的工人。商业将从取消对生产和商品流通中的各种限制的法规中获益。通过提倡自由放任的信条，重农学派促进了工业的发展，尽管这并非其初衷。他们对鼓励更加自由的国内谷物贸易、刺激农产品出口和工业制成品更感兴趣。重农主义的"自由放任、自由通行"的观念，其中包括自由贸易，是一种重大的与重商主义传统的决裂。这两种思想各自对出口贸易尤其是制造品的出口贸易所具有的优点与对由国际收支顺差带来的成就看法各不相同。重商主义把出口贸易和国际收支顺差当作首要目标，而重农主义则认为，高额出口贸易只能通过降价来实现，而降价则会给农业带来伤害。与重商主义相反，重农主义者们相信高的农产品价格对国家有利，出口贸易应当集中向国外出口农产品而不是出售制造品。由于重农学派主张发展大农业，特别支持使用雇佣劳动力和先进技术的资本主义农场，而大生产者有大量生产剩余需要出售，故重农学派对农业和谷物国内自由贸易的强调对他们特别有利。对农业生产剩余进行课税降低了土地价值，这只会伤害拥有土地的贵族而不会伤害支付地租的农业资本家。而贵族和神职人员具有免税特权，则加重了普通平民土地所有者的负担。

在工业革命之前，工业的劳动生产率极其低下，这在法国的手工业经济中有很好的体现。在一个极其贫困的国家中为贵族进行奢侈品生产，很容易被视为是非生

---

① 弗朗斯瓦·魁奈著，吴斐丹、张草纫译．魁奈经济著作集 [M]. 北京：商务印书馆，1979.

② 杜尔哥著，唐日松译《关于财富的形成和分配的考察》第 21 页。

③ 斯坦利·L 布鲁著，焦国华等译．经济思想史 [M]. 北京：机械工业出版社，2008.

产性的。而农业则会提供经济剩余，这可以用来进行储蓄和再投资，从而促进国家的经济增长和工业发展。重农学派提倡自由放任，反对不利于资本主义经济发展的各种障碍；他们强调农业的劳动生产率，摆脱了只有商业才创造和增加财富的陈旧观念。同时，无论重农主义者们多么蔑视贸易和工业，凡是重农主义得到成功的地方，他们的税收和自由放任政策都对贸易和工业起了鼓励作用。重农主义者们留下的更重要的遗产，在于他们在着手解决他们所要解决的问题的时候所遵循的思维方式：是他们最先认识到：相对于贸易和交换，生产才是财富的重要源泉。就此而言，他们远远先进于重商主义者们。①

尽管重农主义者们提出了一些有意义且有持久生命力的思想，但重农主义方案本身的连贯性及其在实践上的有效性是极为有限的。他们的一些观点明显是错误的。重农学派认为工业和贸易是非生产性的，在这点上他们是错误的。而这个错误导致了另外一个错误的观点：认为只有土地才产生经济剩余，因此应该只对土地所有者课税。重农学派错误的税收概念造成了长期的影响。此外，重农学派把资本主义农场主看作是法国经济发展的主导力量，但他们在两个方面是错误的：一是工业资本家和雇佣工人成了法国经济发展中最重要的力量，而农业的重要性却相对降低了；二是小农场主而不是大的农业资本家成了法国农业的主导形式。②

重农学派对经济学做出了几个具有长远价值的贡献。第一，通过将社会作为一个整体来考察并分析财富与商品流转的规律，重农学派为经济学发展成为一门社会科学奠定了基础；第二，重农学派的杜尔哥最早提出了收益递减规律；第三，重农学派最早分析了税收转嫁和税收归宿问题，这在今天仍然是应用微观经济学的一个重要组成部分；最后，通过提倡自由放任，他们把经济学家的注意力吸引到了分析政府在经济中的适当作用上来。③

四、重农抑商、重商主义与重农主义思想对中西社会经济发展的影响

人类社会的心智活动包括经济思想是影响社会经济发展的重要因素之一。个人追求发展、由生存到生活的冲动与对外在环境的调整的努力，是经济发展的真正力量。故在掌握经济史发展的大趋势、划分经济发展过程的阶段时，亦应考虑到经济

① 约翰·米尔斯著，高湘泽译．一种批判的经济学史 [M]. 北京：商务印书馆，2005.
② 斯坦利·L 布鲁著，焦国华等译．经济思想史 [M]. 北京：机械工业出版社，2008.
③ 斯坦利·L 布鲁著，焦国华等译．经济思想史 [M]. 北京：机械工业出版社，2008.

思想史的因素，注意到心智活动与物质力量的相互影响。欧洲经济史通常是始于中世纪。综合西方经济史与经济思想史学家的划分，自中世纪至近代，大致可以区分为封建时代（900—1300年）、灰暗时代（1300—1500年）、重商主义阶段（1500—1750年）、重农学派期间（1750—1780年）、资本主义纪元（1780年起）。[①] 而中国早期经济发展的过程，和西欧若合符节：西周至春秋初，是明显的封建时期；春秋时期则有些像是灰暗时代；战国则显似重商主义阶段；秦始皇灭六国后，以及汉高祖主政期间，有短暂的重农；文景之治的自由放任，使资本主义首次在中国萌芽。至汉武帝统治时期，实行盐铁官营、平准政策，将刚刚萌芽的资本主义扼杀。但在汉武帝以前的中国和中世纪以来的西欧，其经济发展的历程可以归纳出人类经济发展的规律：（1）历程：封建社会→重商主义→短暂的重农→资本主义；（2）动机：人类求生存、求发展；（3）推动：经济制度与政治制度的互动与均衡。侯家驹先生指出，资本主义在中国初次萌芽，却因汉武帝的抑商措施与盐铁酒收归国营而告夭折，使中国经济停滞约两千年或成长受到限制，其中虽于南宋及明代中叶再次萌芽，但均不旋踵而灭，其所以如此，是因政治制度决定经济制度，而非经济制度影响政治制度。中国经济发展自汉武帝以降至清末的两千多年，业已脱离了经济史演进规律，成为典型的闭塞大国，社会发展有两个明显异于西欧社会的特点：从经济角度观察，主要是指自给自足的经济，例如皇家用品多为自给或自制，而非经由市场，一般农家更是如此；从政治角度观察，自一人专制出现以后，在政治力量高压下，政府干预经济，难以出现市场经济。侯家驹先生称为是一个半封建半重商的社会，“半封建”是意谓静态的农业社会；“半重商”是意谓政府干预人民经济活动，以及人民重商轻农之态度。[②] 笔者认为，对秦汉以来中国社会发展的特点把握是符合历史实际的，但称为是“半封建半重商的社会”，似可商榷。秦汉以降两千余年间，在中国长期延续的，不是渐居次要的封建制，而是由宗法制、地主制、专制帝制综合而成的社会形态。在西欧、日本有典型表现的封建化的三特征——农民农奴化、土地庄园化、政权多元化，在中国秦汉至明清两千余年间，其大势与之背反，领主制渐为地主制取代，贵族政治渐为官僚政治取代，政权分割演化为中央集权的君主制，农民逐渐拥有基本的人身自由，故可以称之为宗法地主专制社会，似可昭示这两千余

---

① 侯家驹．中国经济史 [M]. 北京：新星出版社，2008.

② 由于经商易于获利，故虽然统治者实行重本抑末政策，但人们并不以经商为耻，相反，在现实生活中商人无论社会地位还是在财富占有上，都远比农夫为佳。故晁错深有感慨，他说：“今法律贱商人，商人已富贵矣；尊农夫，农夫已贫贱矣。故俗之所贵，主之所贱也；吏之所卑，法之所尊也。上下相反，好恶乖迕，而欲国富法立，不可得也。”（《汉书·食货志》）

年间的社会组织、经济结构、政治体制诸层面的基本特征。综观秦至清的社会的贯穿性三要素（宗法制、地主制、集权专制），便会发现其上高扬着一面统辖万象的大纛，上书“皇权”二字。这种以变态的宗法关系为社会结构，以地主—自耕农土地制度为经济基础，以官僚政治为运作机器的皇权，是一个特定历史阶段的标识，在秦至清两千余年间大行其道，并且愈演愈烈，故可以称为是“皇权时代”。[①] 亦有学者指出，从秦至清长达两千多年的政治体制的特点就是权力高度集中、君主独裁专制，“君”主一切权力，故可以称之为是“君主社会”。似亦有其根据。秦汉以来统治者实行的重本抑末政策，在政府干预经济这个方面来说，的确与西欧各国的重商主义颇为类似，但干预的方式和内容又十分不同。称之为抑商则可，称之为“半重商”，似乎与抑制商业的政策抵触。但从字面意思看，西欧各国实行重商主义，中国秦汉以来是半重商社会，容易让人误以为中西之间皆行重商主义，仅仅是程度不同而已。但其实中国传统社会的重农抑商与西欧各国的重商主义，在历史条件、内容、作用等方面，皆大异其趣。

在中国文明史的第二次转型中，宗法封建时代走向专制帝制的皇权时代。这次文明转型决定了中国社会的前近代形态——不是如同西欧、日本那样由领主经济、贵族政治构成的封建制度，而是由地主经济、官僚政治构成的君主专制制度。中国文明史的第三次转型——近代化进程，面对的历史前提和所要完成的任务，其基本特色，由此决定。[②] 在这两次社会历史转型中，历代统治者推行的重农抑商政策，都是影响历史发展的重要因素之一，它在中国皇权时代的经济政策中一直扮演着重要角色。统治者推行“重本抑末”“农为国本”的经济政策，本应在限制、打击民间工商业的基础上，促进农业的健康快速发展。但事实却并非如此，甚至更加吊诡的是，在摧残民间工商业发展的同时，农业发展亦陷入危机。结果，与政策初衷背道而驰的现象发生了。在压制了工商业发展的同时，也让农业陷入凋敝。根据荀子的观察，农之所以离农逐末，完全是由于政府的索取无度，而使业农之民生计不足，才不得已而从末以补农计的。[③] 如此看来，重本抑末，伤害的不仅是工商业，也伤害了农业和农民。农业和工商业，颇有唇亡齿寒之关联。令人扼腕叹息的是，在秦以后两千多年的历史时期里，重本抑末政策一直是大一统帝国的基本国策。

在重视农业的幌子下，统治者抑制商品经济，同时推行手工业、商业官营政

---

① 参阅冯天瑜《封建考论》第 517~518 页。

② 冯天瑜 . 封建考论 [M]. 武汉：武汉大学出版社，2007.

③ 张金光 . 战国秦社会经济形态新探 [M]. 北京：商务印书馆，2013.

策，成为中国传统经济结构的基本格局和发展定势。政府在打击民间工商业的同时，加强对重要工商业的直接控制，以增加政府收入。这样一来，一系列连锁反应就顺理成章地发生了。在中国历史上，统治者“重农”，对于农民来说，似乎并非好事。“农为国本”，则意味着农业在受到国家重视的同时，要承担起为国家交纳税赋的重任。中国历史上的“重农主义”，其实是“重利”，始终实行的是“一边重农，一边重税”的政策，即重农是为了从农业、农民那里获取税收利益。[①] 由于帝国政府开支、军事开支、其他公共费用，以及庞大皇室官僚特权阶层的支付费用一直居高不下，导致赋税徭役负担特重，农民生活境遇每况愈下，小农经济的积累极端困难，使各种变革渠道通通被堵塞不通。正是高度中央集权的大一统国家对农业的强控制，使农业本身受到重压，更使农业发展的成果无法扩散、转化、辐射到其他的经济领域，整个经济结构缺乏自身运行的独立机制，变得僵硬，难以变革。农业负担过重，是一个比小农经济的生产结构不符合现代要求更为严重、更为致命的病症。[②] 而抑末政策的推行，则让凋敝的农业雪上加霜。本来精耕细作的小农经济有较高的生产水平和较高的剩余，但在沉重的税赋重压之下，越来越多的农民陷入破产境地。但如果农业和工商业由民间自由经营，即使有不少农民破产，由农民提供的剩余会通过工商业的积累而转化为各种形式的产业，从而有利于社会经济发展，亦可吸收破产的农民在各种工商业中重新就业。但抑商政策则让这些都化为乌有，它割断了农业和工商业之间的联系，阻止了他们之间的交流。结果一方面政府及其官僚因垄断工商业而获丰利，进行奢侈消费；另一方面使商人、手工业者将积累的资金用于博取官职、求田问舍，无法投入扩大生产的产业经济中，从另外一个方面恶化了农民的处境，社会生产亦日益萎缩。最终整个社会将会陷入动荡，经过农民战争的洗礼，社会玉石俱焚，于是在新王朝中重新开始复苏。由此可见，重本抑末是把双刃剑，既伤害了小农经济，又扼杀了民间工商业，阻断了两者之间的良性互动、改善各自处境的通道。工商业不能由民间经营，与中国社会转型艰难的关系更为直接。[③]

导致中国历史上重农抑商政策适得其反后果，还在于“重农”是以朝廷为本位的。“重农”是重视管制农民，是为了固农于土地之上，由此加强对农民的管制，故“固农”的意义大于“重农”。如此一来，朝廷越是“重农”，农民的行动自由就愈少，就越被束缚在土地上，其结果是加深了农民对土地的依附，可以随时供统治者

① 马远之．世界六百年与中国六十年——从重商主义到新结构主义 [M]. 广州：广东人民出版社，2015.

② 王家范．中国历史通论 [M]. 上海：华东师范大学出版社，2000.

③ 王家范．中国历史通论 [M]. 上海：华东师范大学出版社，2000.

奴役和驱使。统治者注重的是农业获益和政治稳定，而漠视农民的个人权益和自由。农民既无权利也无自由，其弱势地位日益强化。[①]而对民间工商业的打压和政府直接经营工商业，则堵塞了农民离开土地谋生的一切可能。由此可见，重农措施是为专制政治与统治经济效力。[②]

而“抑末”也并非如统治者所宣扬的那样，是为了保证农业生产的发展。“抑末”的主要目的有三：（1）迫使人民只能选择一种职业：农战。如此可以使农民负担“足食”“足兵”的任务，扩大对外征战的力量；（2）统治者担心工业聚众造反；（3）在专制统治下，社会地位决定于政治力量，天子对于其臣民，可以贵之、贱之，诱之、罚之，以发挥其无上权威，但若工业发展，资本家挟其经济力量提高其社会地位，有钱有势，威胁到统治者威信。[③]而儒家的经济伦理亦十分不利于商业的发展。在儒家意识形态中，经济制度是偏离伦常等级的，如经济地位僭越名分就被认为是不道德的；竞争和商业可能导致经济制度严重背离社会伦常秩序，因而也不被儒家经济伦理所提倡。这样一来，每当王朝中后期由于商业高度发展，农业人口向城市集中而出现社会问题时，儒生大多认识不到应根据经济发展来建立新制度，甚至不能从经济本身来讨论应怎样解决这些问题，而是将其看作对理想经济秩序（它是与理想伦理政治秩序配合，也是符合道德的）的偏离，认为正确的办法是回到一个王朝初建时的理想状态中去。这样，经济再发展，也不会改变儒生对经济制度的看法，他们也不可能去追寻探讨新的经济制度。这种把经济问题看作偏离理想状态，是用道德目标来判别社会制度合理性的典型表现。[④]

由此可知，无论是重农还是抑末，皆是以维护帝国专制统治为出发点，皆是维护专制统治的工具而已，故其效果与真正的发展经济、改善民生背道而驰，亦在情理之中。这与传统社会农耕文明的特点密切相关。美国学者大卫·克里斯蒂安指出，农耕文明的基本结构性特点造成了一些重大的后果。首先，在收取贡赋社会精英阶层不得不专注于强制和管理，而不是关注于生产。大体上看，精英阶层蔑视生产工作，蔑视从事这些工作的人，这个态度使得他们大多数人对于构成其财富基础的生产技术一无所知。官员和武士（管理者和胁迫者）提供了精英的生活方式，而不是

① 马远之. 世界六百年与中国六十年——从重商主义到新结构主义 [M]. 广州：广东人民出版社，2015.

② 侯家驹. 中国经济史 [M]. 北京：新星出版社，2008.

③ 侯家驹. 中国经济史 [M]. 北京：新星出版社，2008.

④ 金观涛、刘青峰. 中国现代思想的起源——超稳定结构与中国政治文化的演变（第一卷）[M]. 北京：法律出版社，2011.

工匠、农民或者商人的生活方式。收取贡赋的精英们在很大程度上满足于随意选取所需要的一切，而关注于使他们能够继续随意选取所需要的一切所必不可少的军事和税收的技巧。一般而言，他们必须成为财富的榨取者而不是财富的生产者，因此治国之道优先于经济考量。他进而指出，在某些环境下，精英们也会专注于强制管理的手段："在中华帝国——自秦朝（前 221—前 207 年）创立第一个统一国家开始，一个庞大的官僚体制监管着军队和税吏——强制的行政和法律形式就经常比肉体的强制更加能够赢得威望，野心勃勃的人花费更多时间在学习而不是狩猎上面。但是他们所学习的乃是统治而不是农耕或者经商。"[①] 从这个意义上说，自商鞅变法开始即实行重农抑商的施政方针，也正是体现了帝国统治者所关注的是统治，至于农业与工商业的健康发展、社会经济的繁荣，并不在他们考虑的范围之内。在中国传统社会，官府对工商业的垄断世所罕见。原因在于中国是大陆国家，只要凭政权的力量设置关卡，用军队封锁要道，就可以控制经济命脉。明清厉行海禁，完全堵死对外贸易的发展，也就卡死了打破统治者垄断的可能。因此，以粮为主的小农经济和官商官工的专制垄断是中国高度中央集权的专制帝国得以建立的经济基础。农村是军队的粮源和兵源，官商是宫廷和官僚的财源。军队和官僚构成专制统治的基础。多山少地、气候复杂、大陆国家、交通困难的自然条件，成了专制制度生长的土壤。秦汉以后奉行的重农抑商政策，官商、官工和户口保甲制度都全力抑制商品流通和人员来往，尽可能削弱地方之间横向的联系，这就堵塞了资本主义和近代科学独立发展的可能。[②]

本来，在农耕文明中，商业交换是创新的动力之一。因为在商业交换中，效率和两厢情愿一般比武力更为重要，商业更有可能比纳贡更能产生提高效率的创新。从长远看，交换体系在整个农耕文明里得到了发展；随着他们的发展，商业和实业家手中的财富数量与日俱增，最终这些集团的影响力也与日俱增了。[③] 而在商人自由地从商品流通过程中获得利润的竞争市场中，商业行为能够刺激创新。城市化和商业化刺激了各种不同类型的积累：财富的、观念的、新技术的以及行为方式的积累。但在整个农耕文明时代商业行为刺激创新的机会常常为强大的贡赋国家的国家收入方法所窒息。虽然贡赋国家一般容忍并且在某些情况下鼓励商业行为，但是他们贪

① 大卫·克里斯蒂安著，晏可佳等译.时间地图：大历史导论 [M]. 上海：上海社会科学院出版社，2007.

② 陈平.文明分岔经济混沌和演化经济学 [M]. 北京：经济科学出版社，2000.

③ 大卫·克里斯蒂安著，晏可佳等译.时间地图：大历史导论 [M]. 上海：上海社会科学院出版社，2007.

婪成性的手段和诉诸武力的意愿，对于贸易发展所必须的自由而言始终是一个威胁。因此在纳贡的手段和商人的手段之间长期存在着一种冲突：只要纳贡经营把持着政治制度，那么这种冲突就会限制商业行为发挥其提高生产能力的潜力。[①] 而中国自秦代以来的重农抑商政策，长期对商业、商人进行打压，使工商业得不到正常发展。中国虽然曾经创造过绚丽多姿的古代商业文明，但由于商业始终没有从根本上触动传统的生产结构，因此无论一时多么繁华与耀眼，都不能从根本上改造社会，也不能改善商业自身在整个经济结构中的脆弱地位。中国传统市场主要是以小生产者之间交换为主的调剂型和消费型为主的市场结构，很少与生产发生直接的联系。流通产品中相当一部分是租赋的变态形式，而长距离的贸易活动主要为中国上层阶级的消费服务。明清以来商品市场发展不是以农产品的普遍剩余和富足为基础，而是与糊口农业相联系，商品交换率存在着一定的虚假成分，对传统社会并未构成一个内在的威胁机制。[②] 重农抑商也产生了深远的副作用，因商业发展而产生的创新动力无从产生，故中国传统社会长期陷入停滞，在政治、经济发展陷入绝境之后，只能通过周期性社会动荡来走出困境，但社会为此付出的代价却是十分惨重的。

而西欧封建社会与秦汉以来的中国社会在诸多方面有很大不同。西欧的封建制有着明确的、有限的范围和严格的规定。它指以土地分封为基础的权利与义务关系，是一种经济和社会的制度。“封建”社会结构建立在土地封授的基础上，政治权、司法权乃至社会特权都随土地分割而被分割，相应地分散在社会的各个层面上。因此，“feudalism”意味着分权，而不是集权。在英国的封建时期，我们看到明显地分权特征：国王与贵族分权，君主与教会分权，司法权层层分割，庄园则自成一统，等等。这就潜藏着一种独特的价值取向：既然权力是分割的，那么社会权利和社会义务也就各人有份——好事和坏事都不可独沾。英国贵族就是出于这样一种强烈的意识而与国王抗争，由此开创了英国的自由。[③]

西欧封建制由两种制度、两层关系组成，一种是封君—封臣制，施行于上层社会；另一种是领主—农奴制，体现贵族与下层的关系。而封君—封臣制是西欧封建制的重要内容，承认它也就否定了西欧封建主义的普遍性。在欧洲中世纪社会中，不仅实行封建制，而且在很多领域和方面实行的是非封建性的制度。例如，封建财

---

① 大卫·克里斯蒂安著，晏可佳等译．时间地图：大历史导论 [M]. 上海：上海社会科学院出版社，2007.

② 侯建新．社会转型时期的西欧与中国 [M]. 北京：高等教育出版社，2005.

③ 钱乘旦、徐洁明．英国通史 [M]. 上海：社会社会科学院出版社，2002.

政只是指国王的私人财政，与非封建性财政——公共财政截然不同。正是因为有这种封建与非封建制度的严格区分，才有国王征税必须取得纳税人同意的原则，才有议会制的产生，因为议会从一开始是为了协商公共财政而建立的。封建制一方面限制国王的权力，另一方面保护纳税人的权利。而中国恰恰因为没有封建制，皇帝凭借专制权力任意掠夺人民财产，奴役庶民百姓的人身。由此产生的公私不分的国家财政不仅供皇帝挥霍，还用来实行“家天下”制度，供养庞大的皇室家族。由此可见，中西社会存在着巨大的差异。而在我国学界，长期以来没有重视封建主义的积极方面。西欧封建主义的实质是明确规定各等级的权利和义务，最基本的有两点：一是权利和义务的对等，享受权利就得尽义务，同样，尽义务就应享有相应的权利，议会制就是根据此原则建立的；二是无论上下，都既有权利，也有义务，非一方独享权力和权利。西欧的封建主义中积极的方面，如契约的原则、互惠的原则、等级内相对平等的原则、分权制约的原则等，都对资本主义的发展起了促进作用。更重要的是，封建主义社会留下了相当充裕的空间，使得新生力量有生存和发展的条件。而中国大一统的国家、社会中，新生力量难以产生和发展。中国恰恰因为没有西方的那种封建主义，才长期停滞、落后。①

有西方学者指出，有很长一段时间，中国文明要比欧洲文明进步。欧洲的印刷术、造纸术、火药、罗盘针和运河的水闸，皆是直接间接从中国传来。然而，世上第一波稳健的经济发展首度发生在欧洲，工业革命继之而起。中西之间社会发展的不同命运、不同结果，的确耐人寻味，引人深思。1480 年，明朝皇帝下令停止海外探险和贸易，继续从事贸易的商人则被视为走私犯罪。但在欧洲，没有一个国王滥用和拥有如此权威，也无法承受闭关自守带来的高昂代价。在欧洲，当国王的总是强敌环伺，而中国皇帝的君权无人能比。欧洲国家之间相互为敌，是他们向海外扩张的一股推动力量。罗马帝国灭亡后，西欧再也不曾出现一个统领整片疆土的强大力量。②一直到 16 世纪的时候，欧洲的一个重要特征是政治上的分裂，其主要政治权力单位同基督教信仰和文化的稳步扩张比较起来，都是既小而又局限在个别地方。欧洲政治上的多样性主要是它的地理状况造成的：这里没有骑兵帝国可以把它的快速动力强加其上的大平原；这里也没有像恒河、尼罗河、底格里斯河和幼发拉底河、黄河和长江那样广阔而肥沃的河流可以为勤劳而易于征服的农民群众提供粮食。欧洲的地形更为支离破碎，众多的山脉和大森林把分散在各地的人口中心隔离

① 黄敏兰．被污名化和泛滥化的“封建”[J]. 探索与争鸣，2011，(1).

② 约翰·赫斯特著，席玉苹译．你一定爱读的极简欧洲史 [M]. 桂林：广西师范大学出版社，2011.

开来；欧洲的气候从北到南和从西到东有很大变化，这导致很多重要后果。首先，它使统一控制变得很困难，甚至强有力的、坚决果断的军阀也难以做到，这就减少了大陆遭受像蒙古游牧部落那样的外部势力蹂躏的可能性。相反，这种多样性的地形促进了分散政权的发展和继续存在。[①] 在这种情况下，政府对人民毫无掌控能力，它们必须殚精竭虑才可能争取到人民的服从。它们若想扩张势力，就得提供良好的政府——也就是维护治安作为回报，它们不能像亚洲和中东不计其数的帝国及王国那样，光靠税收机制和进贡就能运转。在欧洲，不是所有的东西都属于国王。这是欧洲自由和繁荣的基石。为了让贵族俯首称臣，国王对城市里的商贾、贸易人士和金融家多所依赖，一来他得靠这些人提供贷款和人力才能维系官僚体系；二来这些人的财富可以被课税。欧洲君主的征税得细水长流、手法温和，以免杀死了下金蛋的母鸡；亚洲国家的统治者比较独裁，征收苛捐杂税之余，手头拮据时甚至直接把商家的货品没收充公。[②] 这对贸易的发展和商品经济的繁荣十分有利。而欧洲不同的气候条件造成了适于交换的不同产品，随着市场关系的发展，这些产品沿着河流或通过林间小道从一个村落区运送到另一个村落区。这种贸易的最主要特征是它是由大宗货物的组成，主要是木材、粮食、酒类、羊毛、鲱鱼等，它们是为了满足欧洲15世纪日益增长的人口的需要，而不是东方商队贸易运输的奢侈品。这里地理又起了关键的作用，因为这些商品用水上运输要经济得多，而欧洲又有许多可通航的河流。周围环海对至关重要的造船工业是又一种刺激，而到中世纪末期时，繁荣的海上贸易就在波罗的海、北海、地中海和黑海之间进行。这些贸易促进了欧洲的繁荣，丰富其食物并导致建立新的财富中心。定期的远距离商品交易必然会促进国际范围内的汇票、信贷制度和银行业的发展。商业信贷，还有保险单的存在本身就表明经济形势基本上是可预见的，而这以前世界任何地方的私商都几乎没有享有过这种条件。这种分散的、主要是不受压抑的贸易，以及由商人、港口和市场发展形成的政治和社会后果，具有重大意义。首先，是没有办法完全压制这种经济发展。在欧洲不存在一个可以有效地阻止贸易发展的统一政权；没有一个中央政府由于它改变了发展的进程而造成某一特定工业的兴起或衰落，曾经严重阻碍莫卧儿帝国经济的税收官对商人和企业家进行的全面掠夺也没有发生。即使别人在掠夺和驱逐商人的时候，欧洲总有一些王公和地方贵族愿意容忍商人及其行为方式。银行家、军火商人和手工工匠都是社会的重要成员。大部分欧洲政权逐渐地、不平衡地与市场经济形

---

① 保罗·肯尼迪 著 陈景彪等译．大国的兴衰 [M]. 北京：国际文化出版公司，2006.

② 约翰·赫斯特著，席玉苹译．你一定爱读的极简欧洲史 [M]. 桂林：广西师范大学出版社，2011.

成了一种共生的关系，为市场经济提供了国内秩序和非独断专行的法律制度，并以税收形式得到商业利润的一部分。①

欧洲在政治上虽然四分五裂，但仍是一个完整的文明，中世纪已降就一直被称为基督教文明。直到宗教改革之前，教会是不分国界、屹立于所有土地上的组织。教会与国家之间总是关系紧绷，最突显也最持久的例子即是教皇和皇帝之间的剑拔弩张，而这又是权力分散的另一例证。教会是基督教社会精英文化的掌控者，也是这个宗教的圣典——《圣经》以及古希腊罗马学术的保护者。故欧洲不但权力分散，精英文化也是个大拼盘，与君权统治之间的系带并不牢固。这导致了欧洲社会的开放源远流长。近代欧洲在经济上爆发力十足，智识生活百家争鸣，皆是基于一个事实：不管是好是坏，从来没有一个单一强权掌控过它、形塑过它。它的多元的历史遗产因此能被充分发掘、延伸，希腊的数学观念在科学革命时期得到实现，从而建立其科技创新的一个新基础。② 因此，西欧社会具有不同于其他一切社会的一般特征。这意味着有一种市场经济，即便不是亚当·斯密提出的那种程度的市场经济，至少商人和企业家不会经常受到威慑、阻挠和掠夺。这同样意味着要有一种权力中心的多元化，每个中心都应尽可能有自己的经济基础，以免出现一种强加的东方式专制制度的集权化前景，而创造出进步的刺激竞争的一切可能前景。这种削弱经济和政治的僵化意味着同样削弱文化和思想的正统观念，这是一种探索、争论和实验的自由，是信仰改进的可能性，是关心实际而不是抽象的事物，是一种蔑视达官贵人的信条、宗教教条和传统民俗的理性主义。这导致阻碍经济增长和政治多样化障碍的减少。欧洲的优势是经济自由放任、政治和军事的多元化以及智力活动自由的一种结合，这些因素在经常的相互作用中产生了“欧洲的奇迹”。③ 正是在这样的制度环境下，重商主义发挥了重要作用，促成了封建主义从政治上顺利向资本主义过渡，政府与商人阶层之间形成了伙伴或同盟关系，形成了一整套政策。这种同盟关系对战胜中世纪的传统和制度，以及促进贸易的扩展，都具有重要意义，大大促进了资本主义的发展。实行重商主义的各种政策的目的，都是为了增加收入，分取商业阶层的利润。在特许权的保护下，商人阶层在一定程度上获得了自由贸易的权力，而这种权力的获得，也给政治权力的掌控者带来了极大的经济利益。从重商主义的实践来看，西方资本主义能发展的重要原因之一，是欧洲政治权力的分散。这为商

① 保罗·肯尼迪 著 陈景彪等译．大国的兴衰 [M]. 北京：国际文化出版公司，2006.

② 约翰·赫斯特著，席玉苹译．你一定爱读的极简欧洲史 [M]. 桂林：广西师范大学出版社，2011.

③ 保罗·肯尼迪 著 陈景彪等译．大国的兴衰 [M]. 北京：国际文化出版公司，2006.

人和商业的发展提供了良好的环境和机会。为了保持从商人阶层获得收入和信贷，新兴民族国家的领导人之间展开了竞争。在当时，要支持军事力量，必须靠来自商业和商人阶层的资金。商人向他国的转移，不仅会导致本国财源减少，更会增加对手的经济和军事实力。这种竞争，对国家来说，显然至关重要，当然，反过来，其对商人的好处也是不言而喻的。这会有助于改善商人所处的环境，他们获得更大的经济自主权。在政治被垄断的时代，这是不可想象的。①

商业的发展会对农业社会产生很大的影响。当各社会部门被紧密综合进一个商业网络之中，因而各社会部门都受到效率和生产率的影响，确保在竞争的商业环境里获得成功的时候，就可以期待发生迅速的创新。日渐增长的商业化在两个领域里发生影响具有重要意义：首先，商业精英日益增长的影响和权力；其次，占到农耕文明人口大多数的乡村人口卷入各种商业行为，直到最后，债务和征地使他们全部脱离了土地，成为雇佣劳动者，生活完全受到商业网络的制约。在西欧，社会、政治和经济结构的商业化比非洲—欧亚大陆其他地方都更为彻底，欧洲社会比其他中心地区更年轻、更具有可塑性；它们的国家比较小，对于国际商业压力更加敏感；它们对商业活动更加开放；欧洲大量的、多样化的和高密度的信息和商业交换比其他地方都要巨大。② 西欧社会很好地适应了一个高度商业化的经济、政治和军事的现实。它们有助于解释15世纪以来欧洲贸易体系竞争激烈甚至到残酷的重商主义。富于进取心的重商主义，成了现代欧洲的一个标志。在16世纪和17世纪，重商主义者在许多方面是正确的。当时欧洲最强大的国家是那些最大限度发展国际和海外贸易的国家。贸易刺激了生产和农业，并为整个国家带来了繁荣、财富和权力。

重商主义之后出现的重农主义，以自然秩序为最高信条，视农业为财富的唯一来源和社会一切收入的基础，主张自由贸易和规模化经营，实行单一地租税，减轻土地耕种者负担。重农主义与重商主义存在着明显地区别。第一，重视的行业不同。重商主义强调商业的作用，尤其是对外贸易的重要性；而重农主义强调农业的作用，特别是土地生产的重要性。第二，关注的领域不同。重商主义研究的是流通领域；而重农主义研究的是生产领域，即农业生产。第三，对财富的认识不同。重商主义认为金银是衡量财富的唯一标准，金银就是财富，将货币和财富等同起来，对外贸

---

① 内森·罗森堡 L.E. 小伯泽尔著，曾刚译．西方现代社会的经济变迁 [M]. 北京：中信出版社，2009.

② 大卫·克里斯蒂安著，晏可佳等译．时间地图：大历史导论 [M]. 上海：上海社会科学院出版社，2007.

易是财富的重要源泉；重农主义认为农产品才是财富，工业和商业不生产财富，只有农业生产才能增加财富。第四，对自由贸易的态度不同。重商主义主张国家干预经济活动，尤其是在对外贸易领域中实施保护政策；重农主义却倡导自由贸易，反对重商主义的贸易保护和国家干预思想。重农主义的兴起对重商主义是一个冲击，意味着重商主义走向衰落。①

西欧的重农主义和中国古代的重农抑商思想有某些共同认识：两者都认为农业是财富的来源，肯定农业在国民经济中的重要地位和作用，都要求优先发展农业；两者关于社会阶级结构的划分也基本一致，魁奈依据“纯产品”学说，把全体国民分成三个不同的阶级，即生产阶级、地主阶级和非生产阶级，而中国早在春秋时期，齐相管仲就将国民按职业划分为士农工商四个等级。但两者之间在本质上是截然不同的。西欧重农主义理论的哲学基础是自然秩序理论，认为经济发展有其自身规律，政府不应干预经济。而中国古代重农抑商理论的基础则是一种国家主义，其出发点是维护统治者的中央集权，维护统治者的利益。西欧重农主义将研究的领域从流通领域转入生产领域，主张农业实行规模经营，以降低生产成本，提高经济效益；而中国古代的重农抑商则主张实行自给自足的小农经济。在贸易政策方面，西欧重农主义提倡自由贸易，政府应该实行自由放任政策，允许自由竞争；而中国古代重农抑商则限制对外贸易活动，压制工商业发展。西欧重农主义旨在维护与发展资本主义经济制度，希望在认识自然秩序的基础上，遵循经济发展规律，增加社会财富。故其主张经济自由，尤其是要给农民更多的权利和自由。而中国古代重农抑商则旨在维护统治者的政治统治，甚至不惜以牺牲农业、农民为代价。统治者重农的目的是为了增加国家赋税，巩固专制皇权的统治。结果是抑制了工商业发展，商品经济落后。②

由此可见，中国古代重农抑商，最终导致农业和工商业的发展陷入停滞；而西欧重商主义的施行，有利于工商业发展；重农主义则不仅有利于农业发展，亦推动了工商业发展。西欧先是实行重商主义，后推行重农主义，两者皆有利于商业发展，遂推动了社会经济向资本主义迈进。中国进入近代社会后，传统的重农抑商思想才受到冲击与批判，转变为重农而不抑商，进而由原来重农抑商的“农战”发展到重商主义的“商战”，中国社会方开始进入大转型时期。

---

① 马远之. 世界六百年与中国六十年——从重商主义到新结构主义 [M]. 广州：广东人民出版社，2015.

② 马远之. 世界六百年与中国六十年——从重商主义到新结构主义 [M]. 广州：广东人民出版社，2015.

参考文献

[1] 陈平 . 文明分岔经济混沌和演化经济学 [M]. 北京：经济科学出版社，2000.

[2] 陈文华 . 中国农业通史・夏商西周春秋卷 [M]. 北京：中国农业出版社，2007.

[3] 戴家龙，赵建 . 中西经济思想纲要 [M]. 合肥：安徽大学出版社，2002.

[4] 冯天瑜 . 封建考论 [M]. 武汉：武汉大学出版社，2007.

[5] 傅筑夫 . 中国经济史论丛（下册）[M]. 北京：三联书店，1980.

[6] 侯家驹 . 中国经济史 [M]. 北京：新星出版社，2008.

[7] 侯建新 . 社会转型时期的西欧与中国 [M]. 北京：高等教育出版社，2005.

[8] 金观涛，刘青峰 . 中国现代思想的起源——超稳定结构与中国政治文化的演变（第一卷）[M]. 北京：法律出版社，2011.

[9] 马远之 . 世界六百年与中国六十年——从重商主义到新结构主义 [M]. 广州：广东人民出版社，2015.

[10] 钱乘旦，徐洁明 . 英国通史 [M]. 上海：社会社会科学院出版社，2002.

[11] 王家范 . 中国历史通论 [M]. 上海：华东师范大学出版社，2000.

[12] 张金光 . 战国秦社会经济形态新探 [M]. 北京：商务印书馆，2013.

[13] 埃德蒙・柏克三世等著，杨彪等译 . 世界史：大时代 [M]. 上海：华东师范大学出版社，2012.

[14] 保罗・肯尼迪著，陈景彪等译 . 大国的兴衰 [M]. 北京：国际文化出版公司，2006.

[15] 大卫・克里斯蒂安著，晏可佳等译 . 时间地图：大历史导论 [M]. 上海：上海社会科学院出版社，2007.

[16] 丹尼尔・R. 富斯菲尔德著，尚玉卿等译 . 经济学——历史的解析 [M]. 北京：人民邮电出版社，2011.

[17] 杜尔哥著，唐日松译 . 关于财富的形成和分配的考察 [M]. 北京：华夏出版社，2007.

[18] 弗朗斯瓦・魁奈著，吴斐丹、张草纫译 . 魁奈经济著作集 [M]. 北京：商务印书馆，1979.

[19] 亨利·威廉·斯皮格尔著，晏智杰等译. 经济思想的成长 [M]. 北京：中国社会科学出版社，1999.

[20] 内森·罗森堡 L.E. 小伯泽尔著，曾刚译. 西方现代社会的经济变迁 [M]. 北京：中信出版社，2009.

[21] 斯坦利·L 布鲁著，焦国华等译. 经济思想史 [M]. 北京：机械工业出版社，2008.

[22] 约翰·赫斯特著，席玉苹译. 你一定爱读的极简欧洲史 [M]. 桂林：广西师范大学出版社，2011.

[23] 约翰·米尔斯著，高湘泽译. 一种批判的经济学史 [M]. 北京：商务印书馆，2005.

[24] 黄敏兰. 被污名化和泛滥化的"封建" [J]. 探索与争鸣，2011，(1).

论布哈林的经济思想

王明山（中央财经大学经济学院硕士生）

摘要：布哈林是苏联著名的马克思主义理论家、革命家，第三国际领导人。改革开放以来，我国学术界就布哈林的历史唯物主义思想、社会主义思想、文化思想、经济思想进行了深入研究。本文更多地从布哈林当年的手稿、演讲等这些第一手素材出发，研究布哈林一生中三个阶段的经济思想。布哈林早期的经济思想更多的是根据现实的形势对马克思、恩格斯和列宁的政治经济理论的解读，也有自己的一些修正和见解，作为第一阶段的经济思想；第二阶段的经济思想是布哈林和斯大林同一阵营与托洛茨基派辩论时，布哈林提出的一些经济理论和经济措施中蕴含的经济思想；第三部分是布哈林同斯大林争论时的一些意见、主张所透射出来的经济思想。值得一提的是，这三个阶段的排布并非是完全按照时间的顺序，而是有比较多的时间上的交叉，如果一味地按时间顺序总结布哈林的经济思想，就会难免舍弃部分合理性。

关键词：布哈林；托洛茨基；斯大林；经济思想

一、学术界对布哈林经济思想的研究

罗哲和赵林就“布哈林过渡经济思想与我国改革开放以来基本经验的比较”做了比较全面的研究，他们通过将布哈林过渡经济思想与我国改革开放以来基本经验对比，指出：产权清晰界定和培育规范的微观主体是社会主义发展的题中之义，必须重视产权背后的生产关系；资本形成对于经济增长意义重大，但并非货币能够成为资本，只有能够创造新的财富才是资本，人力资本的积累在经济发展阶段达到一定程度以后是最重要的资本；不能因为试图“减轻分娩的痛苦”而“跨过发展的必要阶段”[①]。

---

① 罗哲，赵林．布哈林过渡经济思想 [J]. 学术论坛，2011（8）.

第一，关于产权界定和生产关系。一方面，必须肯定微观主体对市场经济的重要性：布哈林较早地意识到了有活力的微观主体（在他那里，主要是农户）对于经济发展的重要性。基于此，他不主张消灭富农，并鼓励他们“学会做生意”，大张旗鼓地喊出“积累吧，发财吧”的口号。这些，对于社会主义刚刚从理论变为现实的苏联来说，确实超前了很多。另一方面他们提出产权界定与生产关系应该相互发展：布哈林推行的合作社，就是培育生产关系一种朴素做法。尽管他提出的“我们将通过流通过程，而不是直接通过生产过程达到社会主义；我们将通过合作社达到社会主义”[①]这个论点饱受争议，因为他无视生产在马克思理论中的重要地位。他指出：民粹主义者和在所谓“农业合作社社会主义”的理论中提出农业发展的非资本主义道路的马克思主义者，都是“一种可悲的改良主义乌托邦”的供应者，因为他们想象在资本主义制度内合作社的社会主义演变。实际上，同资本主义的银行、工业和资产阶级国家并存并依赖于它们的合作社不可避免地“限于资本主义经济的影响之下”；他们逐渐“被融合于资本主义经济组织”，并最终“被变成资本主义企业”。简而言之，“它们长入资本主义”[②]。

第二，关于经济增长和资本形成。布哈林较早认识到了积累不一定能够转化为“资本”，需要一系列条件，主要表现就是工业产品要农民来消费。换句话说，那个剩余价值 m 除了消费掉的 m/x 之外，另外的 $m—m/x$ 要想按照资本有机构成的比例进入积累是有条件的，如果这一部分没有按比例进入生产，则尽管有了较大的剩余，消费很小，仍然是没有积累的，积累转化为“资本”是有条件的。$\mathrm{I}\,(v+\Delta v+m/v)=\mathrm{II}\,(c+\Delta c)$ 只是一个表现，背后是有其生产关系存在的。正是因为较早地认识到了这一点，布哈林才提出了放慢积累速度，善待农民的基本思想。再者，布哈林较早地认识到了农民和农业生产关系对于经济增长的重要性，主张发挥农民的积极性，提高农民的组织程度。布哈林指出：社会革命除了工业化以外，还包括教育人、改造人……从最广泛的字义上讲，政治领导的任务……就是一个社会教育的任务。他是改良主义的先驱，提到了教育对于农民的重要性：“我们改造农民，战胜他们的个人主义的心理，正确领导他们，教导他们同我们和谐地工作，教育他们，领导他们走向社会主义道路的实验室。”教育的过程，就是一个人力资本投资的过程。

---

① 罗哲，赵林．布哈林过渡经济思想 [J]. 学术论坛，2011（8）.

② 罗哲，赵林．布哈林过渡经济思想 [J]. 学术论坛，2011（8）.

胡宴宁就“布哈林的社会主义建设思想及其现实意义”做了全面的分析。布哈林作为苏联早期的著名马克思主义理论家和政治活动家，不仅在理论上对马克思主义的丰富和发展做出过重要贡献，在实践中对苏联的社会主义建设也发挥过重要作用。他从当时苏联的具体国情出发，依据马克思主义基本原理，继承和发展了马克思列宁主义的社会主义建设思想，对于落后国家建设社会主义做出了大量积极的探索和贡献。

在布哈林的社会主义建设思想中，关于“落后型社会主义”是布哈林社会主义建设的理论基础，也是社会主义经济建设的理论前提。布哈林首先分析了苏联经济文化落后的现状，“可怕的、半农奴制的野蛮状态和可怕的总的经济落后，同西欧资本主义所达到的最先进的形式的这种结合，就构成苏联资本主义的显著的特点，构成它的所谓民族面貌”①。基于苏联这样的现实情况，苏联所建设的社会主义只能是一种落后的社会主义，并且建设社会主义的速度将是缓慢的。因此，在社会主义建设的问题上，布哈林主要得出以下结论：第一，作为经济文化落后的苏联是可以建设和建成社会主义的；第二，经济文化落后的苏联建设社会主义的速度将是缓慢的，过程将是漫长的；第三，经济文化落后的苏联建成的社会主义将是一种落后的社会主义。

在确立了落后国家可以建设社会主义的基本前提之后，布哈林进一步对社会主义的具体形式进行思考和探索。布哈林认为，任何国家建设社会主义都只能在现有的材料的基础上建设，在各国的国情基础上建设。全世界没有一个可以到处套用的社会主义模式，必须根据国情而建设现实中的社会主义。在这方面，世界社会主义发展既有教训，也有经验。社会主义不是千篇一律的一模一样，而应该是丰富多彩的实现形式，任何国家都有权利根据自己的实际情况选择社会主义实现的形式，他国都不能强加干涉。任何国家都不能把自己的社会主义建设模式强加于其他国家，任何国家也不能盲目地模仿其他国家的社会主义建设模式。

在布哈林的社会主义建设思想中，社会主义经济建设是其中最重要的部分。布哈林社会主义经济建设思想的理论基础是平衡论思想。布哈林所阐述的平衡是一种动态的平衡，在矛盾的作用下，人类社会总是从平衡到不平衡再到新的平衡，这是一种辩证的平衡观。布哈林的平衡论思想，不仅从哲学角度探讨社会历史平衡的一般理论外，还有关于经济平衡、社会平衡等一系列有关经济社会发展的具体思想，

① 马建行．社会主义经济思想史 [C]. 北京：中共中央党校出版社，2003.

布哈林的很多经济、政治、文化思想中都贯穿着平衡论的理念。具体体现在：在社会主义经济建设中，必须首先实现计划与市场之间的平衡；在社会主义经济建设中，必须处理好工业和农业之间的关系，实现二者的平衡；在社会主义经济建设中，必须处理好积累与消费之间的关系，在收入分配上做到积累与消费之间的平衡。

刘清就布哈林在经济建设中的“平衡论”做了详尽的解读。总的来说布哈林的“平衡论”强调了在社会建设中保持平衡协调，处理好生产领域各个部门之间的关系，使国民经济得到稳定的发展，是对马克思列宁主义理论的丰富和发展。

布哈林借用“平衡论”来阐述他有关社会主义经济建设的理论。然而他的“平衡论”与斯宾塞等人的平衡论是根本不同的。布哈林“平衡论”的哲学基础是矛盾的辩证运动原理。布哈林认为平衡是社会乃至各类事物存在的内部法则，即社会和自然界的一切事物都处于某种“平衡状态”的“体系”中，社会历史的发展，就是由平衡状态到不平衡状态的破坏，然后又在新的基础上恢复平衡的过程。他把整个社会看成是一个平衡与不平衡的相互交替发展的过程。布哈林的“平衡论”是对社会主义建设经验的总结与归纳，同时是一个大胆探索、不断深入的理论发展过程。从哲学依据上讲，是以辩证唯物主义为重要基础的，并且抓住生产力发展这个根本点，也是符合当时苏联国情的。“平衡论”中有不少方面是以《资本论》第二卷有关内容为出发点的，尤其是在理论上捍卫和阐释了列宁的新经济政策，为落后国家建设社会主义提供了理论依据，特别是他的理论是随着苏维埃国家的实践的发展而不断发展的，而不是一成不变的，体现了实事求是的科学态度。“平衡论”从经济的角度来认识社会主义建设的有关理论问题，同样也是对马克思主义关于社会主义经济建设理论的丰富和发展。

布哈林的“平衡论”从总体上讲即通过经济、法律的手段，尊重价值规律，利用市场机制，调整各种经济关系，协调各阶级（阶层）的经济、政治利益，从而达到整个社会经济和政治的综合平衡。“平衡论”思想贯穿于布哈林社会主义经济建设理论中，是他通向社会主义之路理论的重要组成部分。尽管布哈林的“平衡论”及其他思想曾遭到批判和封杀，但历史证明了一切。当年斯大林提出的高度实现工业化，尽管有当时特殊的国际背景，也有一定的成功；然而片面发展重工业和农业全盘农庄集体化，很快导致苏联国内出现了工农业生产比例失调等问题，这对布哈林的“平衡论”来说是一次实证的肯定。

二、结合形式阐述和发挥马列主义对某些问题的思考

布哈林曾是坚实的马克思主义拥护者，在国家理论方面，布哈林认同马克思恩格斯所提出的未来的社会是没有国家组织的社会。无产阶级的专政是个过渡时期，国家存在的最后形式将随无产阶级专政的消失而消失。

布哈林认为：国家组织的基本职能有两个，分别是维持剥削和扩大剥削。在这种情况下可以分为两种类型的关系：或者国家组织是直接剥削的组织，在这种情况下国家是资本家的同盟，它拥有自己的企业；或者国家组织间接参加剥削过程，成为维持和扩大剥削过程中最有利条件的服务机构。前者国家攫取在它直接活动领域中创造的剩余价值，后者国家通过税收等等取得国家直接监督领域之外的生产领域所创造的一部分剩余价值。这可以看出来国家不仅榨取一部分的剩余价值，而且还榨取了一部分工资，现实的经济生活中也是如此，只不过是因为国家间的发展水平不同而比例不同。

同时，布哈林认为资本主义社会在封建社会内部的发展成熟、诞生和形成同社会主义社会在资本主义社会内部的发展成熟是两种完全不同的事情。资本主义完全是在旧社会内部成长起来的，而社会主义连同其指挥的上层人物无论如何不能在哪怕是发达的资本主义社会内部完全成长起来。这就是一个基本的和原则的区别，继而由此又产生了很多的区别：资产阶级起来反对地主阶级，但它不是受剥削的阶级；它推翻封建制度，但它是作为受到地主的政治权力压迫的阶级而进行攻击的。资产阶级在封建社会内部不是受剥削的阶级，而无产阶级在资本主义社会内部是受剥削的阶级。也就是说资产阶级在封建社会内在文化方面不是受压迫的阶级，相反来说，资产阶级在封建社会里，在封建主和地主的政权的外壳下，是一个在文化上比被它打倒的那个阶级还要高得多的阶级。城市里发展壮大的资产阶级在他们同以农村生活为基础的地主进行斗争时，已经用精密知识和科学充分武装起来，他们有自己的文化力量和具有专门技能的力量可供利用，这个新的阶级还没有取得政权就成熟到拥有第一流的文化力量了，它就文化水平来说比它被迫去推翻的那个阶级高。

工人阶级在资本主义社会范围内成熟起来时的情况则不同。假定在某一个资本主义社会内，甚至在最漂亮、最发达的资本主义社会内，工人阶级在文化水平上能超越被它打败的资产阶级是不可能的。因为资产阶级是统治阶级，它使工人阶级在经济上、政治上并从而在文化上都处于奴隶依附地位。断定工人阶级在资本主义社会范围内能提高到某一个比资产阶级文化水平更好的阶段，那是十分可笑和荒谬的。

工人阶级之所以是被压迫的阶级，之所以是最彻底革命的阶级，正是因为它在一切方面都受到压迫。

十月社会主义革命胜利之初，在如何使苏联走向社会主义问题上，以布哈林为代表的“左派共产主义者”同列宁发生了分歧。当时，列宁鉴于苏联经济的落后状况和个体小生产占统治地位的实际情况，主张通过加强工人对国民经济的计算监督和利用国家资本主义向社会主义逐步过渡，而布哈林则主张用“最坚决的社会化政策”立即建立起社会主义经济。

学术界对布哈林的经济思想研究最多的是他对新经济政策态度的转变，由于前期布哈林“最坚决的社会化政策”的不成熟，没有意识到国家资本主义形式作为过渡形态的可行性。思想转变中的经济思想在文献综述部分也有了详尽的概述，在这里我们主要来分析、总结布哈林对列宁的新经济政策的拥护时的经济思想。

其次，布哈林充分地认同列宁的新经济政策。他创造性地把苏联的经济发展分为三种形式，第一种形式是军国共产主义制度，第二种形式是在地方流转中的自由贸易制度，这也是发现了军国共产主义不适合现实情况后迈出的第一步，第三种形式是当时的新经济政策，它有着无比的生命力，永远显得年轻。布哈林断言称军国共产主义制度是堵塞的周转制度，而把新经济政策叫作开放的周转制度。

再次，对于新经济政策的意义布哈林又有新的发展。在布哈林之前普遍把新经济政策的意义归位一点：农民向我们进攻了，小资产阶级自发势力造反了，我们退却了，仅此而已。布哈林认为问题并非完全在于这一点上，列宁在《论粮食税》的小册子里就把新经济政策称为正常的经济政策，所以新经济政策的意义在于：一系列经济成分从前由于军事共产主义的堵塞不能互相促进，现在能够互相促进，从而有助于经济的增长。

在军国共产主义制度下，农民对增加生产不感兴趣。他们所有的剩余产品都被拿走了，他们不能合法地卖东西，他们经营的个人刺激因素被摧残了。因而出现了经济的完全脱节。商品流转被封锁起来了，这样的话整个工业就会停滞不前。如果没有计件工资之类的制度，就堵死了私人的个人主义刺激因素，甚至堵死了在工人阶级中也有的这种刺激因素。当我们转而采用了计件工资制和其他的报酬形式时，我们就以这把钥匙甚至把工人阶级成员的个人利益的因素也打开了，使之促进了经济的发展。

三、布哈林同托洛茨基派争论时的经济思想

在列宁去世后，列夫·托洛茨基、列甫·波里索维奇·加米涅夫和格里哥里·叶夫谢也维奇·季诺维也夫结成左翼“取消派”，最初是反对外贸垄断，后来成为当时由斯大林、布哈林、李可夫、托姆斯基等人组成的政治联盟的最大敌人。

托洛茨基派不相信新经济政策是社会主义的政策，要求立即结束新经济政策。他们提出“社会主义原始积累”论，认为在经济落后的苏联，只能把农村当作社会主义工业化的国内殖民地，把农民当作积累工业化资金的主要对象。他们还要求最大限度地把资金从农业中抽调到工业中来，增加农业税收，以加快工业发展速度。实际上是要瓦解刚刚好转的工农经济联盟，结束新经济政策。

布哈林反对这种错误的做法。认为，如按托洛茨基的主张去做，将会出现灾难性后果。为了驳斥托洛茨基和普列奥布拉任斯基的超工业化计划，布哈林写了《对反对派经济纲领的批判》《新经济政策和我们的任务》《苏维埃经济的新发现或怎样工农联盟》《到社会主义之路和工农联盟》等一系列著作。布哈林根据苏联的具体情况和列宁的有关论述提出了以下主张：1. 解决工业发展缓慢问题，必须从发展农村生产力着手。关键是把农村经济搞活，把新经济政策推广到农村去，只有农村富裕了，有了市场，工业才能得到发展；2. 在农业社会主义改造方面逐步实行农业合作化，先组织消费合作社，等条件具备后再转到生产合作社。通过这种从低级到高级逐渐地发展过程，吸引农民走上社会主义的康庄大道。他反对过早地实行农业集体化；3. 在发展速度上要保证长期的高速度，反对一开始就不顾现有的客观条件与可能，盲目地追求指标，要保持国民经济各部门的平衡发展；4. 在农业、轻工业和重工业的关系上：注意发展轻工业，使重工业和轻工业的发展达到完美的结合。在对待新资产阶级和富农上，布哈林主张少一点行政压制，多一点经济斗争，更多地发展经济周转，使他们的经济通过银行等手段“长入”社会主义经济体系。

反对只限于使用镇压的斗争手段。在一国建成社会主义问题的辩论中，布哈林同斯大林一起同托洛茨基、季诺维也夫等人进行了坚决的斗争，捍卫了列宁关于一国建成社会主义的学说。由于布哈林在社会主义建设中做出的贡献，使他成了当时党内外有声望的领导人之一。斯大林曾经公开支持布哈林说：“我们支持，并永远支持布哈林。”①

---

① 斯蒂芬·F. 科恩 . 布哈林政治传记 [C]. 北京：东方出版社，2005.

在讨论托洛茨基的“不断革命”的文章中，布哈林指出，在苏联革命的进程中各个阶级之间的关系实际上是怎样具体发生变化的，而无产阶级专政又是如何站稳脚跟的。从形式上看，托洛茨基所希望的东西已经实现，实则不然，布哈林解释说托洛茨基没有完全正确理解在无产阶级专政时期工人阶级和农民之间的关系。

布哈林认为无产阶级和农民阶级作为两个阶级的对立，到一定的时候是一定会消失的，因为农民阶级将日益成为一个配角，成为一个落后阶层和社会主义社会工作者的后卫即“一般劳动者”的后卫。

布哈林认识到在当时的苏联是存在着国民经济的，但是这种国民经济的各个部分都是互相矛盾的，存在着很多的内部对抗。这种对抗同同时期的阶级对抗一样，是沿着同一条道路发展的，但同时也存在这些部分的相互依赖。也就是说，它们虽然处在相互的斗争之中，但却是社会整体的从属现象。农民经济在国家整个经济中所占的比重表现在农民的社会比重上，但不是“成正比的”，因为农民仍然由于经济结构而被分为各个农户。无产阶级工业只有依靠农民市场，才能起经济上的领导作用。如果没有农民经济中的积累，社会主义工业中的积累是无法长期进行的。苏联经济的基本问题就是国民经济具有决定性的两半最迅速的互促成果的问题。因此，如果想要解决某个大的经济问题只从一个经济部门出发，那么一切尝试都预先注定要失败。因为最重要的经济问题必然要超出工业的界限，于是可以说工农联盟的问题同社会主义国营工业和千百万农民经济之间的经济结合问题是完全一致的。

在价格政策上，布哈林反对对“生产过剩”的抗议。他批判反对派说他们没有看到他们应该看到的东西，当别人把他们推上正确的道路时，他们却停步不前。由于对农民经济采取的君主式的蔑视态度所以人们就没法“发觉”经济政策真正的“大象”，即降低价格的可能性与必要性，而不降低价格就不能使工业真正振兴起来。加快周转，扩大市场，在这个基础上扩大生产，从这里就有可能进一步降低价格，进一步扩大市场，等等。这就是苏联生产的道路。苏联必须采取这种策略，因为苏联无论如何必须实现同农民的结合，这有一部分原因是苏联具有国营经济相对计划的优越性。

而且实践证明布哈林的降低价格的策略是正确的。商品周转扩大了，工业起步了，各种经济因素开始迅速得多地动员起来了，资本的使用开始更有效了，就是说为进一步的扩大生产创造了条件。

苏联经济实行新经济政策以后，布哈林逐渐认识到，过渡时期并不是一个短暂的平衡条件被破坏和重建平衡体系的阶段，而是一个长期的历史过程。因此，既不能用单一的直线增长的观点来看待过渡时期的经济，也不能用非正常时期的观点来看待过渡时期的经济，而需要把过渡时期的经济当作一个长期的正常状况即不断保持动态平衡的状态来观察。这种新的认识，为他从理论上研究过渡时期的经济波动提供了条件。在《论过渡时期的规律性问题》这篇论文中，布哈林通过对经济调节者与调节机制的分析，间接表述了他关于计划经济条件下经济波动问题的一般看法。

在纯粹的社会主义经济中，经济形式是单一的计划经济，劳动消耗规律体现在其纯粹的形态上，因而“劳动消耗的客观规律是和自觉实行的劳动消耗定额相符合的。波动首先是按照统计计算进行的”，也就是说“波动的特点不是类似价格围绕价值那样上下地波动”。

过渡时期的经济中，一方面是多元经济关系的并存，至少是“国营工业和农民的简单商品经济”的并存，另一方面，又存在着“劳动消耗规律作用的不同形式：如劳动消耗规律、价值规律和生产价格规律，即变态的价值规律”，经济关系的这一特征必然造成如下两个结果：一方面，计划机制的调节不可能完全等同于单一计划经济条件下的社会主义经济的计划机制的调节，出现了“在计划的程序中半虚拟职能的价格”，另一方面，非社会主义成分的存在使价值规律的调节作用手段依然存在，就使调节机制中存在着市场机制的构成要素，或如布哈林所说的“市场晴雨表的波动”的观点来决定的价格信号。

布哈林在这里虽然没有直接回答过渡时期是否存在经济波动的问题，但从上述分析中可以看出，他是承认过渡时期存在经济波动的。并且，这种波动的性质不同于纯粹社会主义经济中的“统计波动”，市场机制的存在，必然使过渡时期的经济波动带有不以人的主观意志为转移的客观存在性。

四、同斯大林争论时的文章和发言中的经济思想

从 1928 年第二季度开始，在苏共领导集团内部，以斯大林为代表的一方和以布哈林为代表的另一方，发生了分歧与争论。分歧与争论集中在：如何实现社会主义工业化，如何在工业化过程中正确处理工业与农业的关系，如何引导农民走向社会主义，在工业内部如何处理重工业和轻工业的关系，以及要实行什么样的计划经济等等问题。

和斯大林的主张有分歧的布哈林，并不反对工业化的方针，但他主张在工业化

过程中要从农业是国民经济的基础出发，处理好工农业之间的关系，做到彼此促进和繁荣。他也主张工业化的重心是生产资料的生产，但要注意轻、重工业之间的有机结合和协调发展。他也主张工业化的高速度，但认为，这种速度必须建立在国家经济各部门保持一定比例以实现彼此平衡和协调发展的基础上，这样才会有健康和持续的高速度。对农业，他赞成适当加快集体化，但不能忽视合作经济和个体经济的作用。

时隔整整 60 年了。布哈林的这篇论文，对于社会主义经济理论依然具有十分重要的现实意义。

过渡时期的社会，同样是一个统一体，党和国家的经济决策，如果违背必要的经济比例，破坏再生产协调发展的条件，也会导致特殊的经济危机。布哈林指出，马克思的再生产理论，是马克思分析资本主义危机问题的理论依据。他说，马克思关于资本主义危机的理论，是根据资本主义再生产过程的各要素之间包括生产和消费之间不能保持正确的比例，过渡时期，虽然存在阶级和阶级斗争，但是，它仍然是“某种统一体”，因此，观察、研究这个时期的经济问题时，必须运用马克思的再生产理论及其方法论。

过渡时期经济具有相对计划性和相对无计划性两方面，因此，经济计划的力量是相对的，不是万能的。不切实际的计划，也会把好事办糟。布哈林认为苏联 1928 年的“危机”，再生产的各种条件遭到某种破坏，这是由于领导者过高估计过渡时期经济计划性的作用，忽视了非计划性一面，致使经济计划失误，他指出，由于过渡时期的国民经济，除国营经济外，还存在多种非社会主义性质的经济成分：除高度社会化的大工业、大企业外，还有社会化程度极低，正处于向社会主义不同发展阶段过渡的多层次的农业经济：仅就社会化程度比较高的国营企业来说，虽然是国民经济的主导部分，原则上可以纳入计划，但毕竟只是国民经济的一部分，因此，整个国民经济为计划离不开对各种非社会主义经济成分，特别是离不开对农业经济的预测和估计。

要处理好工业和农业、城市和乡村之间的关系，必须仔细考虑政策，特别是价格政策。在国民经济各部类和成分的动态平衡中。布哈林特别重视处理好工农业之间的关系，他强调马克思的一个论点：“城乡关系的不同类型是区分整个历史时代的标志。”而要处理好这个有关国民经济平衡发展的重大问题，必须要仔细考虑现行的政策。对于 1928 年“商品荒”中特别严重的“粮食收购危机”，其产生的原因，布哈林认为：这是在农民经济缩小的情况下，由谷物业的稳定甚至下降造成的，实际上这一危机是同不正确的价格政策，同谷物价格和其他农产品价格之间的比例极不相称的现象联系在一起的。其结果是生产力的重新分配不利于谷物业，从谷物业中（相对地）转移了。

在正确的处理工农业关系的基础上，要保持工业化尽可能高的速度，并非必须把一切都用于基本建设、积累和投资都有界限。布哈林认为在一个半贫穷的国家里，工业化面临一个极其困难的问题，就是要筹集巨额资本，有效地使用它，使之转化为新技术、新企业等等，形成新的生产力。因此基本建设的规格、投资的多少等问题，具有很重要的地位。

1928 年布哈林在联共（布）七月中央全会上的发言围绕两个问题展开：一是粮食收购直接相关的问题；二是苏联经济政策的总的问题。他通过举了苏联几个债务的数字和黄金储量减少的数字，加上同西欧国家，首先是德国的黄金储备的大量的急速增长作比较，得出几点结论：由于没有执行关于后备的指令而发生的困难，削减粮食出口，我们都知道的基本建设上的失败，反革命力量的迅速集结，粮食收购上的巨大失败。布哈林此时的经济思想还是要加固农民经济的建设，稳固对这部分经济成分的保护政策，才能有效地实现良性循环保证粮食税的稳定。

1929 年布哈林在联共四月中央全会上的发言，是他作为政治局委员在全会上的最后一次发言。他在政治上指出中央和中央监委很多人作为出发点的这条中心点是根本错误的。苏联当时不会有反对派，绝对不会有反对派。布哈林大声地呼吁还是为了保证新经济政策运行的稳定性，在这次发言中布哈林也是一直在强有力地捍卫列宁的地位，拥护列宁的政治遗嘱。这里的经济思想按照时间序列是形成在本文的第一阶段和第二阶段之间，既有对列宁的新经济政策的忠实拥护，又有对托洛茨基派主张的反对。最主要的是对斯大林的经济政策的出发点进行了批评，这给斯大林之后的社会主义建设之路留下了宝贵的经济思想。

参考文献

[1] 马建行 . 社会主义经济思想史 [C]. 北京：中共中央党校出版社，2003.

[2] 马克思恩格斯全集（第 42 卷）[M]. 北京：人民出版社，1979.

[3] 斯蒂芬·F. 科恩 . 布哈林政治传记 [C]. 北京：东方出版社，2005.

[4] 郑异凡 . 布哈林文选 [C]. 北京：人民出版社，2008.

[5] 李先灵，祝振中 . 关于布哈林思想研究的综述 [D]. 思想理论研究，2009.

[6] 罗哲，赵林 . 布哈林过渡经济思想 [D]. 学术论坛，2011,（8）.

[7] 周咏梅 . 布哈林经济思想转型研究 [D]. 盐城工学院学报，2002.

后记

法国史学家马克·布洛赫认为，历史自有其独特的美感，它千姿百态，令人销魂，史学以人类活动为特定的对象，它思接千载，视通万里。至少，历史具有娱乐的价值。历史自身的魅力首先触发人们对历史的兴趣，继而激发人们进行深入的探讨。历史的魅力自然吸引了学界众多学者潜心其中，但无可讳言，有一些人还是对历史缺乏真正的尊重，视历史为可以随意打扮的小姑娘。而扭曲与虚构的历史，也许被打扮得很漂亮，但终归是因缺乏真实而失去了神韵。再漂亮的塑料花也不如大自然中充满生命力的花朵美丽。

生活在当今的中国社会，我们不能不研究历史；不仅要研究中国的历史，还要研究西方的历史；不仅要研究政治史、文化史，还要研究经济史、制度史。只有将当下放到历史的长河中，才能真正理解今天；只有将中国放到世界的舞台上，才能真正找到自己的位置。而正确认知今日中国的昨天和今天，我们才能有清醒的认知。正如吕西安·费弗尔所说，我们的任务是要创造历史，因为在动荡不定的当今世界，唯有历史能使我们面对生活而不感到胆战心惊。而历史并非是过去的故纸堆，历史和我们的生活息息相关。梁启超先生云：以史为人类活态之再现，而非其僵迹之展览。为全社会之业影，而非一人一家之谱录。如此，然后历史与吾侪生活相密接，读之能亲切有味。如此，然后能使读者领会团体生活之意义，以助成其为一国民为一世界人之资格也。

梁启超先生主张趣味主义，认为凡人必常常生活于趣味之中，生活才有价值。而学问是人生趣味的一种，要为学问而学问，方才有趣味；犹如小孩子为游戏而游戏，游戏便有趣；为体操分数而游戏，游戏便无趣。我们对梁启超先生的这个看法十分赞赏。从事经济史与经济思想史的研究，应该成为我们今后的趣味。

本书能够出版，与中央财经大学经济学院领导的大力支持是分不开的。院长李涛教授十分重视经济史与经济思想史学科的研究工作，为我们这些史学工作者提供了各种方便；经济学院领导班子成员雷洪峰老师、陈斌开老师、史宇鹏老师、刘滨老师、郭冬梅老师、顾炜宇老师等亦给予了大力支持，在此深表感谢。中央财经大学兄弟学院的同仁郝秉键教授、马金华教授、孙建华副教授、肖翔副教授等在百忙之中，挤出时间进行论文的写作；经济学院的教师苏雪串教授、张志敏教授、韩金华教授、兰日旭教授、徐华副教授、乔恒副教授、宋一淼副教授、伏霖博士，博士生俞成森，硕士生王艳芬、吴琼、王明山等，或惠赐大作，或提出建议，为本书的顺利出版付出了辛勤的劳动；上海大学历史系吴静博士亦惠赐大作，在此深表感谢。在本书即将出版之际，我还要感谢经济学院的诸位同仁，感谢经济史系的徐学慎老师、刘卓珺老师、孙菁蔚老师、路乾老师，在经济史学科的教学和研究工作中，他们给予了我很大帮助。我还要特别感谢本书的策划编辑史守贝女士，没有她的鼓励与督促，本书是难以顺利出版的。最后，我要感谢我的家人对我的支持。妻子王秀侠承担了大部分的家务劳作，还要照顾刚刚一岁的小女儿柏雯，很是辛苦；我的父母年迈体衰，有时间便照看柏雯，女儿柏筠亦抽空陪伴妹妹一起玩耍，为我赢得了不少读稿件与写作的时间。

孙洪升

2017 年 4 月 20 日